权威·前沿·原创

皮书系列为
"十二五""十三五"国家重点图书出版规划项目

BLUE BOOK

智 库 成 果 出 版 与 传 播 平 台

吉林蓝皮书
BLUE BOOK OF JILIN

2021年吉林经济社会形势分析与预测

ANALYSIS AND FORECAST ON ECONOMY AND SOCIETY OF JILIN(2021)

主　编／王　颖
副主编／郭连强　张丽娜

社会科学文献出版社
SOCIAL SCIENCES ACADEMIC PRESS (CHINA)

图书在版编目(CIP)数据

2021年吉林经济社会形势分析与预测/王颖主编.--北京：社会科学文献出版社，2020.12
（吉林蓝皮书）
ISBN 978-7-5201-7697-2

Ⅰ.①2… Ⅱ.①王… Ⅲ.①区域经济-经济分析-吉林-2021②社会分析-吉林-2021③区域经济-经济预测-吉林-2021④社会预测-吉林-2021 Ⅳ.①F127.34

中国版本图书馆CIP数据核字（2020）第248789号

吉林蓝皮书
2021年吉林经济社会形势分析与预测

主　　编／王　颖
副 主 编／郭连强　张丽娜

出 版 人／王利民
组稿编辑／任文武
责任编辑／连凌云

出　　版／社会科学文献出版社·城市和绿色发展分社（010）59367143
　　　　　地址：北京市北三环中路甲29号院华龙大厦　邮编：100029
　　　　　网址：www.ssap.com.cn
发　　行／市场营销中心（010）59367081　59367083
印　　装／天津千鹤文化传播有限公司

规　　格／开　本：787mm×1092mm　1/16
　　　　　印　张：22　字　数：329千字
版　　次／2020年12月第1版　2020年12月第1次印刷
书　　号／ISBN 978-7-5201-7697-2
定　　价／128.00元

本书如有印装质量问题，请与读者服务中心（010-59367028）联系

▲ 版权所有 翻印必究

编 委 会

主 编 王 颖

副主编 郭连强　张丽娜

编 委 （以姓氏笔画为序）
　　　　王成勇　付 成　孙志明　张 磊　崔岳春

主要编撰者简介

王　颖　吉林省社会科学界联合会专职副主席,吉林省社会科学院院长,研究员,经济学博士,应用经济学博士后。主要研究方向为经济学、文化学。

郭连强　吉林省社会科学院副院长,研究员,经济学博士。兼任《经济纵横》杂志社社长,国家社科基金评审专家,吉林省社会科学重点领域(吉林省省情)研究基地负责人。主要研究方向为金融学、产业经济学。主持各类科研项目20余项,出版专著、编著7部,发表论文近50篇,多篇研究报告获得省部级以上领导肯定性批示。

张丽娜　吉林省社会科学院软科学研究所所长,研究员,管理学博士。吉林建筑大学客座教授。主要研究方向为宏观经济学、产业经济学。主持各类项目20余项,出版专著、编著6部,公开发表学术论文30余篇,多项报告获省部级以上领导批示。

摘 要

2020年是一个特殊之年，新冠肺炎疫情在全球范围内暴发，自然灾害频发，新旧矛盾不断累积，世界经济进入了前所未有的困难期。2020年是我国"十三五"规划的收官之年，虽然面临巨大的外部压力，但我国经济发展呈现出较强的韧性和潜力。吉林省深入贯彻落实习近平总书记视察吉林重要讲话指示精神，科学统筹推进经济社会发展，坚持稳中求进工作总基调，全面贯彻新发展理念，经济社会发展出现了积极的变化并取得显著的成效，经济增长呈现"V"形恢复格局，为吉林全面振兴和"十四五"开局奠定了良好的基础。

本报告以习近平总书记视察吉林讲话精神为统领，在新冠肺炎疫情防控常态化和吉林振兴攻坚期的背景下，客观描述了2020年吉林省经济社会发展的现实情况，深刻剖析了发展过程中存在的突出问题及其深层次原因，并对2021年吉林省发展面临的形势变化以及未来趋势进行了分析与预测，提出了以"稳增长促发展"为主基调的对策建议。

报告指出，2020年，吉林省面临的外部环境空前严峻，但政策措施有力得当，发展信心不断增强，经济增长呈现"V"形恢复格局，趋稳向好的迹象有所显现。1~9月，吉林省GDP达到8796.68亿元，同比增速继续攀升，达到1.5%，高出全国同期增速0.8个百分点。农业春耕工作顺利，粮食播种面积达到8850万亩，同比增加34.8万亩。虽然连续受到台风"巴威""美莎克""海神"影响，但截至10月中旬，吉林省秋粮已收获近60%。1~9月，农业产值增长3.3%，第一产业增加值同比增长1.8%，增

速比上半年提高2.7个百分点，实现由负转正。工业服务专项攻坚举措与活动成效显著，各类市场主体逐步恢复，1~9月，吉林省规模以上工业增加值增长6.2%，居全国第3位，高于全国平均水平5个百分点。汽车制造业增长显著，增加值同比增长15.5%，智能制造进程加快，一汽红旗于2019年末建成的国内首个"全无人配送"汽车装配车间，智能化工位占全部工位数量的80%以上。服务业受疫情影响严重，逐步复苏，1~9月服务业同比下降1.1%，降幅比上半年收窄0.9个百分点。吉林省近年来一直坚持"三抓""三早"行动，利用新基建建设发展机遇，谋划推动了一批重大项目，投资快速攀升，1~9月，全省固定资产投资（不含农户）同比增长8.9%，增速高于全国平均水平8.1个百分点，居全国第4位。

报告指出，吉林省始终以人民为中心，持续增进民生福祉。虽然经济下行压力加大，但通过形式多样的刺激政策，消费市场温和回暖，居民消费欲望逐步激发。采用线上和线下同步招聘、线上培训等创新模式有效地保证了就业形势的稳定。脱贫攻坚超前完成，吉林省所有贫困县已全部摘帽，且在国家成效考核中获得第一档"好"的评价。

报告指出，吉林省经济发展的政策性支撑不断稳固，长春代管公主岭获得国家批复，中韩（长春）国际合作示范区、长春临空经济示范区等国家级平台载体加快建设。但同时也应该看到，受全球疫情冲击，世界经济严重衰退，外部环境变得更加复杂，吉林省经济发展将面临更多的风险与挑战。预计2021年吉林省经济增速将在4.5%~5.5%。吉林省仍需以"稳增长促发展"为主基调，加快产业转型升级，加快动能转换，持续提振消费与投资，利用国内国际双循环通道，推动经济社会健康平稳发展。

关键司：经济形势　社会发展　吉林省

Abstract

2020 is an extraordinary year in human history. In this year, COVID – 19 breaks out globally; riots and natural calamities frequently occur across countries and regions; problems, new and old, are building up; and the world economy finds itself in an unprecedented difficult period. 2020 also represents the last year of China's the 13th Five Year Plan. Despite daunting external pressure, the Chinese economy has demonstrated great resilience and potential. Jilin Province works hard to translate the important remarks of President XI Jinping on a visit to the province into actions. To this end, Jilin rationally orchestrates its socio-economic development, adheres to the overall work tone of "making progress while maintaining stability", and fully embraces the new development idea. As a result, the province has seen positive changes and remarkable effectiveness in its socio-economic development, and a V-shaped recovery pattern in its economic growth. This has laid a solid foundation for its comprehensive revitalization and the opening of the 14th Five Year Plan.

The Report is guided, by the important remarks of President Xi Jinping, on a visit to Jilin Province, and contextualized by the regular prevention and control of COVID – 19, as well as by the critical stage towards Jilin's revitalization. The Report objectively depicts the realities of the socio-economic development of Jilin Province in 2020, and profoundly dissects the outstanding problems in the development process, and the in-depth reasons behind such problems. In addition, the Report analyzes and predicts the changes, and trends facing the development of Jilin in 2021, and comes up with the recommendations toned by "stabilizing growth to promote development".

As the Report notes, in 2020, Jilin faces unprecedentedly tough external environments; but thanks to its robust, appropriate policies and measures, the province is seeing its development confidence increasingly strengthened, and its economic growth exhibit a V-shaped recovery pattern, with a looming sign of stabilization and betterment. From January to September, Jilin Province posted a GDP of 879.668 billion RMB, with the year-on-year growth continuing to increase and reaching 1.5%, higher than the nationwide growth level by 0.8 percentage point. In agriculture, spring ploughing went along well, with the grain acreage exceeding 88.50 million mu, up by 0.348 million mu year-on-year. Despite the damages by typhoons including Bavi, Maysak, and Haishen, as of mid-October, Jilin had harvested nearly 60% of its autumn grain crops. From January to September, agricultural production value increased by 3.3%. From Q1 to Q3, the value-added of primary industry grew by 1.8% year-on-year, with the 2.7 percentage points higher than that in the first half of and turning from negative to positive. Measures and activities dedicated to industrial services have achieved remarkable effectiveness and various market players are gradually resuming work. From January to September, Jilin's output growth of industries with annual revenue of 20 million yuan or more from their main business operations increased by 6.2%, ranking 3rd nationwide and higher than the nationwide average by 5 percentage points. The automobile manufacturing industry has seen its value-added increase substantially by 15.5% year-on-year and the intelligent manufacturing is picking up speed. So far China's first "totally unmanned delivery" automobile assembly workshop, completed by FAW Hongqi at the end of 2019, has seen its intelligent stations account for over 80% of its total stations. The service industry, badly affected by COVID – 19, is gradually recovering. From January to September, the value-added of the service industry declined by 1.1% year-on-year, with the moderate drop by 0.9 percentage point compared with that in the first half of the year. Over recent years, Jilin Province has been committed to the "three focused" and "three early" actions. Capitalizing on the opportunity of new infrastructure boom, the province has orchestrated a bunch of major projects, leading to soaring investment. From January to September, the province's fixed-asset investment (excluding that of farmers) grew by 8.9% year-on-year, with the growth higher than the nationwide average by 8.1 percentage points and ranking

Abstract

4th on a national basis.

As noted by the Report, Jilin Province has been putting people first, committed to enhancing people's well-being. Despite greater economic downturn pressure, through a wide range of stimulus policies, the consumer market of the province is moderately improving and residents' consuming desires are being gradually aroused. By adopting synchronous O2O recruitment, online training, and other innovative models, Jilin has effectively ensured employment stability. Poverty alleviation has also been completed in advance. Jilin Province has lifted all its impoverished counties out of poverty and ranked within the evaluation grade of "Good" in the state evaluation on poverty alleviation effectiveness.

According to the Report, policies underpinning Jilin's economic development are stronger and stronger, as the application of Changchun for managing Gongzhuling under trusteeship is approved at the state level, and as national platforms including China-ROK (Changchun) International Cooperation Demonstration Zone and Changchun Airport Economic Demonstration Zone are in full swing. However, as the global economy has re-entered the doldrums, Jilin Province is facing more complex external environments and greater risks and challenges while developing its economy. It is expected that in 2021, the economy of Jilin Province will grow by around 4.5% ~ 5.5%. In the long run, Jilin Province will still need to adhere to the main tone of "stabilizing growth to promote development", speed up industrial transformation and upgrading, work faster to switch growth drivers, continue to boost consumption and investment, and take advantage of the domestic and international dual circulation, thereby pushing its socio-economic development onto the track of sound and steady development.

Keywords: Economic Situation; Social Development; Jilin Province

目 录

Ⅰ 总报告

B.1 2020~2021年吉林省经济形势分析与预测
　　　　　　　　　　　　　　　　　　　　张丽娜　徐卓顺 / 001
　　一　2020年吉林省经济运行分析 ………………………… / 002
　　二　吉林省经济社会发展存在的问题 …………………… / 018
　　三　2021年吉林省经济发展形势预测 …………………… / 020
　　四　吉林省稳增长促发展的对策措施 …………………… / 025

Ⅱ 创新发展篇

B.2 吉林省率先实现农业现代化的形势、问题与对策 …… 孙葆春 / 033
B.3 新发展格局下吉林省服务业创新发展对策研究 ……… 纪明辉 / 045
B.4 吉林省汽车产业运行情况及加快发展的对策 ………… 崔剑峰 / 058
B.5 新形势下吉林省旅游业高质量发展的对策建议 ……… 刘　瑶 / 070
B.6 吉林省推进新基建面临的问题及对策研究 …………… 肖国东 / 082
B.7 吉林省高新技术企业发展现状与对策研究 …………… 吴　妍 / 092

B.8 吉林省消费变化新趋向及对策建议 …………………… 田振兴 / 103
B.9 吉林省黑土地资源开发与保护研究 …………………… 丁　冬 / 117

Ⅲ　民生保障篇

B.10 吉林省保障国家粮食生产安全对策研究 ……………… 于　凡 / 127
B.11 吉林省脱贫攻坚与乡村振兴衔接的对策研究 ………… 周　含 / 141
B.12 吉林省稳定民营企业就业问题与对策 ………………… 高　洁 / 158
B.13 吉林省疫情防控常态化下困难群体兜底保障面临的问题
　　 与对策研究 …………………………………………… 韩佳均 / 173
B.14 吉林省社区应急保障存在的问题与对策研究 ………… 王浩翼 / 185
B.15 吉林省公共卫生应急管理研究 ………………………… 崔　巍 / 197
B.16 吉林省深化重大公共卫生风险治理法治保障研究 …… 刘星显 / 208

Ⅳ　开放合作篇

B.17 长春—公主岭同城化路径创新研究 …………………… 刘　恋 / 220
B.18 "一带一路"背景下中韩（长春）国际合作示范区建设
　　 思考与探索 …………………………………… 谭红梅　杨　晨 / 231
B.19 吉林省加快发展海洋经济的对策研究 ………… 任　鹏　侯　玲 / 242
B.20 加快推进吉林省与浙江省对口合作的对策建议
　　 ………………………………………………… 赵冠一　任　晶 / 250

Ⅴ　"十四五"专题篇

B.21 "十四五"时期吉林省工业高质量发展的对策研究 … 王　西 / 258
B.22 "十四五"时期吉林省战略性新兴产业发展态势及
　　 对策研究 ……………………………………………… 赵光远 / 274

B.23 "十四五"时期吉林省医药制造业高质量发展的对策研究
　　…………………………………………………… 赵　奚 / 287
B.24 "十四五"时期吉林省绿色食品产业发展思路研究
　　…………………………………………………… 李冬艳 / 300
B.25 "十四五"时期吉林省科技创新路径研究 ………… 王天新 / 314

皮书数据库阅读使用指南

CONTENTS

I General Report

B.1 Analysis and Forecast of Economic Situation of Jilin Province in 2020-2021

Zhang Lina, Xu Zhuoshun / 001

 1. Analysis on Economic Operation of Jilin Province in 2020   / 002

 2. Problems in Economic and Social Development of Jilin Province   / 018

 3. Forecast of Economic Development Situation of Jilin Province in 2021   / 020

 4. Countermeasures of Stabilizing Growth and Promoting Development in Jilin Province   / 025

II Innovative Development

B.2 Situation, Problems and Countermeasures to Take the Lead in Achieving Agricultural Modernization in Jilin Province   *Sun Baochun* / 033

CONTENTS

B.3 Research on Countermeasures for Innovative Development of Service Industry in Jilin Province under the New Development Pattern
Ji Minghui / 045

B.4 The Operation Situation of Automobile Industry in Jilin Province and Countermeasures to Speed up Its Development *Cui Jianfeng* / 058

B.5 Countermeasures and Suggestions on the High-quality Development of Tourism in Jilin Province under the New Situation *Liu Yao* / 070

B.6 Research on Problems and Countermeasures of New Infrastructure Construction in Jilin Province *Xiao Guodong* / 082

B.7 Research on the Development Status and Countermeasures of High-tech Enterprises in Jilin Province *Wu Yan* / 092

B.8 New Trends of Consumption Changes in Jilin Province and Countermeasures *Tian Zhenxing* / 103

B.9 Research on the Development and Protection of Black Land Resources in Jilin Province *Ding Dong* / 117

III Livelihood Security

B.10 Research on Countermeasures of Jilin Province to Ensure National Food Production Safety *Yu Fan* / 127

B.11 Research on Countermeasures of Connection between Poverty Alleviation and Rural Revitalization in Jilin Province *Zhou Han* / 141

B.12 The Problems and Countermeasures of Stabilizing Employment of Private Enterprises in Jilin Province *Gao Jie* / 158

B.13 Research on Problems and Countermeasures of the Disadvantaged Groups in the Normalization of Epidemic Prevention and Control in Jilin Province *Han Jiajun* / 173

B.14　Research on Problems and Countermeasures of Community
　　　　Emergency Support in Jilin Province　　　　　　*Wang Haoyi* / 185
B.15　Research on Public Health Emergency Management in Jilin Province
　　　　　　　　　　　　　　　　　　　　　　　　　　　　Cui Wei / 197
B.16　Research on Deepening Legal Protection of Major Public Health
　　　　Risk in Jilin Province　　　　　　　　　　　　*Liu Xingxian* / 208

Ⅳ　Opening-up and Cooperation

B.17　Research on Innovation of Changchun-Gongzhuling Co-city
　　　　　　　　　　　　　　　　　　　　　　　　　　　　Liu Lian / 220
B.18　The Construction of China-Korea (Changchun) International
　　　　Cooperation Demonstration Area under the Background of
　　　　Belt&Road　　　　　　　　　　　　*Tan Hongmei, Yang Chen* / 231
B.19　Research on Countermeasures for Jilin Province to Speed up
　　　　Development of Marine Economy　　　　*Ren Peng, Hou Ling* / 242
B.20　Countermeasures and Suggestions on Accelerating Cooperation
　　　　between Jilin Province and Zhejiang Province　*Zhao Guanyi, Ren Jing* / 250

Ⅴ　Special Topics of the 14th Five Year Plan

B.21　Research on Countermeasures for the High-quality Industrial Development
　　　　in Jilin Province during the 14th Five Year Plan Period　　*Wang Xi* / 258
B.22　Research on the Development Trend and Countermeasures of Strategic
　　　　Emerging Industries in Jilin Province during the 14th Five Year Plan period
　　　　　　　　　　　　　　　　　　　　　　　　　　　Zhao Guangyuan / 274
B.23　Research on Countermeasures for the High-quality Development of
　　　　Pharmaceutical Manufacturing Industry in Jilin Province during
　　　　the 14th Five Year Plan Period　　　　　　　　　　　*Zhao Xi* / 287

CONTENTS

B.24 Research on the Development of Green Food Industry in Jilin
Province during the 14th Five Year Plan Period *Li Dongyan* / 300

B.25 Research on Science and Technology Innovation in Jilin Province
during the 14th Five Year Plan Period *Wang Tianxin* / 314

总 报 告
General Report

B.1
2020～2021年吉林省经济形势分析与预测[*]

张丽娜　徐卓顺[**]

摘　要： 2020年全球政治经济环境不确定性愈加突出，中国经济面临的外部压力显著上升。但中国经济具有较强的韧性和潜力，经济长期向好的基本面没有改变。在此条件下，吉林省经济增长呈"V"形恢复格局，产业呈恢复性增长，投资快速攀升，消费品市场温和改善，对外贸易好于预期，脱贫攻坚成效显著，政策性支撑基础越发稳固；但吉林省经济发展的新旧问题交织，固有顽疾仍然存在，导致供给、需求两端明显收缩，财政收支矛盾增加，区域发展分

---

[*] 此报告为吉林省社会科学基金重点委托项目"新冠疫情对吉林省经济社会发展影响研究"（项目编号：2020WT10）阶段性成果。
[**] 张丽娜，吉林省社会科学院软科学研究所所长、研究员、管理学博士，研究方向：宏观经济学、产业经济学；徐卓顺，吉林省社会科学院软科学研究所副所长、研究员、数量经济学博士，研究方向：数量经济与宏观经济。

化严重。为此，吉林省经济仍需以稳增长为主基调，夯实经济发展基础，促进产业转型升级，加快新旧动能转换，不断促进消费与投资的增长，推动经济社会平稳健康发展。

关键词： 吉林省　经济形势　稳增长

一　2020年吉林省经济运行分析

2020年，全球范围内暴发的新冠肺炎疫情以及部分地区发生的骚乱、自然灾害等对国内外经济发展提出了严峻考验。面对外部环境风险挑战明显上升的复杂局面，吉林省深入贯彻落实习近平总书记视察吉林重要讲话指示精神，科学统筹推进经济社会发展，坚持稳中求进工作总基调，全面贯彻新发展理念，扎实做好"六稳"工作，全面落实"六保"任务，经济社会发展取得了明显成效。

（一）经济增长呈"V"形恢复格局

2020年第一季度，吉林省经济受国内外多方因素影响，地区生产总值（GDP）为2441.84亿元，同比降幅达到6.6%。吉林省为缓解第一季度经济大幅下滑之势，认真贯彻中央决策部署，通过"三保一统筹""六个必须"等一系列精准施策，经济下行之势得到遏制，经济社会秩序迅速恢复。第二季度吉林省GDP由负转正，增幅达到5.1%，高出全国当季3.2%的平均增幅1.9个百分点[①]（见图1）。上半年吉林省GDP达到5441.92亿元，同比下降0.4%，比全国平均水平高1.2个百分点，在东北三省领先，在全

[①] 第二季度当季GDP增速为上半年与第一季度增速计算所得。

国位次前移,增速居全国第20位,这是2013年第二季度以来最好位次。1~3季度,吉林省GDP达到8796.68亿元,同比增速继续攀升,达到1.5%,高出全国同期增速0.8个百分点,在当前公布数据的全国31个省(区、市)中居第18位(见表1)。

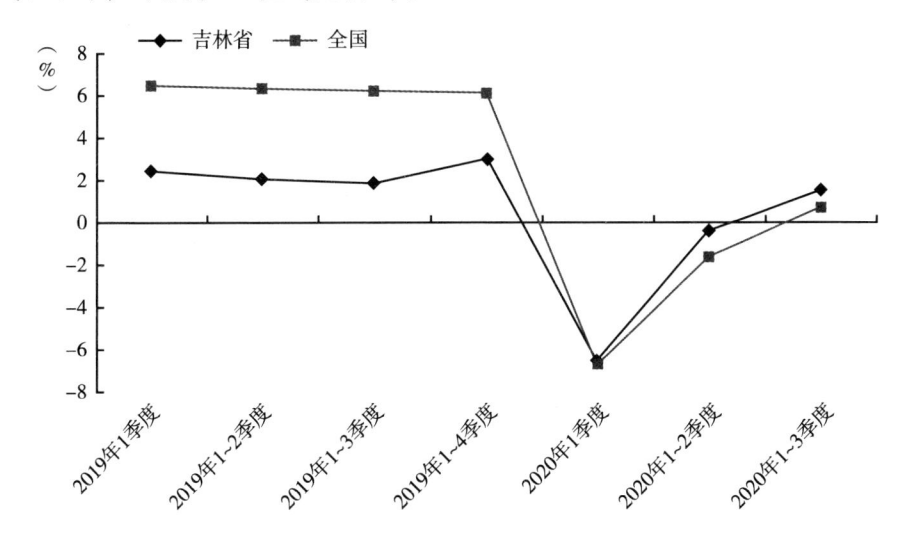

图1 2019年1季度至2020年1~3季度吉林省和全国GDP增速

资料来源:国家统计局(http://www.data.stats.gov.cn)。

表1 2019年、2020年上半年、2020年1~3季度全国31个省(区、市)GDP增速排位

排位	地区	2020年1~3季度GDP增速(%)	排位	地区	2020年上半年GDP增速(%)	排位	地区	2019年GDP增速(%)
1	西藏	6.3	1	西藏	5.1	1	贵州	8.3
2	贵州	3.2	2	新疆	3.3	2	云南	8.1
3	甘肃	2.8	3	贵州	1.5	3	西藏	8.1
4	云南	2.7	4	甘肃	1.5	4	江西	8
5	湖南	2.6	5	湖南	1.3	5	福建	7.6
6	重庆	2.6	6	宁夏	1.3	6	湖南	7.6
7	宁夏	2.6	7	青海	1	7	安徽	7.5
8	江苏	2.5	8	江苏	0.9	8	湖北	7.5

续表

排位	地区	2020年1~3季度GDP增速(%)	排位	地区	2020年上半年GDP增速(%)	排位	地区	2019年GDP增速(%)
9	安徽	2.5	9	江西	0.9	9	四川	7.5
10	江西	2.5	10	广西	0.8	10	河南	7
11	四川	2.4	11	重庆	0.8	11	河北	6.8
12	福建	2.4	12	安徽	0.7	12	浙江	6.8
13	浙江	2.3	13	四川	0.6	13	宁夏	6.5
14	新疆	2.2	14	浙江	0.5	14	重庆	6.3
15	广西	2	15	福建	0.5	15	青海	6.3
16	山东	1.9	16	云南	0.5	16	山西	6.2
17	河北	1.5	17	山东	-0.2	17	广东	6.2
18	吉林	1.5	18	河南	-0.3	18	甘肃	6.2
19	山西	1.3	19	陕西	-0.3	19	新疆	6.2
20	陕西	1.2	20	吉林	-0.4	20	北京	6.1
21	青海	1.2	21	河北	-0.5	21	江苏	6.1
22	海南	1.1	22	山西	-1.4	22	上海	6
23	广东	0.7	23	广东	-2.5	23	广西	6
24	河南	0.5	24	上海	-2.6	24	陕西	6
25	北京	0.1	25	海南	-2.6	25	海南	5.8
26	天津	0	26	北京	-3.2	26	辽宁	5.5
27	上海	-0.3	27	内蒙古	-3.8	27	山东	5.5
28	辽宁	-1.1	28	天津	-3.9	28	内蒙古	5.2
29	内蒙古	-1.9	29	辽宁	-3.9	29	天津	4.8
30	黑龙江	-1.9	30	黑龙江	-4.9	30	黑龙江	4.2
31	湖北	-10.4	31	湖北	-19.3	31	吉林	3

资料来源：国家统计局（http：//www.data.stats.gov.cn）。

（二）产业发展向好

1. 农业生产保持稳定

2020年1~3季度，吉林省第一产业增加值同比增长1.8%，增速比上半年提高2.7个百分点，实现由负转正。农业方面，农业春耕工作顺利，粮食播种面积达到8850万亩,与上年同期相比增加了34.8万亩。9月台风"巴威""美莎克""海神"过境吉林省,对吉林省农业生产和秋收造成不利影响。为减少台风影响,吉林省财政拿出1.3亿元补贴资金,用于收获倒伏农作物机械的购置和改造。截至10月中旬,吉林省秋收进度快于上年同期,秋粮已收获近60%。前三季度农业产值增长3.3%。畜禽业方面,前三季度,吉林省生猪出栏数量与上年同期相比下降了5.5%,比上半年8.3%的降幅收窄了2.8个百分点。牛、羊、家禽出栏量均有所增长,涨幅分别达到0.7%、6.5%和4.0%,比上半年分别提高了4.4个、3.3个和0.2个百分点。

2. 工业增长动力强劲

2020年吉林省持续开展工业服务专项攻坚,制定《构建吉林产业发展新格局具体举措》,开展"万人助万企""服务企业周"活动,助力各类市场主体,特别是对年初产值降幅超过30%的724户企业,实行"一企一策一专班",帮扶解决问题、纾困发展。2020年前三季度,吉林省规模以上工业增加值增长6.2%,居全国第3位,比全国平均水平高5个百分点,9月同比增长19.5%,增速居全国第一(见表2)。国企、外资企业表现良好。1~9月,国有控股企业同比增长9.1%,股份制企业同比增长3.0%,外资企业同比增长9.5%。汽车制造业增长显著。汽车制造和食品产业同比分别增长15.5%和0.8%,增速比上半年分别提高了6.3个和0.5个百分点。石油化工、医药产业同比分别下降3.5%和2.0%,降幅比上半年分别收窄4.0个和3.5个百分点。装备制造产业由上半年的下降1.0%转为增长0.5%。实体经济发展迅速。1~3季度,吉林省全省用电量、铁路货运量和公路货运量分别增长2.3%、17.7%和1.7%。先行指标稳步回升,与工业运行匹配度提高,实体经济发展已成为吉林省经济发展的有力支撑。智能制造加速发展。一汽红旗于2019年末建成的国内首个"全无人配送"汽车装配车间,智能化工位占全部工位数量的80%以上,这为一汽红旗在断崖式下跌的市场大环境中仍然逆势保持超过30%的正向高速增长奠定了坚实的基础。

表2　2020年9月、2020年1~3季度全国及各省（区、市）规模以上工业增加值增速

单位：%

排位	地区	2020年9月	排位	地区	2020年1~3季度
	全国	6.9		全国	1.2
1	吉林	19.5	1	西藏	7.1
2	西藏	14.5	2	甘肃	6.3
3	山西	14	3	吉林	6.2
4	江苏	11.2	4	新疆	6.1
5	新疆	11.2	5	重庆	4.4
6	天津	10.7	6	安徽	3.9
7	浙江	10.7	7	江苏	3.6
8	重庆	10.5	8	湖南	3.5
9	山东	10.1	9	四川	3.2
10	黑龙江	9	10	山西	3
11	安徽	9	11	浙江	3
12	广东	8.3	12	山东	2.9
13	河北	7.3	13	河北	2.7
14	湖南	7.2	14	江西	2.7
15	上海	6.9	15	贵州	2.7
16	四川	6.9	16	宁夏	2.5
17	甘肃	6.9	17	福建	1.8
18	宁夏	6.9	18	青海	1.3
19	江西	6.6	19	陕西	1.2
20	云南	6.6	20	云南	0.9
21	辽宁	6.2	21	辽宁	0.3
22	湖北	6.2	22	天津	0.1
23	贵州	6.1	23	北京	-0.1
24	福建	6	24	河南	-0.2
25	北京	5.4	25	黑龙江	-0.7
26	河南	4.6	26	广西	-1.1
27	广西	4.5	27	广东	-1.2
28	陕西	4	28	内蒙古	-1.9
29	青海	-0.8	29	上海	-1.9
30	内蒙古	-2.1	30	海南	-5.5
31	海南	-3.3	31	湖北	-11.3

资料来源：国家统计局（http：//www.data.stats.gov.cn）。

3. 服务业稳步复苏

2020年前三季度，吉林省第三产业同比下降1.1%，降幅比上半年收窄0.9个百分点。从产业结构看，1~3季度，第三产业在GDP中所占比重达到55.3%，较第二产业高出18.8个百分点，较2019年降低0.3个百分点（见图2）。从重点行业看，金融业增长5.9%，增速比上半年提高了0.6个百分点。交通运输、仓储和邮政，批发零售，房地产业同比分别下降2.0%、7.0%、0.7%，降幅较上半年分别收窄3.5个、2.0个、0.4个百分点。服务业项目建设加快推进。东北亚国际物流枢纽、京东亚洲一号、东宝高端服务业园区等项目加快落实，万达、恒大、红星美凯龙等企业相继投资吉林省文旅项目，吉林省服务业加快转型提质。新兴服务业快速推进。疫情期间，吉林省数字博物馆在线服务平台将部分藏品以3D技术进行收录，支持公众多角度赏玩藏品。博物馆的在线服务平台提供"虚拟展厅"，让观众可以随时查看各馆展览、藏品及信息。伪满皇宫博物院建立了7个展览的全景VR展厅，通过三维实景技术，让观众随时随地身临其境般观看丰富多彩的线上展览。吉林省文化馆的文化直播改变了传统的"面对面"观赏形式。吉林省数字博物馆在

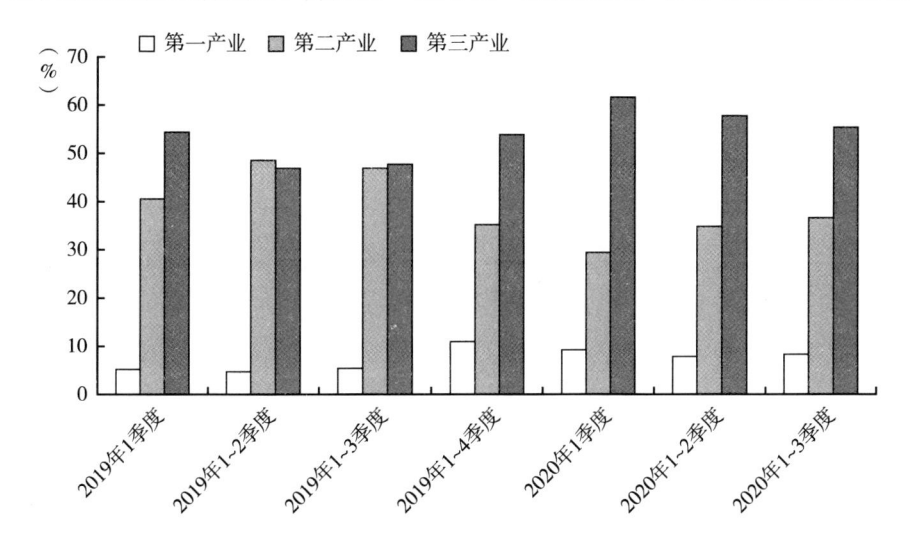

图2 2019年1季度至2020年1~3季度吉林省产业结构

资料来源：吉林省统计局（http://tjj.jl.gov.cn）。

线服务平台推出"在线策展"等服务。此外，无人机配送、5G 云端智能机器人等技术有效避免了人与人的直接接触，获得了广阔的市场空间。这些都加快了吉林省服务业创新发展的步伐。

（三）三大需求走势分化

1. 投资快速攀升

吉林省固定资产投资（不含农户）在前 4 个月延续了 2019 年持续负增长的局面。但随着全面复工复产，各类投资项目加快实施。加之吉林省近年来一直坚持"三抓""三早"行动，谋划推动了一批重大项目，如实施新建及改扩建机场项目 4 个，完善"一主多辅"机场群，红旗高级轿车、大众全新中大型城市越野车及奥迪纯电动城市越野车车型技术改造等项目加快实施。前三季度，全省固定资产投资（不含农户）同比增长 8.9%，增速比上半年提高 1.1 个百分点，高于全国平均水平 8.1 个百分点，居全国第 4 位（见图 3、表 3）。分产业看，第一产业投资同比增长 60.8%，高出全国平均水平 46.3 个百分点，第二产业投资同比增长 6.5%，高出全国平均水平 9.9 个百分点，

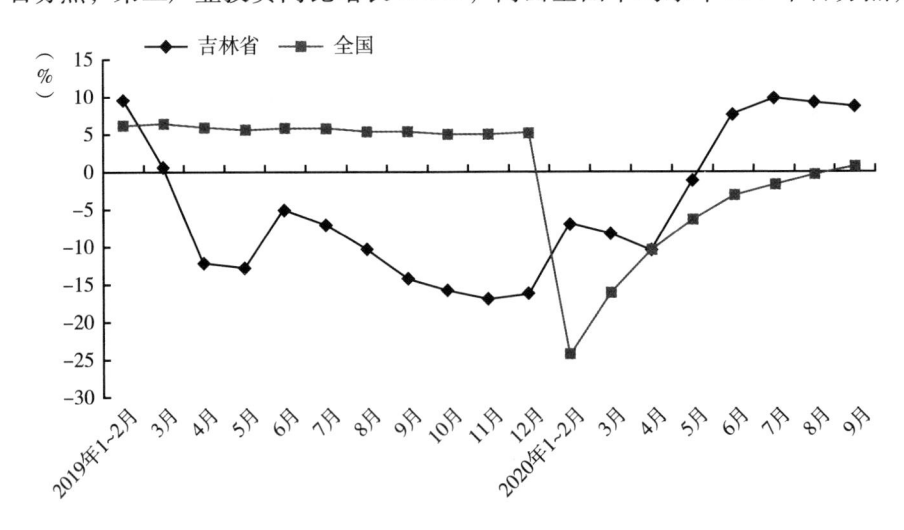

图 3 2019 年 1 月至 2020 年 9 月吉林省和全国固定资产投资（不含农户）增速（累计同比）

资料来源：国家统计局（http://www.stats.gov.cn）。

第三产业投资同比增长8.7%，高出全国平均水平6.4个百分点。分领域看，建筑安装工程投资同比增长6.6%，涨幅高出全国平均水平5.7个百分点，设备、工器具购置投资同比下降13.8%，低于全国平均水平3.7个百分点，其他费用投资增长34.1%，高出全国平均水平25.9个百分点。可以看出，吉林省的投资分项数据普遍高于全国平均水平，这既与吉林省前期投资持续负增长有关，也与此次疫情吉林省受到冲击较小有关。

表3 2020年1～3季度全国及31个省（区、市）固定资产投资增速

单位：%

排序	地区	增速	排序	地区	增速
	全国	0.8	16	宁夏	2.6
1	新疆	17.3	17	重庆	2.5
2	上海	10.3	18	安徽	2.4
3	山西	9.5	19	四川	2.2
4	吉林	8.9	20	黑龙江	2.1
5	海南	8.4	21	广西	2.1
6	江西	7.3	22	北京	1.8
7	西藏	6.6	23	河北	1.7
8	湖南	6.5	24	福建	1.4
9	云南	6.5	25	天津	1.3
10	甘肃	6.5	26	贵州	1
11	广东	5	27	辽宁	0.1
12	浙江	4.3	28	青海	-1.3
13	陕西	3.9	29	江苏	-1.7
14	河南	3.6	30	内蒙古	-7.7
15	山东	2.7	31	湖北	-33.9

资料来源：国家统计局（http://www.stats.gov.cn）。

2. 消费品市场明显回暖

2020年初，线下销售和消费者收入均有所减少，消费者需求也随之缩水，吉林省出台的支持服务业30条、新一轮促消费14条、消费券促消费等

政策，调动了部分消费者的消费热情，"这有山""欧亚汇集"等商业项目有效带动"夜经济"，新的消费热点得到培育，消费品市场回暖。2020年前三季度，全省社会消费品零售总额同比下降15.1%，降幅比上半年收窄4.9个百分点，消费市场加快复苏（见图4）。按消费类型分，9月，饮料类，烟酒类，家用电器和音像器材类，文化办公用品类，汽车类零售额同比分别增长54.0%、32.3%、14.1%、45.9%、1.7%。新型消费增长迅速。上半年，网络零售额、农村网络零售额分别增长17.4%、19.6%。

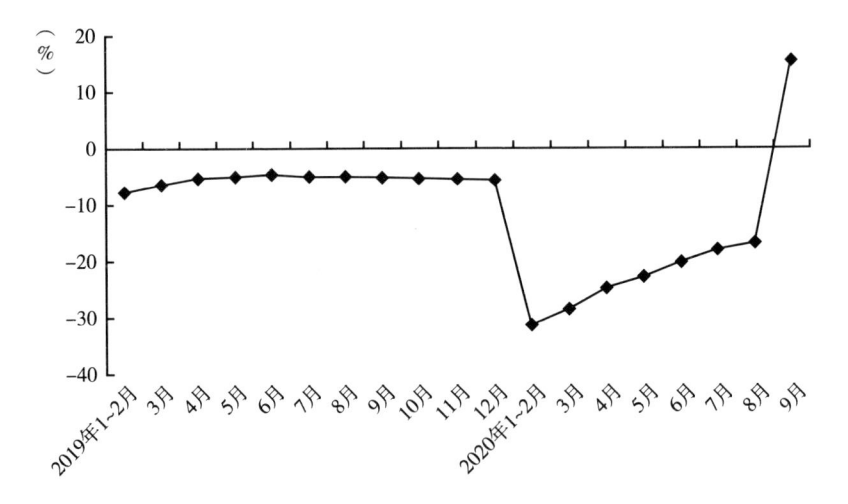

图4 2019年1月至2020年9月吉林省社会消费品零售总额累计增速

资料来源：吉林省统计局（http://tjj.jl.gov.cn）。

3.对外贸易好于预期

2020年外贸形势虽然复杂严峻，但在党中央、国务院一系列有力有效稳外贸政策措施的辅助下，吉林省外贸企业迎难而上、创新发展，千方百计抓订单、拓市场，外贸回稳向好、好于预期。1~9月吉林省货物贸易进出口值达到948.2亿元，同比下降2%，降幅较前8个月收窄2.8个百分点（见图5）。其中，出口220亿元，下降8.4%；进口728.2亿元，增长0.1%。吉林省降幅在东北三省最小，外贸恢复较快。一般贸易仍在强化，一般贸易和加工贸易进出口值均增长，增幅分别为1.9%和6.7%，合计占全省进出口值的95.7%。与欧盟贸易有所提升，占比过半，达到51.9%；对日本和墨西哥进出口值分别为101.5亿元、48.4亿元，分别增长29.7%、49.1%；对共建"一带一路"国家进出口值为269亿元，下降4.3%，降幅进一步收窄。汽车和农产品为主要进出口产品，前三季度机电产品、农产品为主要出口商品，其中，轨道交通装备、鲜干水果及坚果出口增长明显。机电产品进口值占进口总值的比重超八成，农产品进口增幅较大，其中，汽车零部件进口244.7亿元，增长17.3%，拉动进口增长5个百分点；农产品进口39亿元，增长34.1%。跨境电商等新业态成为外贸增长新亮点。外贸新业态政策环境和营商环境持续优化，市场主体活力不断激发，跨境电商、市场采购贸易出口逆势增长，增幅均达两位数以上。上半年，吉林省跨境电商交易额增长34%。

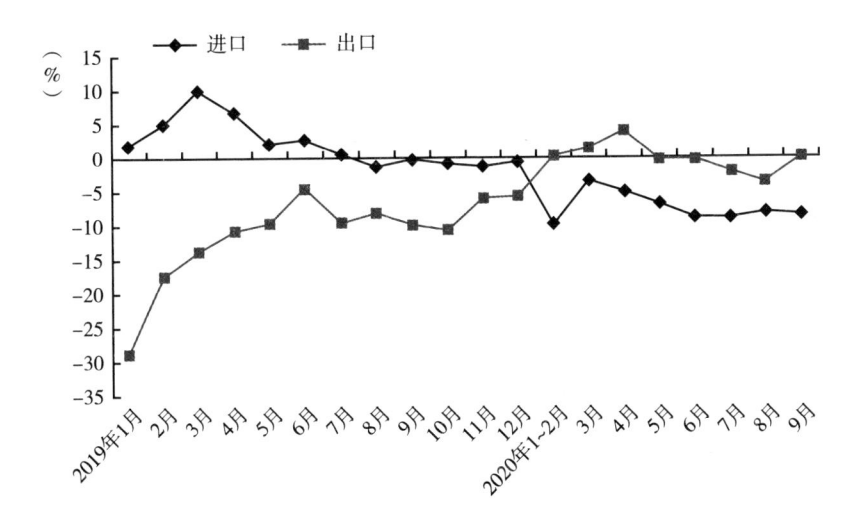

图5　2019年1月至2020年9月吉林省进出口贸易月度累计增速

资料来源：吉林省统计局（http：//tjj.jl.gov.cn）。

（四）市场价格波动较大

1. CPI波动明显

2020年，吉林省认真贯彻落实中央关于保供稳价的系列政策措施，物价指数处于合理区间，但受猪肉价格、台风、节假日等因素影响，波动较大。从环比看，9月CPI涨幅由8月的0.2%扩大至0.7%，与全国平均水平持平。其中，食品价格涨幅达到1.9%，影响CPI上涨约0.6个百分点。随着季节的变化，吉林省多地受到台风影响，导致部分地区蔬菜短期供应紧张，中秋节、国庆节的到来，鲜果、鸡蛋价格也大幅上涨，9月，鲜菜、鲜果、蛋类分别上涨了18.3%、14.4%和2.1%，成为推动CPI上涨的主要力量。从同比看，9月CPI同比上涨2.0%，高出上月0.1个百分点，高于全国平均水平0.3个百分点，位于全国31个省（区、市）第10位（见图6、表4）。其中，食品价格上涨7.4%，涨幅扩大0.2个百分点，影响CPI上涨约2.45个百分点。食品中，早在6月，受生猪出栏减缓、防疫调配要求从严及进口量减少等因素影响，猪肉供应偏紧，同时餐饮和团体消费需求有所回升，加之上年对比基数影响，猪、牛、羊肉价格持续大幅上涨，9月畜肉类价格同比上涨25.6%。鲜菜价格上涨23.9%，鲜果和鸡蛋价格分别下降4.8%和15.4%。1~9月，全省CPI累计增长3.1%，比全国平均水平低0.2个百分点。

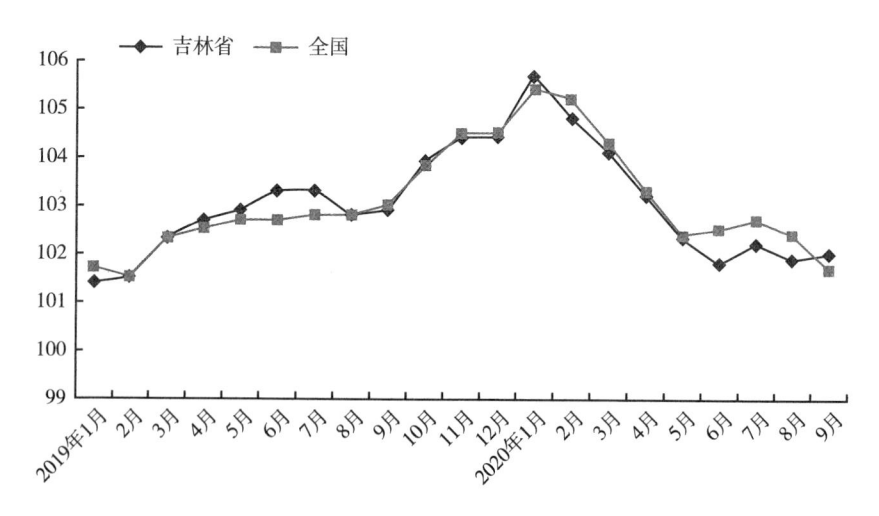

图6 2019年1月至2020年9月吉林省和全国CPI上涨情况（月度同比）

资料来源：国家统计局（http：//www.stats.gov.cn）。

表4 2020年9月全国及31个省（区、市）CPI上涨情况（月度同比）

排序	地区	增速	排序	地区	增速
	全国	101.7	16	浙江	101.8
1	云南	103.7	17	内蒙古	101.7
2	青海	102.6	18	黑龙江	101.7
3	山东	102.3	19	江西	101.7
4	山西	102.2	20	福建	101.6
5	辽宁	102.2	21	重庆	101.6
6	河南	102.2	22	天津	101.5
7	甘肃	102.2	23	湖南	101.5
8	贵州	102.1	24	江苏	101.4
9	西藏	102.1	25	湖北	101.4
10	吉林	102	26	上海	101.3
11	安徽	102	27	广西	101.3
12	陕西	102	28	广东	101.1
13	四川	101.9	29	北京	101
14	宁夏	101.9	30	新疆	100.9
15	河北	101.8	31	海南	100.5

资料来源：国家统计局（http：//www.stats.gov.cn）。

2. PPI波动较大

从环比看，受国际大宗商品价格回暖、国内制造业稳步恢复、市场需求继续改善等因素影响，9月，PPI延续上两个月上涨态势，继续上涨了0.1%，与全国平均水平持平。从同比看，9月，PPI同比下降1.5%，降幅与8月持平，比7月缩小0.7个百分点，降幅高出全国平均水平0.6个百分点，位于全国31个省（区、市）第15位（见图7、表5）。1~9月，PPI同比累计下降1.4%，降幅与前三个月持平。

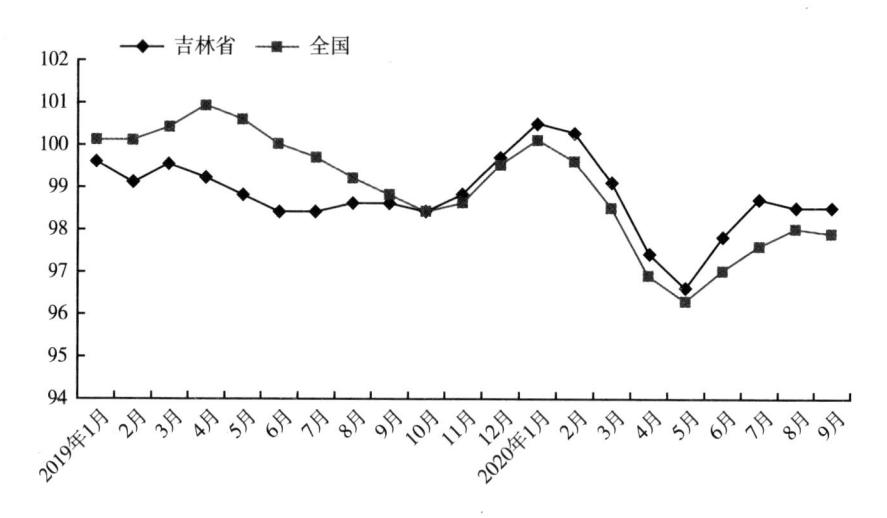

图7 2019年1月至2020年9月吉林省和全国PPI上涨情况（月度同比）

资料来源：国家统计局（http://www.stats.gov.cn）。

表5 2020年9月全国及31个省（区、市）PPI上涨情况（月度同比）

排序	地区	增长	排序	地区	增长
	全国	97.9	16	贵州	98.3
1	西藏	100	17	上海	98
2	广西	99.8	18	福建	97.7
3	湖南	99.6	19	山东	97.6
4	重庆	99.4	20	江苏	97.4
5	安徽	99.3	21	青海	97.3
6	河北	99.2	22	天津	97.2
7	江西	99.2	23	辽宁	97
8	内蒙古	99	24	浙江	96.5
9	河南	98.9	25	宁夏	96.2
10	北京	98.8	26	山西	94.9
11	湖北	98.8	27	陕西	94.8
12	四川	98.7	28	黑龙江	93.7
13	云南	98.7	29	海南	93.1
14	广东	98.6	30	甘肃	92.5
15	吉林	98.5	31	新疆	91.3

资料来源：国家统计局（http://www.stats.gov.cn）。

（五）民生福祉改善

1. 就业形势趋稳

2020年，吉林省仍将保就业放在更加突出的位置，保障城镇劳动力就业，保证农业富余劳动力顺利转移就业。中小微企业贡献了全部企业就业岗位的80%以上，因此稳就业的关键是稳企业，稳企业的关键是稳中小微企业，为此，吉林省将稳定中小微企业就业放在了关键位置。一方面，吉林省首创产业链金融"预付贷"模式，上线推广"吉企银通"小微企业融资服务平台，加强融资服务，有效保护了市场主体；另一方面，吉林省人力资源和社会保障厅、省教育厅、省总工会和省工商联采用线上和线下同步进行的方式，与全省县级以上城市联合举办"2020年吉林省民营企业招聘月活动"，并与国家同步积极开展三大聘用活动。此外，吉林省通过组织企业员工进行线上培训，并对培训平台和参加线上培训的企业员工进行补贴等举措，强化了劳动者素质提升能力，提高了劳动力市场供求匹配能力，从而稳定了就业。上半年，吉林省城镇新增就业14.3万人、农村劳动力转移就业221.5万人，分别完成年度计划的67.9%、73.7%。

2. 社会保障继续推进

一方面，吉林省针对确实无力足额缴纳社会保险费的中小企业，规定连续3个月以上无力支付职工最低工资或3个月以上无法正常生产经营仅为职工发放生活费的企业，可按缓缴社会保险费有关规定提出申请，经批准后缓缴社会保险费，缓缴期最长6个月，缓缴期间免收滞纳金，缓缴期间职工各项社会保险待遇不受影响。另一方面，2020年1月17日，吉林省出台《吉林省人民政府关于建立企业职工基本养老保险基金统收统支省级统筹制度的实施意见》，要求企业职工基本养老保险基金各项收入全部归集到省级社会保障基金财政专户，各项支出也由省级财政专户统一拨付，实现了养老保险基金全省统收统支。实现规范的养老金省级统筹，不仅能够进一步提高全省基金统一调度使用能力，确保全省养老金发放，还为下一步实施全国统筹打下良好基础。上半年，吉林省城、乡低保标准分别提高了3.8%和8%，退休人员基本养老金上调了5%。

（六）脱贫攻坚顺利完成

当前，吉林省所有贫困县已全部摘帽，且在国家成效考核中获得第一档"好"的评价档次。近年来，吉林省始终坚持底线思维，防范化解风险，防止突破底线，坚决打好脱贫攻坚总攻。2020年，为防止因疫情影响出现贫困户返贫情况，吉林省强化产业扶贫、就业扶贫，并设立扶贫专项资金，稳固扶贫成效。启动"三抓""三早"行动，促使扶贫项目加速开工、新项目加快落地。为解决在外务工人员返乡后返贫问题，吉林省出台10项针对性措施，采取开发公益岗位、贫困人口网上培训、落实就业细则等一系列措施，促进贫困劳动力就业，持续巩固脱贫攻坚成果。2020年，吉林省按照贫困户人均5000元标准划拨专项扶贫资金。同时采取"造血"方式，通过精准安排实施扶贫项目，帮助未脱贫人口脱贫。2020年，吉林省紧盯"三个一万人"，出台决战决胜29项、稳定贫困家庭收入10项等政策措施，完善临贫预警、骤贫处置、防贫保稳政策体系，着力补齐"两不愁三保障"短板弱项。

（七）政策性支撑基础逐步稳固

1. 长春—公主岭同城化发展步伐加快

2020年，公主岭市正式划归长春市，长春市地域面积扩大，位居全国省会城市第3位。长春—公主岭同城化打破了两城地域、行政限制，促使两城相向而行，提升了长春市城市量级，为把长春建设成为东北亚区域性中心城市起到了支撑作用。2020年，长春、公主岭两地间互动频繁，在一大批政策的落地，以及深度合作项目的牵引下，长春西部城市副中心已经略具雏形，成为市民创业、居住的热土。在长春—公主岭同城化协同发展战略带动下，恒大、韵达、红星美凯龙等国内知名企业纷纷前来投资兴业。

2. 国家级示范区相继建立

吉林珲春海洋经济发展示范区建立。2020年5月，国家正式批准设立吉林珲春海洋经济发展示范区，该示范区将被着力打造成图们江区域海洋产业集聚中心、港航物流集散中心、临港产业制造中心、跨境国际贸易中心和对外开放合作中心。吉林同时推动示范区与长春现代化都市圈、中部城市群相互支撑，加强与浙江省特别是宁波市的对口合作。随着该示范区的成立，吉林作为东北亚地区合作中心枢纽的地位作用将进一步凸显。

中韩（长春）国际合作示范区建立。2020年6月29日，中韩（长春）国际合作示范区正式成立。该示范区总面积512平方公里，其中核心区面积210平方公里，拓展区包括隶属于长春新区的长德经济开发区、空港经济开发区。中韩（长春）国际合作示范区的成立对于吉林省与韩国在产业链协同合作、建设开放合作平台、加强创新和人文合作等方面均有较大的推动作用。

长春临空经济示范区建立。2020年7月，长春临空经济示范区由国家发展改革委、中国民航局批准设立，为中国第15个国家级临空经济示范区。长春临空经济示范区规划面积91.3平方公里，规划范围东至九万公路，西至五洲大街，南至空港开发区南部范围线、珲乌高速，北至泉眼沟。该示范区的建立，提升了吉林省在区域性航空枢纽中的地位，将促进吉林省加快构建以航空运输业、先进制造业和现代服务业为主的临空产业体系，建设重点面向东北亚的开放合作高地。

3. 长吉接合片区实施方案加快推行

2019年12月19日，吉林长吉接合片区入选国家11个国家城乡融合发展试验区名单。该片区包括长春新区1个国家级新区，中韩（长春）国际合作示范区、吉林（中国—新加坡）食品区2个国际开放合作平台，长春净月高新技术产业开发区、吉林高新技术产业开发区、吉林经济技术开发区3个国家级开发区和12个省级开发区。占地面积11081平方公里，总人口达到333万人。2020年8月，吉林省政府印发《长吉接合片区国家城

乡融合发展试验区改革实施方案》，将在该片区率先建立城乡融合发展体制机制和政策体系，形成农业大省和东北老工业基地推动城乡融合发展的经验模式。

二 吉林省经济社会发展存在的问题

当前，吉林省经济社会发展正处于转方式、调结构、转换发展动能的关键时期，发展前景向好，但新旧问题相互交织，固有顽疾未得到改善等带来的困难和挑战，使吉林省经济社会发展仍面临较大压力。

（一）消费不振问题严重

当前消费不振仍是稳增长的最大短板，前三季度吉林省限额以上零售业销售总额增长率虽然从上半年的-20%恢复至-15.1%，依然未实现正增长。虽然有部分"爆买"回归，但是前期疫情冲击导致失业率上升和居民收入回落，居民消费行为变得更加保守，整体消费不振。根据吉林省统计局调查数据，2020年上半年，吉林城镇常住居民人均消费支出下降13.7%，农村常住居民人均消费支出下降6.8%，受疫情影响，创下2001年以来的最大降幅，分别比第一季度下降了3.0个和2.8个百分点。从调查数据不难看出，吉林省民众的消费欲望并没有因消费券的发放、"夜经济"的实行等促消费措施而出现井喷式释放，消费欲望仍需进一步激发。

（二）部分企业发展仍有困难

疫情使企业特别是民营企业、中小微企业生存压力剧增。一方面，企业订单减少，市场需求不足导致企业经营压力加大。据邮政储蓄银行的调查数据，近50%的中小微企业的首要问题是市场需求不足导致的经营压力。另一方面，产业链、供应链断裂风险加大导致企业经营困难加剧。全球疫情和贸易摩擦的叠加,对吉林省部分对进出口零部件依赖性较大的产业影响较大。此外,企业效益也大幅下滑。订单不足,加之产业链供应链中断风险加大,以及企业资金周转困难、工业品价格持续下跌,导致企业产品周转天数增多,应收款项增加,企业利润率减少,企业经营效益下降。2020年8月,吉林省亏损企业数量虽从年初的增加35.7%下降至增加18.4%,但仍保持着正增长,意味着企业生存压力依然较大。

(三)财政收支矛盾加剧

2020年,受疫情对经济的严重冲击等因素影响,财政收支明显减少。1~8月,吉林省财政收入717.67亿元,同比下降4.4%,财政支出2336.31亿元,同比下降0.3%。从收支对比看,吉林省财政收入少于支出,且差距较大,财政"入不敷出"问题严重。其中,基层财政压力明显加大。在疫情常态化防控阶段,各地医疗卫生、疫情防控等相关财政支出会继续加大。"六保"工作中,保基本民生、保基层运转等支出还将进一步增加。逆周期调节中,基建类相关投资仍需财政引导,如吉林省"两新一重"建设投资等。总体来看,2020年财政支出会继续升高,但财政收入增速会显著放缓,财政收支不平衡现象更加凸显。

(四)区域发展分化严重

吉林省区域发展呈现出明显的中部高于东部、东部高于西部的不均衡格局。人口总量上,中部地区人口总量达到吉林省人口总量的六成以上。经济总量上,2020年上半年,中部地区仅长春一个城市的地区生产总值就已达到全省经济总量的55.8%。上半年,长春经济增长1.2%,远高于白山、延边等城市。长春市无论是在基础设施、教育资源、健康和医疗资源方面,还是在经济结构、生产力水平等方面均显著高于吉林省内的其他市州。2019年,吉林省将长春市确定为"一主、六双"产业空间布局中的"一主",然而,就2020年上半年与长春相邻的吉林市GDP6.8%的降幅来看,长春市所起到的辐射带动作用并不大。

三 2021年吉林省经济发展形势预测

（一）国内外形势分析

1. 国内经济继续稳步恢复

目前，我国经济社会运行秩序加快恢复，在主要经济体中率先实现经济企稳回升，主要经济指标出现恢复性增长。2020年前三季度GDP同比增长0.7%，环比增长2.7%。分季度看，第一季度下降6.8%，第二季度增长3.2%，第三季度增长4.9%。分产业看，第一、二、三产业分别增长2.3%、0.9%和0.4%。工业恢复势头良好，规模以上工业增加值前三季度同比增长1.2%（上半年为下降1.3%）。其中，第三季度同比增长5.8%，比第二季度提高1.4个百分点。9月，制造业PMI达到51.5%，比8月上升0.5个百分点，连续7个月位于荣枯线以上。服务业稳步恢复。第三季度，服务业增加值增长4.3%，增速比第二季度提升2.4个百分点。服务业生产指数在5月开始由负转正，同比增长1.0%，9月增长5.4%，比8月提高1.4个百分点。前三季度，社会消费品零售总额同比下降7.2%，降幅较上半年收窄4.2个百分点。外贸出口增速好于预期。前三季度，在大部分国家外贸进出口跌幅超过两位数的情况下，我国出口同比增长1.8%，较上半年增长8个百分点，进口同比下降0.6%，跌幅较上半年收窄5.8个百分点。

2. 国外主要经济体增长动力仍有不足

2020年，世界经济受全球疫情冲击，出现了严重衰退。第一季度，美国GDP环比折年率下降4.8%，结束了自2009年6月开始的长达128个月的经济扩张周期，第二季度，美国GDP环比折年率下降31.4%。欧元区和欧盟季节性调整后第二季度GDP比第一季度分别下降了11.8%和11.4%，与上年同期相比分别下降了14.7%和13.9%，是自1995年以来的最大降幅。日本经济在2019年第四季度已经受消费税上调影响，陷入衰退，GDP

下降7.2%；2020年受疫情和奥运会延期举办的双重打击，第一季度，日本经济环比折年率降至2.2%，第二季度实际GDP比上季度下降7.8%，换算成年率为下滑27.8%，降幅创二战后最差纪录。新兴经济体增速放缓。高度依赖外部市场和美元融资的新兴经济体多为疫情重灾区，大量投资者撤资，导致有史以来最大的资本外流，目前撤资总量已达900亿美元，各新兴经济体国家经济发展受到重创。印度第一季度GDP同比增长3.1%，第二季度同比下降23.9%，创20年来最低水平。巴西第一季度GDP同比下降0.3%，第二季度同比下降11.4%。俄罗斯第一季度GDP同比增长1.6%，第二季度同比下降8.5%。

（二）吉林省经济发展面临的机遇与挑战

1. 发展机遇

（1）新发展格局正在形成

在全球经济衰退、发达国家逆全球化思潮越发严重的背景下，以国内大循环为主体、国内国际双循环相互促进的新发展格局正在逐步形成。"双循环"是以国内大循环为主体，在外部环境高度不确定的情况下，利用我国产业基础实力雄厚、产业链完整等优势，着力打通经济运行的各个环节。"双循环"新发展格局，是强国战略，是更深层次改革、更高层次开放的必然路径。"双循环"新发展格局，意味着供需更加匹配，资源配置上政府、市场结合更加到位，金融支持实体经济上虚实对接更加直接，两个市场两种资源利用上内外更加协调，传统经济与新经济发展上新旧更加融合。以国内大循环为主体，国内新老产业都会受益，"老字号"的传统产业会占有更多国内份额，新产业会在更加成熟的中国应用中发展更快。内陆城市将会受益更多，资源、市场在国内的新兴行业将拥有更大优势。诸多利好，为提升吉林省在全国大局中的地位和作用提供了新的可能，打开了新的空间。

（2）政策保障将逐步推进

习近平总书记在吉林省视察时所作出的重要指示，将促使吉林省加快推进在推动农业科技现代化、扶持新型农业经营主体、加快发展绿色农业等方

面的政策保障。一是推动农业科技现代化。习近平总书记强调要加强农业与科技融合，加强农业科技创新。总书记的指示为吉林省继续提高农业生产的机械化水平和科技应用力度，增加粮食供给，提升粮食品质指明了方向。吉林省委十一届七次全会已审议通过了《关于集中力量补齐全面小康"三农"领域短板，提高粮食安全保障能力，加快率先实现农业现代化的决定》。二是扶持新型农业经营主体。习近平总书记强调，要积极扶持家庭农场、农民合作社等新型农业经营主体，鼓励各地因地制宜探索不同的专业合作社模式。吉林省将在今后一段时期围绕帮助农民、提高农民、富裕农民，加快培育新型农业经营主体，不断提高农业经营效率。三是加快发展绿色农业。习近平总书记强调要认真总结和推广梨树模式，采取有效措施切实把黑土地这个"耕地中的大熊猫"保护好。吉林省坚决贯彻落实总书记的要求，以农业供给侧结构性改革为主线，深入推进农业绿色化、优质化、特色化、品牌化。

2. 发展挑战

（1）经济全球化遭遇逆流

自2008年全球金融危机后，发达国家受产业空心化、失业率攀升、贸易逆差、收入分配不均等多重因素影响，逆全球化思潮不断发酵。2020年，新冠肺炎疫情全球蔓延，逐渐引发全球经济衰退，过度依赖国外供应链的脆弱性随之暴露，越来越多的国家在政策上更加内视和封闭，以民粹主义、孤立主义、贸易保护主义为代表的逆全球化思潮进一步高涨，各种双边与多边经贸冲突升级，第一季度全球贸易额下降3%，第二季度全球贸易额环比下降近27%。疫情防控期间，美国继续通过限制技术出口等手段压制我国，中美贸易再次进入博弈期。美、欧、日等经济体先后收紧对外资企业收购的审查。如德国政府修改《对外贸易和支付法》，阻止遭受疫情打击的德国企业被外资趁机收购。多个国家限制口罩、防护服、消毒液等疫情防控物资出口，还鼓励战略性产业供应链回归本国，如日本已准备出资2435亿日元，资助日资企业将其生产撤出中国。吉林省与之相关的部分制造行业必将受到影响。

（2）地缘政治风险明显上升

2020年，全球地缘政治风险事件不断。年初，美伊冲突升级，导致中东危局升级，引发全球金融市场震动，黄金、原油价格暴涨，海湾地区股指纷纷大跌。此后，土耳其介入利比亚战争，希腊与土耳其、亚美尼亚与阿塞拜疆爆发冲突，导致地区局势进一步复杂化。朝韩关系紧张，半岛局势再起波澜。此外，以美国为首的西方国家以我国香港、台湾、新疆等内政问题挑起事端，中印两国在边境地区发生对峙。发达国家经济因疫情陷入衰退，其国内种族、阶层矛盾不断激化，导致国际市场环境相对趋紧，不确定性显著增强，未来对我国和吉林省的对外贸易影响较大。

（三）2021年吉林省主要经济指标预测

在当前错综复杂的国内外经济环境下，吉林省面对的挑战明显增多，经济下行压力依然较大，但随着宏观政策效应以及发展韧性的持续显现，吉林省扎实做好"六稳""六保"工作，稳就业、保民生，打赢脱贫攻坚战，稳住经济基本盘，经济社会有望平稳发展。综合考虑这些因素，并利用2003年第一季度至2020年第三季度数据构建的吉林省联立方程模型，对2021年主要指标进行了预测，结果如表6所示。

表6 吉林省主要经济指标增长速度预测

单位：%

	2020年	2021年
国内生产总值	2.1左右	4.5~5.5
其中：第一产业增加值	1.4	2.5
第二产业增加值	4.3	5.5
第三产业增加值	3.8	6.3
社会固定资产投资	11.7	12.6
社会消费品零售总额	-6.7	3.8
居民消费价格指数（CPI）	3.8	3.2
城镇常住居民人均可支配收入	2.5	4.6
农村常住居民人均可支配收入	7.3	8.5
外贸进出口	-1.6	3.2
其中：出口	0.2	2.5

1. 地区生产总值预测

2021年是"十四五"的开局之年，国内经济会继续稳步复苏，各项指标有望恢复正增长。国际环境可能继续恶化，多国限制措施将会继续频出，全球产业链受挫，跨国公司继续重构或内迁产业链，出口将受到较大影响，吉林省外需疲软、结构分化态势加剧。投资结构将会进一步调整，但有新基建项目投资带动，即使在外资有可能回撤、民营企业投资缩减的情况下，投资增速仍会有所增长。消费升级会对经济发展有所提振，但对宏观经济的贡献难以抵消传统经济增长点需求下滑所带来的冲击，特别是由于大量民营中小企业利润增幅降低，居民收入增长幅度锐减而面临流动性约束，将使消费增长面临较大不确定性。受三大需求影响，预计2020年经济增速在2.1%左右，2021年增长的区间为4.5%~5.5%。

2. 投资预测

2021年，吉林省将重点支持既促消费惠民生又调结构增后劲的"两新一重"建设，启动实施新基建"761"工程，扩大有效投资，推动社会资本、民营经济进入更多投资领域，债券闲置资金会得到有效利用，投资有望大幅增长，成为拉动经济增长的有效手段，乐观估计2021年投资总额将增长12.6%左右。

3. 消费预测

2021年，生活秩序将会恢复，居民可支配收入会稳步增长，居民消费会有所提升。"住"类消费会继续大幅升高，在此带动下，家电、家具、家装材料等零售行业形势会继续向好。"行"类消费加快恢复。旅游、餐饮、娱乐行业的消费反弹潜力会进一步释放，汽车消费政策会持续发力，居民购车和换车需求有望增加。网上"吃""穿""用"类实物商品零售额会继续增长，在社会消费品零售总额中的比重会继续提高，商品消费市场会改善。2021年，消费增速将会达到3.8%左右。

4. CPI预测

随着疫情、各类灾害对全球农业冲击加大，未来有可能发生国际范围的粮食危机，在国际粮价普遍上涨的情况下，国内粮价可能会出现小幅上涨，进而影响其他商品价格，但影响不会很大。当前我国谷物对国际市场依赖度不高，水稻、小麦进出口主要是品种调剂。玉米和大豆会受一定影响，但幅度有限。而且，我国物价平稳运行具有坚实基础。2021年，预计工业产能利用率会进一步提升，M1和M2仍会低位运行，加之减税、降费政策仍会持续，预计2021年吉林省物价增幅将会在3.2%左右，物价上涨不会对经济增长产生负面影响。

5. 出口预测

2021年，全球疫情防控形势依然严峻，贸易保护主义等经济逆全球化思潮会继续发酵，增加了外贸进出口的不稳定性，电子产业、汽车制造业和服务贸易会受到严重打击，进出口企业将面临严峻考验。这些将促使我国对外贸易结构加快调整，与共建"一带一路"国家经贸合作将会继续加深。预计2021年，吉林省的出口贸易仍会小幅增长2.5%左右。

四 吉林省稳增长促发展的对策措施

当前吉林省经济仍需以稳增长为主基调，夯实经济发展基础，促进产业转型升级，加快新旧动能转换，不断促进消费与投资的增长，推动经济社会平稳健康发展。

（一）坚持高质量发展要求，夯实经济发展基础

1. 维护粮食安全，争当现代农业建设排头兵

一是稳步推进粮食生产。以保障国家粮食安全为战略责任，稳定和提高粮食产量。坚持藏粮于地、藏粮于技战略，严守耕地红线，加强对黑土地资源的保护，保持粮食生产功能区和重要农产品生产保护区总面积稳定。二是完善现代农业产业体系。突出粮食生产，以农业种植为基础，合理调整种植结构，适当调减籽粒玉米比重，扩大专特用玉米、水稻、大豆等其他粮食作物种植面积，培育吉林省农产品品牌；增强生猪、肉鸡、肉牛、肉羊、蛋鸡养殖优势，延伸产业链，提高供给质量。加快推进农产品深加工企业扩能提

效，打造绿色农产品、畜产品、防疫产品等产业链，采取"农业+旅游""农业+健康养生""农业+商贸物流"等发展模式，促进农业种养加一体、一二三产业深度融合。三是健全现代农业经营体系。推进新型经营主体实现适度规模经营。开展示范家庭农场创建，推进合作社质量提升，支持农民合作社、家庭农场开展农产品加工流通和社会化服务，带动农户发展规模经营，增强带动农户能力。

2. 加快产业转型升级，培育新经济增长点

一是重塑支柱产业新优势。依托汽车、食品、石化三大支柱产业发展基础，实施新一轮技术改造升级工程，加快提升传统动能，推动迈向全球价值链的中高端，再塑支柱产业优势。持续推动汽车产业做大做强。面对全球汽车价值链、供应链变化的新格局，汽车产业要顺应新四化（电动化、智能化、网联化、共享化）趋势，促进转型升级，明确市场定位，结合一汽自主品牌产品、价格、技术优势，竞争国内市场份额；加速创新发展，在智联网汽车、新能源汽车等方面抓紧突破；加大科技投入，聚焦电动车、混合动力车、自动驾驶汽车等领域零部件研发，在汽车零部件研发领域取得先机，促进汽车零部件生产回流。构建农产品加工全产业链。坚持绿色有机和精深加工方向，推动规模种养业与加工流通业融合。依托粮食、畜禽、特色农产品资源优势，着力发展农产品加工业，着力打造粮食与畜禽种养、初加工、精深加工、销售、运输全产业链。二是加快培育发展新动能。聚焦产业链高端化、现代化，加快培育装备制造、医药健康成为新的支柱产业，构建新的支柱产业体系。围绕先进轨道交通装备、卫星及航天信息、航空装备制造、新一代信息技术、新材料等领域，培育一批具有爆发力、带动力的创新型增长点，形成战略性新兴产业和传统制造业并驾齐驱的产业发展新格局。

3. 加快推进服务业态与模式创新，调整优化服务业结构

一是促进服务业发展方式转变。加快推进现代信息技术，如人工智能、物联网、区块链等在服务业中的转化应用，促进服务业数字化和智能化发展，鼓励服务业与相关产业融合互动发展，寻找新的成长空间。尤其是要强化生活化服务业和生产性服务业的融合，打造以定制化、专业化、信息化为

特征的现代服务业。积极推动大型传统零售企业转型升级，推进"互联网＋流通"线上线下融合，促进商贸流通业繁荣稳定快速发展。推动文化旅游与农业、工业、康养、体育、会展等产业融合发展，打造乡村游、边境游、民俗游、冰雪游等特色产品体系，推出更适合自由行、散客化、复合型的旅游精品。要创新营销方式。加强文旅产品整体策划包装和精品线路营销，利用线上线下互动营销、融合营销、精准营销等组合拳，提升吉林旅游的品牌知名度。充分利用新科技革命机遇，抓紧在创意孵化、研发设计、检验检测等领域实现新突破。二是鼓励服务领域新业态的发展。顺应疫情催生的服务需求的变化，鼓励平台经济、分享经济、体验经济等服务新形态的发展，鼓励服务要素的重新组合和协同创新，推进在线教育培训、网络诊疗等新业态、新模式、新场景的普及应用，开展试点示范。加快发展无人零售、无人餐饮、无人机配送等新型业态。

（二）持续刺激市场回暖，充分释放消费潜力

1. 引导消费提质升级，满足城乡居民消费需求

一是积极扩大有效供给。结合信息化、绿色化、智能化、高端化、服务化等消费发展新趋势，深入推动消费产品及服务差异化、个性化、定制化，重点培育以健康、美容、教育、培训、文化、体育、旅游为代表的新兴消费产业。二是积极培育新型消费。把握消费与服务业变化新趋势，进一步挖掘内需潜力，强化商品消费和服务消费间的融合互动，促进旅游、文化、购物、娱乐、健康、餐饮等行业之间的集聚和一体化发展，创新业态和商业模式，打造多样化消费共同发展的良好生态。利用直播带货、夜展夜购、汽车展销等新型消费模式，大力发展网络经济，刺激增加非刚性需求消费。三是打造消费新热点。规范发展夜经济、地摊经济等民生经济，推进美食街、文化旅游街建设，打造具有地区差异、各具特色的"不夜城"，丰富市民夜生活。利用冰雪旅游节、查干湖渔猎义化旅游节、吉林雾凇冰雪节等节庆活动，促进全省商贸、餐饮和旅游业特别是冰雪旅游加快复苏。

2. 完善消费保障措施，畅通消费渠道

一是打造新型消费载体。合理规划和着力打造一批具有较强外影响力的新型消费商圈或商业街区，培育新型消费发展载体。促进传统商圈向消费体验中心、休闲娱乐中心、文化时尚创意中心、产品和服务设计定制中心、消费业态和模式创新中心等新型发展载体转变，制造网红经济打卡地，扩大影响力，吸引凝聚消费群体。二是继续开展消费券促销。抓好汽车、家电等大宗商品促销，开展"双十二"、元旦、春节等专题促销，充分释放消费潜力。鼓励大型商贸企业开展购物节等形式多样的促销活动，真正让利于民，激发消费欲望。三是提升消费设施水平。进一步增强消费中心城市与周边城市、各县（市）消费中心之间的互联互通，加快建设高水平城市公共交通体系。大力开拓农村消费市场，加快完善农村线上线下商业网点布局，加快推动零售、电商、物流、快递等市场主体向农村市场延伸。

3. 稳定就业增加收入，减少消费预期的不确定性

一是拓宽居民就业增收渠道。一方面，要改善农业耕作条件，提高农业现代化水平，降低农业生产成本，提升农作物抵御自然风险能力，增加农民收入。政府可以购买一些服务行业岗位，按照就近原则，安排农民工从事此类临时岗位工作。对于存在实质困难的农民工，通过公益性岗位托底安置。另一方面，要大力发展文化、旅游、商贸、餐饮、快递、物流、家庭服务等第三产业，增加就业岗位，不断拓宽居民就业增收渠道。二是推进落实各项公务员、行政事业单位改革政策措施。加快推动吉林省公务员、行政事业单位的改革进程，积极落实各项改革措施，完善事业单位公车改革补贴、绩效工资等方面的差别待遇，早日分享更为公平的改革红利，提高收入。三是调整优化就业政策。加强数字经济政策与支持新就业形态政策的衔接，加强对灵活就业、新就业形态的支持，促进零工就业、灵活就业等健康发展。完善灵活用工的制度保障，进一步发挥线上服务和共享经济吸纳就业的"蓄水池"作用，鼓励服务业企业开展共享员工、兼职、非全日制就业等灵活就业方式探索。针对新就业形态展现出的雇用关系、工作内容、工作方式等的特点，积极调整劳务关系以及工资支付、劳动时间等劳动基准，加快构建新型劳动关系保障制度。

（三）扩大有效投资，增强经济发展动力

1. 把握"新基建"发展机遇，加大关键领域投资

一是加大基础设施投入力度。围绕"两新一重"内容，在继续完善交通、能源、电信、水、电、气等方面基础设施建设的基础上，加强5G基础设施、人工智能、工业互联网、物联网、区块链等新兴基础设施建设，加快基础设施网络数字化改造，积极推动"吉林祥云"大数据平台建设，提高农村宽带网络普及水平和接入能力。建立健全现代商品流通和物流服务体系，推动全省商品流通骨干网络建设和城市物流配送体系建设。二是补齐民生等领域短板。积极发挥投资对优化供给结构的关键性作用，准确把握国家投资政策导向，加快补齐创新能力、民生福祉和生态环境等方面突出短板，加大制造业技术改造和设备更新、教育医疗养老等普惠性公共服务、生态环境保护等领域的投资。

2. 创新投融资方式，营造优质的投融资环境

一是加强大项目投资、落地的保障措施。持续深入开展"三抓三早""专班抓项目""项目中心"等系列有效制度举措，全面优化项目招商、落位、审批、达产等全要素全流程服务保障机制，推动一批重大项目加快实施。坚决冲破制约发展的樊篱，清理所有影响投资的不合理限制措施，着力创造市场有序、政府有为、企业有利的营商环境。二是创新投融资方式。大力吸引中央企业、地方国有企业、保险公司、大学基金等各类机构投资者投资创业、投资企业或参与创业投资母基金。鼓励天使投资人、创业投资基金入驻孵化器和众创空间开展业务。培育和引导合格个人投资者创业投资，支持具有风险识别和风险承受能力的个人参与投资创业、投资企业。建立创业投资与政府项目对接机制，形成"政府投资+金融资本""政府投资+民间资本"等多种融资机制，规范有序推进政府和社会资本合作，激发社会投资活力。利用省内各级双创示范基地、高新区、自主创新示范区、产业

（技术）创新中心、科技企业孵化器、众创空间等平台载体，开放项目（企业）资源，搭建来吉投资与创业信息共享平台，畅通投融资通道。

（四）进一步推进创新驱动，加速新旧动能转换

1. 深入推动科技创新，凝聚发展新动能

一是争取实现关键技术领域的新突破。后疫情时期，全球的价值链和供应链将会发生重大变化，各国对技术的出口转让管控将会更加严格。吉林省应该围绕"一主六双"核心产业链进行科技创新链布局，重点选择汽车、生物制药、高端装备制造、航空航天等领域进行关键核心技术攻关，努力在关键领域实现自主可控，保障产业链供应链安全，增强科技应对国际风险挑战的能力。同时，积极打造技术创新交流合作平台，拓展国内外合作交流范围，加强协同创新与深度合作，为全球产业链、价值链创新贡献中国智慧。二是加强基础研究合作。充分认识到基础研究是创新的基础与源泉。利用吉林大学、东北师范大学等高等院校以及光机所、应化所等科研院所基础学科的资源与优势，提升基础研究创新能力与成果转化能力，争取取得一批具有影响力的重大创新成果。增加对科研机构和高校基础研究的投入，同时带动地方、企业、社会加大投入力度。要完善科研管理和组织机制，营造推进基础研究的良好政策环境。

2. 加快科技创新应用，推进科技创新与产业发展深度融合

一是打造现代装备制造业产业集群。围绕新一代信息技术发展，加强大数据、工业互联网、人工智能、区块链等先进技术在航空航天、现代装备制造产业等方面的应用与改造升级，打造具有国际竞争力的先进装备制造业基地，培育壮大航空航天产业集群。二是加快医药健康产业的研发应用。依托长春、通化生物医药产业集群优势，生物基因制药、疫苗实验室等国家重点实验室以及中医药特色，推动检测诊断、药物研发和临床救治及疫苗研发等领域的发展，争取建设具有较高科研水平的国家级或区域性医学中心，并突出传染病专科特色，推动疫情防控服务、智能救治、病毒传染防控策略、高致病性病毒监测与预警等方向的研究，集聚医疗服务、医学教育、医学科

研、药械研发、审评检验等高端资源，打造医研产融合的健康产业示范基地。三是提升农业科技创新水平。加强农业生物技术、面源污染防治、农业节水等关键技术的集成应用，发挥科技创新对现代农业的引领支撑作用，建设农业高新技术产业园区。发展"互联网+现代农业""光伏+种植养殖""卫星+现代农业"等关键技术，实现农业向全链条增值和品牌化发展转型，率先实现农业现代化。

（五）推动区域开放合作，构建内外循环新格局

1. 促进区域协调发展，着力打通省内小循环

一是提升长春现代化都市圈的总体实力。加快推进长春—公主岭同城化进程，促进各项政策措施落实到位，推进各类要素合理流动和高效集聚，在汽车等主导产业上进行梯度发展、协同合作，壮大长春市规模总量，提升经济实力，争创国家级中心城市和积极申建中国（吉林）自贸区。二是统筹推进区域协调发展。积极融入国家战略，充分发挥各城市比较优势，促进内部分工协作和整体对外开放。充分发挥长春市的要素集聚与扩散作用，提升辐射带动能力和经济关联度。重点打造长春1小时经济圈，即包括长春市区、九台区、双阳区、德惠市、公主岭市和四平市伊通县的区域范围，推进产业对接与市场对接；扩大辐射半径，带动吉林、四平、辽源、松原形成大长春都市经济圈，引领全省新旧动能转换，畅通省内循环。

2. 扩大对外开放，推动国内国际双循环

一是加强与国内区域合作发展。立足吉林省的区位特点、资源禀赋及市场需求，把握扩大内需、做大国内市场、提高产业链水平等发展原则，主动融入国内经济大循环。主动对接京津冀、环渤海经济带、长三角、珠三角、哈长城市群等国家发展战略，加大经济联系和商贸合作，积极拓展国内市场，有序承接产业转移。深化对口合作，推进对口区域优势产业互补合作，丰富产销对接。二是加大向共建"一带一路"国家开放合作力度。坚持"请进来"与"走出去"相结合，提高经济外向度，实现更高水平的对外开放。利用优质农产品、汽车零部件、生物医药等优势资源，借助"长满欧"

"长珲欧"国际通道,扩大出口规模,拓宽对外贸易领域。按照国际市场需求和特点,重点打造出口型现代农业高新技术产业园区、出口基地、出口加工区、出口贸易区等。鼓励一汽、长客等有实力的企业"走出去",加强国际合作,建设产业基地,进一步开拓海外市场。加强石油、天然气、煤炭等资源的引进力度。依托中韩(长春)国际合作示范区等平台,加大与日本、韩国的开放合作力度,深化与日在高新技术、医药健康、文化旅游、创意影视、中介服务等领域的产业技术合作。积极开展"云招商""云签约",继续开展东北亚博览会、全球吉商大会、吉林全球投资峰会等系列活动,提高吉林省的国际声誉和知名度。

参考文献

[1] 王微、王青:《对培育建设国际消费中心的政策建议》,《经济日报》2017年4月3日。
[2] 朱春临:《上海国际消费城市建设及打响"上海购物"品牌难点研究》,《科学发展》2019年第4期。
[3] 刘猛、刘斐:《后疫情时代中国经济高质量恢复性发展的战略重点与路径》,《农业展望》2020年第5期。
[4] 岳富荣、祝大伟:《吉林打赢防疫脱贫两场仗》,《人民日报》2020年3月4日。
[5] 任爽:《吉林:厚植农业优势 推动产业升级》,《光明日报》2020年8月13日。

创新发展篇

Innovative Development

B.2 吉林省率先实现农业现代化的形势、问题与对策

孙葆春[*]

摘　要： 在总结梳理吉林省加快推进农业现代化发展形势的基础上，对比分析现实发展水平，总结吉林省农业现代化发展的特征规律。结合发展优势，发现建设中存在的主要问题与瓶颈制约因素，找出率先实现农业现代化的重点难点。通过遵循可持续绿色发展理念、推进农业高质量发展、加快农产品品牌培育、创新农产品营销模式、促进产业集聚化发展等途径，合力攻坚，加快推进率先实现农业现代化。

关键词： 农业现代化　高质量发展　品牌培育

---

[*] 孙葆春，吉林省社会科学院农村发展研究所研究员，管理学博士，研究方向：农业经济理论与政策。

率先实现农业现代化，是吉林省农业经济领域的重要核心任务。这既是吉林省保障国家粮食安全重要使命的体现，也是吉林省现代农业建设的工作思路规划。农业现代化在不同的历史阶段，具有不同的阶段特征与变化动态。经过5年的推进建设，吉林省农业现代化面临着外在发展环境与内在发展状况的不断变化。

一 吉林省率先实现农业现代化的发展形势

吉林省作为农业大省，所面临的宏观经济环境决定了加快农业现代化建设是现实选择。同时，外在发展形势的变化，也决定了吉林省农业现代化建设的发展目标与重大任务需要进行相应的调整。

（一）发展背景

2020年是不平凡的一年，需要实现决战脱贫攻坚与乡村振兴的良好衔接。吉林省的经济增长，需要城乡融合发展，需要通过乡村振兴，实现产业、人才、技术、生态环境、经济要素、信息文化的交流融合，更需要产业兴旺来加速城乡一体化进程。根据市场需求，按需定产，增加农民收入，实现城乡经济的共同繁荣。因此，无论是实施供给侧结构性改革，还是实施产业扶贫策略、推进乡村振兴，加快农业现代化建设都是不可或缺的重要一环。由于其根本目的都是促进农业增效、农民增收，因此在各个战略实施过程中彼此交融，相互支撑，具有一定的联动效应。

2020年吉林省面临宏观经济下行的压力，更要应对新冠肺炎疫情、台风等突发公共卫生事件和自然灾害的影响。通过一系列应对措施，农业经济整体稳中向好，上半年农业生产降幅逐步收窄，农民人均收入增速超过城镇居民5.3个百分点，说明农业经济保持了较好的发展态势。但是由于制定农业现代化发展目标的时期，经济增速较快，在经济下行压力加大的形势下，农业经济发展的速度也相应放缓。由此，为使吉林省农业现代化总体规划更加科学合理，进行修订调整就十分必要。

（二）规划调整修订

为了与国家农业现代化规划的部署步调一致，吉林省修订了2016～2025年率先实现农业现代化总体规划中的发展目标与重大任务。同时，在农业现代化建设过程中，也出现了一些客观情况，如在宏观经济形势的影响下，以及前期高增速发展，使得部分指标基期值过高，无法实现高速度的增长率。这些客观因素，导致吉林省率先实现农业现代化总体规划的调整修订势在必行。修订的内容主要是：长春市和其他9个国家现代农业示范区及市（州）城市周边率先基本实现农业现代化的发展目标实现期限由2020年延长至2025年，到2030年全省基本实现农业现代化。

对于重点任务的调整，具体情况如表1所示。任务指向性更加具体明确，由"加强市场建设培育农产品品牌"微调为"加快培育农产品品牌"。新增的重点任务，从不同的侧重点，着力推进乡村振兴战略实施。巩固粮食综合生产能力任务，彰显吉林省作为国家粮食战略基地的重要地位和历史使命。培育壮大新型经营主体，提升农业生产经营者的综合素质，从根本上增强农业现代化建设的内动力。加快发展数字农业，有利于提高农业生产经营的精确化和管理服务的智能化。促进农村创业就业发展，有助于培育创业创新主体、三产融合发展，以及农民收入水平的提高。经过调整整合，总体规划的重点任务由20项整合为17项。

表1 吉林省率先实现农业现代化总体规划重点任务调整

新增项	删减项	不变项
1. 巩固粮食综合生产能力	1. 推进农业结构调整	1. 加快建设现代畜牧业
2. 培育壮大新型经营主体	2. 建设高标准农田	2. 发展壮大园艺特产业
3. 加快发展数字农业	3. 加快水利现代化建设	3. 做强农产品加工业
4. 促进农村创业就业发展	4. 发展互联网+现代农业	4. 推进农村一二三产业融合发展

续表

新增项	删减项	不变项
	5. 健全完善社会化服务体系 6. 提高农村金融服务水平 7. 加快推进新农村建设	5. 加快建设现代种业 6. 推进农业可持续发展 7. 增强科技创新与应用能力 8. 加快培育新型职业农民 9. 提升农业机械化水平 10. 提高气象为农服务能力 11. 加快发展适度规模经营 12. 保障农产品质量安全

（三）发展现状

为了准确对农业现代化建设的实际情况进行评估，吉林省依据《全国现代农业指标评价体系方案》，于2018～2020年先后对2016、2018、2019年的农业现代化发展水平进行了监测和评价，其间利用2017年的数据开展了中期评估工作。2020年8月25日公示了最新评价结果（见图1）。根据吉林省历年农业现代化发展水平评价数据，可以得到率先实现农业现代化的现实情况与规律。

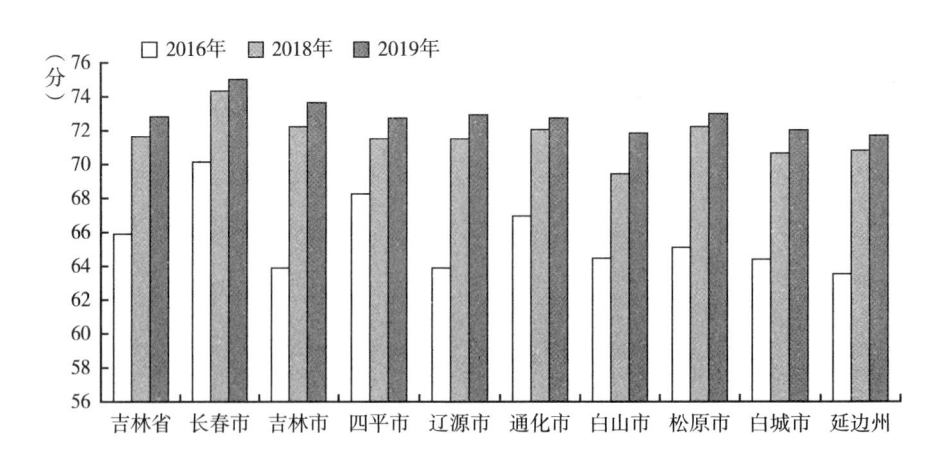

图1 吉林省对2016、2018、2019年农业现代化发展水平评估结果

第一，各地农业现代化发展水平情况有所不同。利用2020年的评价数据，对各个县市区的得分进行算术平均，得到各个地市州农业现代化的得分情况。其中得分最高的是长春市，吉林市和松原市分列第二、第三位。辽源市、四平市、通化市得分在全省整体的算数平均值上下浮动。从各个县市区来看，九台区和敦化市的得分最高，梅河口市、公主岭市和双阳区的评估得分也都在75分以上。按照监测评价指标体系方案对农业现代化阶段的划分，60~75分为转型跨越阶段，75~85分为农业现代化基本实现阶段。这样，九台区、敦化市、梅河口市、公主岭市、双阳区已经处于农业现代化基本实现阶段。

第二，市本区与所辖县市之间发展速度有所不同。对2016年农业现代化建设情况的评估中，长春市、四平市、辽源市、白城市市区的农业现代化水平要高于下辖的县市区；吉林市、通化市、白山市、松原市和延边州下辖的部分县市则超越了市区的农业现代化水平。而在对2019年的评估中，情况发生了反转，吉林市、延边州的市区农业现代化水平要高于下辖县市，长春市下辖的部分县市区则超越了市区的农业现代化水平。这个情况说明，各个县市区与市本区相比较，发展速度有所不同，进而在各个年度的评估结果中有所体现。

第三，各地区之间农业现代化建设发展速度情况不一。从地市州发展速度来看，以对2016年的现代化建设情况评估作为基数，吉林市、辽源市、延边州的发展速度较快。尤其是吉林市，在三次评估中，第一次居于各个地市州第7位，第二次评估追平松原市并列第2位，第三次评估超过了松原市稳居第2位。历年农业现代化发展水平评估数据显示，在各县市区中，发展速度最快的是长岭县、吉林市区、东辽县和东丰县。由于各个县市区都加快了农业现代化建设的步伐，所以三次评估中的排序变动较大，而公主岭市在几次评估中农业现代化发展水平都稳居前5位。

如图1所示，从三年的评估结果看出，吉林省各地农业现代化发展呈现出一些规律性特征。第一，各地都清晰地呈现评估结果逐年递增的趋势，说明吉林省率先实现农业现代化建设的进程在顺利推进。第二，2019年的评估结果反映了各地农业现代化发展速度节奏放缓。与2018年相比，评估结果的平均增速仅为1.67%，长春、通化、松原、延边等地市州的增长速度还要低于省平均水平。而2018年与2016年相比，全省平均增长了8.72%，吉林、辽源、延边、松原等4个地市州的增长速度都在10%以上。

二 吉林省农业现代化建设的优势与短板

结合农业现代化的发展现状与规律特征，找出建设的优势与短板所在，也就是吉林省加快推进农业现代化建设的重点与难点。

（一）吉林省农业现代化建设的优势

从具体指标完成进度看，在三次评估中都完成规划目标，且得分率在75%以上的指标一共有8项，分别是粮食生产稳定度、农作物耕种收综合机械化率、农业科技进步贡献率、畜禽养殖规模化水平、农产品质量安全例行监测合格率、农林水事务支出占农林牧渔业增加值的比重、单位农林牧渔业增加值的农业贷款投入、农业保险深度。说明在这些方面现代化进程的推进相对顺利，同时也说明吉林省农业现代化建设的优势主要体现在以下几个方面。

一是农业产出水平较高。吉林省是粮食大省，从实物产出量看，无论是粮食总产量，还是净增加量，吉林省都稳居全国前列。尤其是在2020年连续遭遇台风侵袭的情况下，吉林省及时制定了抗灾救灾措施，力争将损失降到最低，将对粮食产量的不利影响减到最小。还加快了畜牧业和园艺特产业发展，适应供给侧结构性改革的要求，优化农业生产结构。从人均粮食占有量和谷物单位面积产量等指标看，吉林省的粮食产出水平在全国具有较为强劲的竞争力。这说明吉林省的农业产出效率较高，在农业现代化建设中构成了较大优势。

二是农业生产条件不断优化。为了维持高产能，吉林省在农业现代化建设中注重农业生产条件的优化。主要的着力点一是加强高标准农田建设，二是提高农业机械化水平，二者之间又存在一定的互利互助作用。到2020年底，吉林省计划建成集中连片、高产稳产高标准农田3300万亩，不仅可以提高土地生产效率，还有利于扩大土地经营规模，进行机械化作业。农业机械化是吉林省提升农业现代化发展的重要着力点。通过农机购置补贴政策，激励全省主要农作物耕种收综合机械化水平不断提升。到2019年底，该指标已经达到89.2%，高于全国平均水平近20个百分点。由于机械化作业需要实施远程电子监测，农业机械化水平的提高还带动农业信息化的发展。通过农业机械化智慧云平台建设，实现远程电子监测信息化管理，从而使机械化与信息化、智能化相互融合，实现农业管理方式的现代化。

三是农产品质量安全水平高。吉林省农业生产自然条件较为优越，生态环境有利于绿色农产品的生产。吉林省在农业现代化建设中尤为重视产品的质量安全问题，加强生产环节对农产品的质量控制。首先保证农产品的品种优良，从品种这个源头上对产品质量进行精确控制，主要粮食作物良种率达到100%。其次进行全程质量管控，并加强市场监管力度，确保农产品的质量安全，为创建吉林省农产品区域品牌奠定基础。

四是农业支持保护力度较大。指标体系中的农林水事务支出占农林牧渔业增加值的比重、单位农林牧渔业增加值的农业贷款投入、农业保险深度等指标，分别从财政资金、现代金融、风险防范等方面体现对农业的支持和保护度。这几个指标在历次评估中的得分率都在75%以上，说明财政资金对农业投入的支持力度较大，利用农机购置补贴、现代农业发展专项资金等，对现代农业建设进行扶持。吉林省大力实施农村金融综合改革，通过建设村级金融服务站，拓宽金融网络覆盖延伸广度，降低信息不对称程度，加强农村信用体系建设，实现农业保险主要作物全覆盖，以更加主动的金融服务姿态，帮助农民发展产业，创造稳定的增收渠道。

（二）吉林省农业现代化建设的短板

吉林省在农业现代化建设中出现了一些障碍因素，这些短板问题，不利于农业现代化建设的快速推进，有待进一步解决。

1. 农业质量效益水平不高

从农业的经济效益水平看，目前吉林省每公顷土地创造的产值或每个劳

动力创造的产值，与基本实现农业现代化目标值的差距还比较大。2017年的劳动生产率只实现了目标值的50.6%，要基本实现现代化目标，劳动生产率每年需要提高0.82万元。在经济下行压力加大的情况下，一方面农林牧渔业增加值增速放缓，另一方面农业劳动力总量基本维持不变，那么在短时间内大幅提高劳动生产率，使其达到基本实现农业现代化的目标值，就会有相当难度。同时，土地产出率不高，说明吉林省土地粮食产量高，但实现的单位经济效益低。产出的农产品不能实现优质优价，与区域品牌建设相对滞后，不能提升农产品价值有关，也与农产品加工业与农业总产值的比重较低有关。吉林省农村产业带动力不足，三产融合发展还没有为农民收入增加带来较大的贡献。人均地区生产总值和农民人均纯收入在全国各省区市中进行横向比较，优势不明显。尽管吉林省农民人均可支配收入在2019年增速达到8.6%，2020年上半年克服新冠肺炎疫情的影响，实现农村人均可支配收入7899元，增速为6.3%，居全国第三位，但是从绝对值水平看，吉林省还没有达到全国同期平均8069元的水平。按照目前的增速，要达到基本实现农业现代化2.5万元的目标值，难度较大。

2. 农产品加工业相对较弱

作为物质生产部门的农业本身的现代化，不可避免地要涉及结构布局的合理优化。吉林省作为商品粮重要基地，粮食作物比重较大，尽管附加值较高的畜牧业、园艺特产业近几年保持快速增长势头，但是要繁荣农村经济，提高农民收入，最根本的还是要依靠农业加工产业。其不仅可以创造就业岗位，还可以消纳农产品，并引导专业化生产格局的形成。目前，吉林省农产品加工业发展水平有待于进一步提高。从绝对数值看，吉林省的农村居民非农收入比重较低，说明农村居民的收入来源基本是农林牧渔业收入，农产品加工业发展相对滞后，不利于农民收入水平的提高。从相对数值看，全省农产品加工业与农业总产值的比重与发达省区差距较大，近几年的提升速度并不快，成为率先实现农业现代化战略中的短板。

3. 农产品品牌培育力度不够

农产品品牌化是农业高效益发展的必要条件之一，是实现农业现代化的重要标志。尤其是农产品区域品牌，是率先实现农业现代化的内在动力。然而吉林省农产品区域品牌建设发展的现状不容乐观，在2019中国区域农业品牌影响力排行榜上，在粮油产业、果品产品、蔬菜产业、食用菌产业等11个类别中，吉林省只有长白山人参在中药材产业中榜上有名。而黑龙江省的"寒地黑土"登榜地级市区域农业形象品牌，在粮油产业的10个席位中斩获4个席位，在食用菌产业的10个席位中获得3个席位。说明吉林省的农产品区域品牌培育与国内发达省份、相近省份相比都存在一定的差距。在吉林省农产品品牌建设中，亟须解决的问题主要有以下几个：一是消费者对区域品牌的认知度不够，信任度不强，不愿为区域品牌支付溢价。二是农产品品牌市场竞争力不强，缺少一批像龙井茶、烟台苹果这样社会影响力较大、辐射面积较广、蕴含品牌价值较大的区域品牌。三是品牌维护不够，有的品牌在登上区域公用品牌的百强榜之后，又退出了消费者的视线。四是品牌农产品的衍生产品较少，大多是初级农产品，产业链条较短。许多农产品还只是进行季节性消费，不能实现常年供应。长白山人参的品牌评估价值很高，但是作为一种中药材与保健品，它在化妆品和其他衍生产品的开发方面，还没有与消费者的日常生活相对接，市场的需求量不能实现快速增长。

4.产业集群"集而不群"的现象突出

产业集群化发展对于区域经济增长与农产品品牌培育都有很大助益。但是目前产业集群中的企业大多规模较小，进行的都是相仿的产品加工，产业链条上环节少，相互之间发展不够协调。尤其是目前产业集群的辅助性、支撑性机构，并不能与相应的产业集群融合协调发展。导致产业集群中各个企业主体之间关联松散，生产结构趋同，信息不能共享，区域创新能力较低，产业集群发展缓慢。

三 吉林省率先实现农业现代化的对策

吉林省在率先实现农业现代化的发展中，需要在保证粮食安全的基础上，加快构建现代农业"三大体系"，继续加大农业扶持力度，深化农业供给侧结构性改革，提升农村经济发展动能；通过绿色、品牌、高质量发展，促进农村一二三产业融合；通过强化科技、人才、资金等要素资源的效用，实现产业集群化发展；通过生态农业发展，保障农业农村经济的可持续发展，进而合力攻坚，结合乡村振兴战略的实施，加快推进率先实现农业现代化。

（一）遵循可持续绿色发展理念

在追求短期内高速推进农业现代化，提升农业效率与保护生态环境、降低农业耗能之间，存在着一定的矛盾。但是必须要坚定可持续绿色发展的理念，认识到绿色的生态环境中所蕴含的生态价值与经济价值。吉林省优越的自然资源条件，为优质农产品的生产提供了先天的良好基础。因此，需要找到绿色发展农业经济与自然生态保护双赢的合理途径。例如，合理施用化肥、农药，减少土壤、水源的药物残留，提升农产品品质。通过推广黑土地保护性耕作模式，持续推进生态友好的黑土地保护利用工作，而不是掠夺性进行土地利用。合理利用自然资源，坚持绿色生产，在实践中探索实现可持续发展的路径模式。

（二）推进农业高质量发展

推进农业的高质量发展，要深化供给侧结构性改革，进行农业生产结构的调整优化，主要目标是进行供给农产品结构的调整。农产品结构调整的关键是有没有市场需求。要利用优质农业生产资源，在稳定粮食产量的基础上，根据消费者高品质、有特色、益健康的消费需求，生产绿色、优质、富有特色的农副产品。这些农产品应具有一些共同的特点，如可以发挥传统种植优势或自然资源禀赋优势；农产品品质在消费者中获得较高的认同度；农产品生产与自然生态环境可以形成良性共赢关系，等等。

质量是市场的核心。保证农产品的质量安全，只是满足了消费者最起码的消费需求。在加强农产品质量管控力度的同时，随着多样化、个性化的需求变动趋势，相应的农产品也必须对接消费者的日常生活，研发出与人们日常生活息息相关、消费频率较高的农产品及其衍生品。而且要细分市场上不同消费能力的人群，分别有针对性地开发不同消费层次的产品，满足不同消费人群的需要。

（三）加快农产品品牌培育

品牌的竞争已经成为区域经济竞争力的核心之一，区域品牌是推动区域经济增长的重要动能。需要加快农产品的品牌培育，提升品牌价值。同时还要注意品牌的维护，避免品牌产品的辨识度和影响力仅限于当地消费者，或者在消费者视线中转瞬即逝的现象。要加大宣传力度，采用多样化的宣传方式，发展物流确保农产品的市场覆盖广度，不断拓宽消费市场、延长消费时间、提高消费频率，提升消费者对吉林省品牌农产品的认知度、信任度和忠诚度。

（四）创新农产品营销模式

拓宽销售渠道，创新营销模式。农产品销售不要局限于传统的收购模式，在营销模式上也要有所创新。利用各种线上平台扩大产品市场覆盖率，提高产品的知名度；可以通过深入挖掘历史文化元素、宣传饮食文化等加强软性营销；通过拍卖经销权等扩大产品的影响力。具体来讲：一是可以通过开设直营店定位中高端消费人群，不仅可以减少运输、配送环节的中间损耗，还可以通过与消费者的互动，根据需求以销定产，真正实现由田间到餐桌的新鲜高效便捷，但必须确保农产品的高质量。二是举办展销会扩大产品影响力，并促成大额订单成交。三是通过认养模式，发展专属定制。如让消费者通过认养的方式，参与到种养环节当中，不仅可以减少人工成本，还可以实现农产品的提前销售。消费者在参与生产过程中，对自己专属定制的农畜产品归属感更强，溢价支付意愿也更强。四是发展可视农业，降低生产者与消费者的信息不对称程度，提高消费者对农产品安全生产的信任度。但是信息化配套技术必须要相应发展，给予支持。相比可追溯系统，可视农业更加令消费者放心购买。五是加强社区营销。社区营销也是一种新兴的分销模式。在社区圈子里，大家彼此关系相对紧密，信任度较高，容易产生共同的话题，互动性强，且参与度高，农产品推荐的成功率相应就高。

（五）促进产业集聚化发展

产业集群与农产品品牌培育、三次产业融合发展之间都存在相互促进的关系。吉林省可以着重促进粮油产品、中药材、畜产品等三大主导产业的农业产业集群的培育。以产业链为纽带，通过资源共享、信息共享、营销渠道共享等，带动特色农业资源开发。同时，在农业产业集群中，应特别注意农村土地流转的规划与引导，可以通过土地托管等形式，加快土地集中连片生产，推进适度规模经营。发展农业产业集群，可以以合作经济组织为平台，组织在生产基地横向联合，推动土地集中连片生产，扩大生产经营规模，形成地区专业化生产与分工。

B.3
新发展格局下吉林省服务业创新发展对策研究

纪明辉*

摘　要： 2020年二季度以来，吉林省服务业发展逐步恢复，各行各业都进入复苏通道。从行业表现来看，传统服务业复苏相对缓慢，现代服务业表现良好。吉林省服务业在运用新技术、构建新模式、打造新载体和拓展新内容方面积极实践，创新发展亮点颇多。但是服务业创新发展仍受到科技创新环境不佳、信息技术服务水平滞后、新经济体量小等因素的制约。在国内大循环为主体、国内国际双循环相促进的新发展格局下，吉林省应以创新思维谋划服务业发展方向和重点内容，做好政策落实、促进结构优化、完善现代流通体系、拓展科技应用等方面的工作。

关键词： 服务业　创新发展　新发展格局

2020年，吉林省服务业发展速度有所减缓，但在创新发展领域呈现出一些亮点。在以国内大循环为主体，国内国际双循环相促进的新发展格局下，服务业发展应坚持创新思维、谋求创新之路，以加快实现高质量发展。

---

* 纪明辉，吉林省社会科学院软科学研究所副研究员，经济学博士，研究方向：产业经济。

一 服务业发展总体情况

（一）整体运行态势逐步恢复

增速降幅收窄。从季度增速来看，服务业第一季度增速为-3.3%，上半年增速为-2.0%，前三季度增速为-1.1%，增速降幅逐渐收窄。服务业增加值占地区生产总值比重为55.3%，比上年末提高2个百分点，比第二产业占比高18.8个百分点。从增速上看，与其他产业相比，服务业从较低增长区间恢复需要更长时期。服务业增速比全省经济增速低2.6个百分点，比第二产业低6.1个百分点，由于第二产业更容易实现疫情防控与复工复产的统筹协同，所以第二产业具有更强的恢复能力，增长可迅速恢复，吉林省第二产业和总体经济增长已实现由负转正，但是服务业具有消费选择性强的特点，即一旦错过当期节假日消费热潮，后续也不可能实现完全的弥补，所以服务业要恢复到疫情之前的发展水平需要更长的时间（见图1）。

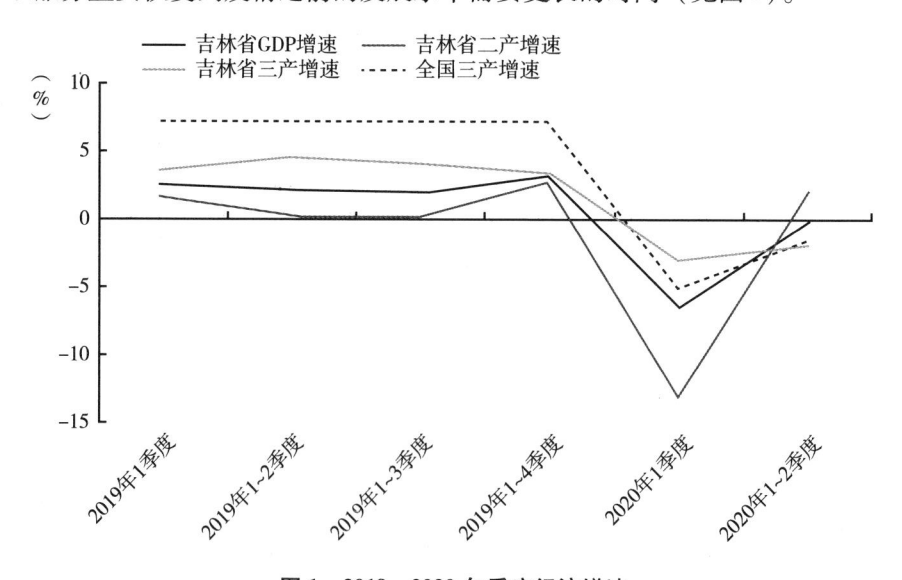

图1 2019、2020年季度经济增速

资料来源：国家统计局网站和吉林省统计局网站。

固定资产投资增速反弹幅度大。2020年前三季度,吉林省服务业固定资产投资高速增长,同比增长8.7%,高于第二产业固定资产投资增速2.2个百分点,高于全国三产投资增速6.4个百分点;服务业投资占全省投资比重由一季度的57.8%上升到二季度末的73.1%,占比持续扩大,成为全省稳投资的主力军。服务业重点项目进一步提质扩容,对服务业固定资产投资高速增长持续发挥重要支撑作用。

服务贸易亮点突出。近几年,吉林省服务贸易发展势头强劲,不仅贸易规模实现快速增长,服务贸易结构也更加优化,为稳外贸、稳预期、促增长做出了重要贡献。根据省商务厅公布的数据,2011年以来,吉林省服务贸易总量持续攀升,在全国排位由第25位上升至第18位,服务进出口额年均增长率超过20%,2018年,新兴服务进出口额同比增长65.9%,有力地带动服务贸易结构优化调整。吉林省政府抢抓服务贸易发展机遇,积极布局服务贸易重点领域,2019年5月,发布了《关于促进服务贸易创新发展的实施方案》,为吉林省发展服务贸易谋篇布局,指明方向。全省服务贸易不断积蓄能量。2020年8月,国务院批复同意长春成为全面深化服务贸易创新发展试点。

(二)现代服务业发展态势良好

金融业运行平稳。前三季度,金融业增加值增长5.9%,增速比上半年提高0.6个百分点;全省金融机构本外币存款余额增长11.5%,贷款余额增长9.9%。吉林省金融体系聚焦疫情防控和企业复工复产,高效落实稳企业保就业各项政策,金融服务实体经济的质量和效率不断提高。吉林省贷款持续高位投放,且贷款资金主要流向企事业单位,助力稳企业保就业。7月末,全省企事业单位贷款新增1040亿元,占各项贷款增量的75%。

现代物流业加速发展。快递业重回高位运行区间。2020年以来,吉林省邮政快递业呈现出"低开高走"的态势。受新冠肺炎疫情影响,全省快递业务量1月低位运行,快递业务量和业务收入同比分别下降12.0%和10.1%;2月快速恢复,转为正增长,快递业务量和业务收入同比分别增长

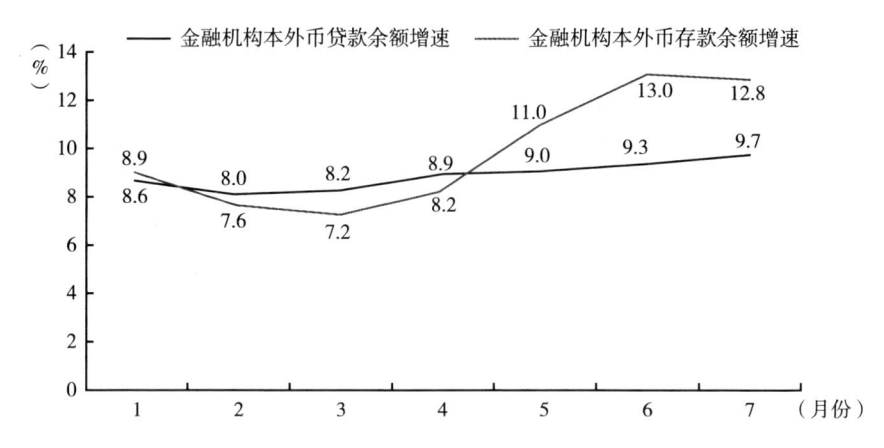

图 2 2020年1~7月吉林省金融机构本外币存贷款余额月度增速

资料来源：吉林省统计局网站。

2.2%和1.4%；进入第二季度，随着复工复产复市持续推进，快递业务增速明显加快，重回两位数增长，1~6月快递业务量和业务收入累计增速分别达到42.6%和25.0%。当前，邮政快递业已基本摆脱疫情影响，服务民生作用更加凸显。

电商产业逆势上涨。电子商务交易规模不断扩大。吉林省电子商务呈现快速增长态势，在培育新业态、创造新需求、拓展新市场等方面的作用日渐凸显，成为助推经济社会发展的新引擎，成绩值得充分肯定。上半年，吉林省限额以上单位网上商品零售额大幅增长，比上年同期增长了188.4%，农村电商积极助力脱贫攻坚、乡村振兴，农村网络零售交易增长19.6%，农村电商已经成为农业农村现代化的重要抓手，为促进农民增收、农村建设贡献了积极的力量。跨境电商增长迅速，作用突出。上半年，吉林省跨境电商交易增长34.0%。

（三）传统服务业进入复苏通道

批发零售市场逐步激活。前三季度，批发零售业增加值同比下降7.0%，降幅比上半年收窄2.0个百分点。省委、省政府贯彻"六稳"要求、落实"六保"任务,密集出台了一系列统筹推进疫情防控和经济社会发展的政策措施,特别是在促进消费市场恢复回暖回补方面,采取了一些重大举措,包括政府主导发放消费券刺激消费以及政府部门、大型平台、金融机构、企业协作联动开展多种形式的系列促销专项行动,有效地促进了商贸流通企业加快复工复产复商复业,为激活市场、促进行业恢复回暖、加速居民消费回补注入了强劲的动力。从相关消费指标看,1~8月,全省社会消费品零售总额增速比一季度提高10.5个百分点,比上半年提高3.2个百分点,呈现稳步回升趋势。批发业自4月以来已连续5个月保持正增长,1~8月限上增速为4.8%,高于上半年4.6个百分点。汽车消费7月当月限上增速转正,1~7月累计增速高于全国近1个百分点。

住宿餐饮渐有起色。上半年,住宿业营业额下降45.9%,餐饮业营业额下降32.7%,分别比一季度收窄1.6个百分点和11.9个百分点。随着居民外出就餐和出行的正常化,住宿餐饮业营业额的增长可期。政府与银行积极合作,推进餐饮企业复苏,如农业银行吉林省分行与吉林省市场监督管理厅双方共同签订了《餐饮行业推广发展合作协议》,根据协议,双方将在开展餐饮行业公益宣传、扶助餐饮行业经营和发展等方面深化合作,中国农业银行吉林省分行将参照市场监督管理部门对餐饮商户的评级结果,为信誉良好、餐饮品牌价值高,且符合贷款条件的餐饮业户提供信贷资金支持。

交通运输、仓储和邮政业回暖迹象明显。前三季度,交通运输、仓储和邮政业增速下降2.0%,降幅比上半年收窄3.5个百分点。作为最主要的生产性服务业,该行业受制影响了其他行业发展。年初开始货物运输和旅客运输均出现较大幅度的下滑,旅客运输更显著的下滑出现在2月,一直到8月,累计发送旅客和旅客周转量较上年下降均超过50%。6月降幅达到最低点,近两个月已经出现了缓慢的回升趋势。货物运输相较于旅客运输下降幅度较小,累计发送货物与货物周转量增长率在2月分别达到最低点-13.5%和-11.5%后,震荡复苏,从5月开始,连续4个月逐步上升,1~8月累计发送货物增长率达到3.3%,完成货物周转量增长率达到3.5%(见图3)。前三季度数据显示,铁路货物发送量增长17.7%,公路货运量增长1.7%。

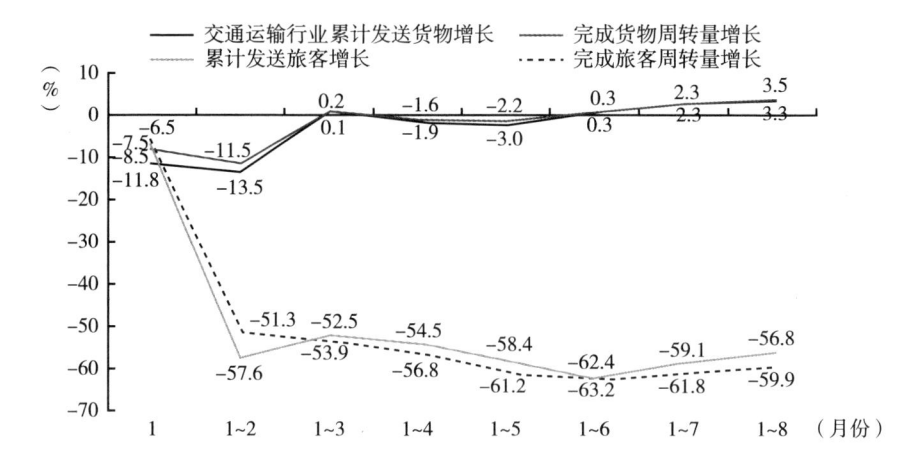

图 3　2020年1~8月吉林省交通运输行业主要指标增长情况

资料来源：吉林省统计局网站。

二　吉林省服务业创新发展状况

（一）运用新技术

新科技辅助农业服务提升效率。2020年，吉林省受到"巴威""美莎克""海神"三场台风入侵，农田和基础设施遭到一定程度的破坏，农田查勘定损工作借助卫星和无人机影像，采取天、空、地一体化的数据采集和分析手段进行工作，极大地提升了效率。此外，卫星星座为吉林省林业部门的防火检查、监测、病虫害防治、生态修复等提供服务，为有关部门提供数据支持，辅助做出判断。长春市农安县试点了应用卫星遥感光谱分析技术判断农作物长势和生长环境的模式。卫星在农业、林业领域的深入渗透，促进了吉林省农业工作的智能化。当前，"吉林一号"卫星数量25颗，随着星座继续组网，农林领域的卫星服务将更加精准、高效。数字技术提升公共服务体验效果。省内公共文化服务平台积极整合数字文化资源和服务，提供贴近百姓、拉近距离的各类网络展览。吉林省图书馆建立起集文本、图像、音频、视频于一体的多媒体资源库群；伪满皇宫博物院完成了七个展览全景VR展厅；吉林省数字文化馆推出了三省一区精品节目展演；省数字博物馆在线服务平台向社会公开展示文物数据2万余件，老百姓通过电脑、手机客户端或公众平台参与各类活动，享受到公共文化服务的便利性。

（二）构建新模式

农村物流运营新模式助力乡村振兴。根据省内农村产业特点及实际运输需求，坚持因地制宜、特色突出的基本原则，引导和推动各地形成结合自身发展优势与需求，且具有特色的农村物流发展模式，省内现已形成五种较为典型的农村物流运营新模式，分别是：大安市"网络平台+农村物流"的品牌化运营模式；磐石市"特色产业+网络电商"的客货同运模式；公主岭市"商超快递+物流连锁"的产销运一体化模式；松原市"货运公交+物流超市"的高效配送模式；扶余市"电子商务+农村物流"的网络配送模式。"产品+服务"模式提升服务贸易层级。在2020中国国际服务贸易交易会上，中车长客股份有限公司凭借为以色列设计的低地板轻轨车斩获"全球服务示范案例奖项"，中车长客以"产品+服务"思维开拓经营业务，向全球输出新技术、新产品的同时，向外输出与产品配套的长期维保和培训服务，以服务提升产品的竞争力。

（三）打造新载体

积极推进商业街区改造。吉林省以培育一批适应消费升级需求、体现本地特色的商业街区和步行街为目标，加强顶层设计，注重全局规划，开启了步行街改造试点项目，首批8条步行街改造建设推进顺利，街区面貌发生巨大变化。全省商业街区改造以商旅文融合发展为核心，注重对环境及建筑物的局部改造，实现对特色文化内涵的挖掘；服务设施的智能化改造是重点，商圈业态调整是主要内容，逐步导入商旅休闲、娱乐创意、文化演艺等服务项目，逐步实现为消费者提供个性化、特色化、智能化的服务内容，加速受大众认可的品牌集聚，满足不同消费群体需求。新型文旅商业综合体加速聚势。吉林省历时四年打造的"这有山"大型室内文旅商业综合项目树立了服务业融合发展的样本,"这有山"项目创新性地将文旅休闲、商贸美食进行融合,深度挖掘沉浸式休闲体验的增值空间,以特色文化和旅游元素打出品牌,加速带动商业资本的汇聚,目前,"这有山"已经成为长春市超级网红打卡地,拓展了市民的消费空间,极大地提升了城市品牌,探索出服务业创新发展新路径。

(四)拓展新内容

夜间经济丰富多彩。吉林省积极推进夜经济发展,以基础设施改善和丰富消费供给的办法加快夜间消费,将饮食、购物、娱乐、展览、游玩、健身等内容与夜市相结合,丰富夜经济供给,形成多元化的夜间消费市场,打造了"桂林路夜市""中东大夜市"等具有影响力和品牌效应的城市地标、商圈和生活圈,极大地满足了市民游客的夜间消费需求。"网红经济"红利不断释放。吉林省积极利用网红群体力量,通过在各大文字、短视频平台对特色资源、产品和产业进行展示和传播,推动网红直播与汽车及零部件、农产品和食品加工、冰雪和文化旅游等产业深度融合。省委省政府积极推动网红经济发展,持续推出"中国网红吉林行"活动,推动盘石东北亚直播电商基地签约落户吉林长春净月高新技术产业开发区,以专项政策扶持加速网红经济产业资源的集聚。

三 吉林省服务业创新发展制约因素

(一)科技创新总体环境欠佳

创新能力不强是制约吉林省产业升级和技术进步的主要短板,吉林省R&D投入强度为0.76%,显著低于全国2.19%的水平,也低于辽宁省(1.8%)和黑龙江省(0.83%),居全国第25位;国内发明专利万人拥有量为1.06件,仅是全国的30%,低于辽宁省(1.65件)和黑龙江省

（1.14 件），以发明专利为核心的知识产权是体现企业创新活力和区域自主创新能力的重要指标之一，这一数字显示出吉林省企业的科技创新内生动力普遍不足；技术市场成交额占全国比重不足 2%。企业创新主体作用不突出，高新技术企业数量仅居全国第 30 位。引才环境与沿海发达地区相比，政策力度不够、优势不足；科研基础设施薄弱，全省每名 R&D 人员研发仪器和设备支出指标处全国第 29 位。根据《中国区域创新能力评价报告 2019》，吉林省综合科技创新水平排名为第 27 位，在全国排名靠后，而且相比上一年退后了 3 个名次，说明吉林省在创新发展上仍然面临较大的转型压力。

（二）信息技术服务水平滞后

数字技术产业基础薄弱。吉林省软件和信息技术服务业总体规模偏小，数字产业链条较短，缺少拥有关键核心技术的领军企业。在 2019 年公布的两份体现互联网企业和软件信息企业技术服务能力综合水平的 100 强名单中，均没有吉林省企业上榜，说明吉林省信息技术发展水平落后，软件与互联网企业实力较弱，对互联网发展动态关注不足。与信息技术相关的服务行业，如信息服务、科技服务、商务服务等现代服务业规模偏小，发展动力不足，制约着吉林省服务业结构的优化调整，也限制了现代服务业的外溢性作用发挥，对服务业整体进入以知识型、效益型为核心的内生扩张期形成了一定的阻碍。

（三）服务业新经济体量小

目前，吉林省服务业仍然是以传统行业为主，科学研究、技术服务和商务服务等高技术含量和高附加值的现代服务业起步较晚，规模较小。特别是在当前新一轮科技革命产业变革背景下，吉林省在工业大数据、工业云、网络协同制造、物联网等方面研发、推广工作刚刚起步，新经济发展水平和层级比较低。吉林省网络零售额占全国比重不足 0.6%，与 2% 的社会消费品零售总额占比相差甚远。吉林省服务业新经济发展步伐落后于发达地区，体量较小，短期内不能形成新的发展优势，还需加大培育的力度。

四 服务业创新发展机遇

(一)"新基建"将带动服务业多方面革新

"新基建"即新型基础设施建设,在内容上包含信息基础设施、融合基础设施和创新基础设施三个主要领域。基于对"信息""融合""创新"设施进行更新换代、升级改造的建设,必将对服务业产生深度的影响,将带来新一轮的产业交融,有效促进生产要素的市场化配置,促进服务能力的现代化。

(二)数字技术将更快地提升服务业发展空间

消费服务业方面,数字技术使得传统的不可贸易的服务变得可贸易,实现了服务在更大的空间范围内循环,远程教育、远程医疗等新服务模式实现了资源在更大范围的优化配置,规模效应显现,还提升了社会效益。生产服务业方面,数字化过程可显著提高生产性服务的可贸易程度,纵使空间距离遥远,也能更加轻松地将制造企业与生产服务企业进行链接,使生产成本有效降低,经济循环加速形成。

(三)新业态将使服务业焕发新的生命力

以科技为支撑的服务业新业态发展势头强劲,成为驱动服务业产业升级和发展的重要驱动力。短视频与现代服务的协同发展在2019年呈现喷薄之势,作为一种新型业态,短视频带领社会传播进入视频化表达的引领阶段,跃升为互联网新媒体头部平台,而且平台走向综合性生态布局,推动现代服务不断突破天花板。例如短视频平台通过直播带货,促进实体经济消费,加速新消费业态发展。2020年以来,快手发起"超级品牌日"活动,前7场成交额达到6.2亿元,5月10日快手与格力带来格力卖货专场,最终3小时成交额突破3.1亿元。未来新业态与更多产业的跨界融合将更加紧密,从而推动服务多领域的跃迁式发展。

（四）消费新模式将加速服务行业提质扩容

以文化消费为例，以数字文化消费为代表的文化消费新模式不断出现，正在重塑文化消费内容，变革消费渠道和场景，创新消费体验和观念。在疫情防控常态化背景下，数字文化的线上消费新模式，在构建文化消费"韧性"，促进文化消费扩容提质，发挥增长潜力方面的作用更加凸显。线上数字文化消费需求明显提升，普及度和用户黏性均有所增加。未来，随着线上消费体验的日益完善和新基建的发展，有望产生更贴近于线下的体验。例如VR提供沉浸感体验、竖屏直拍等。线上文化消费将有望作为更加独立的场景，与线下双轨并行，良性互动，互为补充和促进。

五　服务业创新发展的对策建议

站在"世界百年未有之大变局"关口和"两个一百年"奋斗目标的历史交汇点，我国提出了要加快形成以国内大循环为主体、国内国际双循环相促进的新发展格局。吉林省服务业的发展应立足这一新发展格局，以创新思维谋划服务业发展方向和重点内容。

（一）创新政策措施，抓好推进落实

疫情发生以来，为了帮助服务业摆脱疫情的严重冲击和影响，围绕促消费、支持服务业复工复产等工作出台了大量政策和措施，政策中亮点很多，不仅覆盖面广，而且在稳定就业、降低成本、激发消费和加大财税金融支持力度等方面都有针对性的具体办法。下一步应紧盯服务市场变化，不断细化强化相应措施，积极推动政策落地。以"店小二"精神做好企业服务，突出问题导向，将政府服务落到解决企业实际问题上，注重灵活运用政府"有形的手"和市场"无形的手"。在疫情防控常态化管理上，将减轻服务业市场主体负担与积极创造消费条件两方面工作协同推进，加快服务业恢复到正常发展轨道上。加速服务业领域重大项目建设，加快集聚服务业生产要

素,积极主动引育龙头企业、平台企业和总部企业,形成投入产出良性循环、规模品牌相互促进的发展局面。

(二)提升生产性服务业的专业化和高端化水平,促进结构优化

科技研发、信息服务、知识产权和工业设计等生产性服务业具有可数字化程度高、规模效应大的特点,是制造业智能化、柔性化改造不可或缺的中间投入,对产业链、价值链的延伸和提升具有重要作用,在信息通信技术作用下更容易跨越市场和物理障碍,是促进双循环格局快速形成的重要一环。深入实施工业互联网创新发展战略,加快5G等新一代信息技术在制造企业的创新应用,引导研发设计企业与制造企业合作,鼓励物流、快递企业融入制造业配送等环节,以专业化和高端化的水准为下游制造企业提供有效支撑。积极推进面向全球服务的国家智能网联汽车应用(北方)示范区建设,鼓励一汽集团与国际知名汽车企业协同研发;推进"吉林一号"卫星遥感图像数据的商业化应用和产业化发展,延伸产品价值链,提升产品附加值和市场占有率,抢占产业制高点。

(三)完善现代流通体系,提升流通效率

统筹推进现代流通体系软硬件设施建设,推进"互联网+"流通模式创新。建设现代综合运输体系,充分发挥各种运输方式的比较优势和组合效率,提高衔接水平,降低货运物流成本,加快形成内外联通、安全高效的物流网络,做实"长满欧""长珲欧"跨境运输班列,简化货运代理、通关等程序。依托新技术,大力发展流通业新模式、新业态,用信息化、现代物流与现代供应链去改造和提升传统流通业。大力发展连锁经营、电子商务、物流配送、数字平台等现代流通方式。抓好城市配送体系建设,加强农产品上行和城乡双向流通等方面探索创新。加快推进松原市和通化市开展城乡高效配送专项行动,把专项行动作为加快畅通产业循环、市场循环、经济社会循环的重要抓手。积极推动物流业制造业深度融合。

（四）拓展科技应用领域，推进产业升级

科技创新对服务业快速发展发挥了重要作用，服务业进一步的提质增效更离不开创新的引领。顺应新一轮科技革命和产业变革的潮流趋势，加快服务业向数字化、网络化、智能化方向的发展步伐，引导促进新业态、新模式健康发展，挖掘新兴服务业潜力。加速传统服务业的数字化改造。利用互联网、云计算、人工智能、物联网等高新数字技术对公共服务和传统服务业进行改造升级，拓展产品和服务的覆盖面，不断延伸服务链条，推动数字化成果的网络化和智能化发展。创新公共服务供给模式，发挥公共服务机构的研究、展示和教育功能，满足大众新的需求。促进服务产业链和科技创新链有机衔接。坚持市场为导向的科技创新战略，以企业为主体，加速构建产学研相结合的科技创新体系，鼓励企业加大技术投资，支持企业开展技术攻关。搭建科技服务协同创新平台，在新兴领域探索建设产业公共技术平台，促进服务业与科技的融合发展。积极培育新产业、新业态。积极推进教育、医疗、文娱等行业线上线下功能融合，培育数字化新动能，完善"互联网＋"消费生态体系。

参考文献

［1］迟福林：《以高水平开放构建"双循环"新发展格局》，《经济参考报》2020年9月30日。

［2］黄群慧：《高度重视服务型制造创新发展》，《经济日报》2020年10月9日。

［3］任保平：《后疫情时代中国经济高质量恢复性发展的战略重点与路径》，《学习与探索》2020年第9期，第100～104页。

［4］夏杰长：《全球疫情冲击下的中国服务业：分化与创新发展》，《财经问题研究》2020年第6期，第3～12页。

［5］张菀航：《畅通双循环 现代流通体系加速构建》，《中国发展观察》2020年第18期，第24～26页。

B.4
吉林省汽车产业运行情况及加快发展的对策

崔剑峰[*]

摘　要： 近年来，在全国汽车产业增速放缓的背景下，吉林省汽车产业保持稳定发展。2020年，吉林省汽车产业受到新冠肺炎疫情的巨大冲击，一季度内产销短期停滞，资金链和供应链受阻，中小企业生存困难，还面临一系列中长期次生影响。但是吉林省采取多项措施助力汽车产业恢复，二季度开始产业运行基本回归正轨，而未来一段时间产业组织格局、区域竞争态势、生产方式被迫转变等一系列变化，也给吉林省汽车产业提供了重要的发展机遇。未来吉林省汽车产业应抓住发展机遇，将产业进一步做大做强，完善产业体系，以市场需求为导向，全产品系列发展，提高自主创新能力，发展高端自主品牌，持续推动产业转型升级，实现高质量发展。

关键词： 汽车产业　自主创新　自主品牌　高质量发展

汽车产业是吉林省支柱产业，是全省经济的稳定器和晴雨表，近年来面对区域经济下行压力和行业发展减速等复杂严峻局面，吉林省汽车产业保持了较好的发展势头，为吉林省全面振兴打下了坚实的产业基础。2020年是

---

[*] 崔剑峰，吉林省社会科学院经济研究所副研究员，管理学博士，研究方向：产业经济和区域经济。

"十三五"收官之年,吉林省汽车产业充分发挥中流砥柱的作用,消除新冠肺炎疫情的不利影响,在艰难环境下奋发前行,取得了巨大的成就。从中长期角度出发,认真研判吉林省汽车产业发展形势,提出保稳定和促增长的对策建议,具有重大的现实意义。

一 近年来吉林省汽车产业运行情况与发展趋势

(一)吉林省汽车产业总体运行良好

2018年,由于受宏观经济形势、购置税优惠政策取消、燃油价格波动,以及多年产销透支等多重因素影响,我国汽车产业的产销增幅出现较大幅度下降。2019年整体形势未见好转,降幅进一步加大,全国汽车行业面临较大压力。而2018年和2019年,吉林省汽车产业总体上保持了比较平稳的发展态势,2018年产量下降幅度明显低于全国平均水平,而2019年更是显示出了逆势上扬的良好态势(见表1)。

表1 2018~2019年吉林省和全国汽车产业产销增速情况

年份	吉林省汽车产量(万辆)	增速(%)	全国汽车产量(万辆)	增速(%)
2018	276.9	-1.0	2780.8	-4.2
2019	288.9	4.4	2572.1	-7.5

资料来源:2018~2019年吉林省统计公报、中汽协数据。

吉林省汽车产业能够保持稳定增长,原因有以下几点。一是合资品牌市场认可度高,为行业提供了稳定的发展动力,一汽大众五大生产基地全部建成投产,新增产能90万辆,奥迪Q5L、Q2、大众全新宝来、高尔夫嘉旅、迈腾、CC、探歌和探岳SUV等多款新产品陆续上市,成为新的增长力量。二是自主品牌开始发力,为行业发展注入新动能,以红旗H5、HS5等新车型为代表的高端自主品牌乘用车自上市以来,持续超高速增长,始终处于供不应求的状态,解放重卡等商用车也始终领跑国内市场。三是行业转型升级持续发力，高质量发展行动顺利推进，全省陆续出台一系列支持整车、零部件、新能源汽车、智能网联汽车发展的政策，通过体制机制改革、自主创新和项目建设，使得全行业核心竞争力不断提升，产业规模、技术研发和产品体系的优势逐渐显现出来。

（二）2020年一季度产业运行陷于短期停滞

在经历了两年的全国性汽车销量下调之后，2020年1月全国汽车销量继续下滑，同比下降20%左右。而一汽集团在1月逆势上扬，整体销量达到35.4万辆，同比增长18.3%，市场份额接近20%，尤其是自主品牌红旗和奔腾等销量猛增，整体形势非常看好。但在疫情冲击下，2月各主要车型销量均大幅下滑，上升趋势严重受阻（见表2）。现阶段汽车销售主要渠道仍然是线下4S店，每年春节后都是销售淡季，4S店一般会采取促销手段增加销量。在疫情影响之下，经济社会活动短期内全面陷入停滞，4S店受到巨大冲击，消费者不敢上门，销量必然上不去。疫情引起的全民性收入下降，也导致部分购车需求缩水，影响新车销量。据乘用车联合会统计，2月全国乘用车销售仅25万辆，同比下降78.7%，环比下降85.4%，整个一季度全国汽车销量非常惨淡。而在疫情肆虐的一季度，尚不能判断疫情的持续时间，全年的销售计划能否顺利实现也成为疑问。销售端收入的减少会引起连锁反应，使产业链上的所有企业共同面对财务紧张的困境。无论整车企业还是零部件配套产业，普遍面临订单紧张、开工不足、产业链不畅、资金链断裂的现实困难。

表2　一汽旗下部分车型2020年2月销量情况

轿车	2020年2月销量(辆)	2020年1~2月累计销量(辆)	2月环比下降(%)
大众宝来	4100	33978	86.3
奥迪A6L	2953	13563	72.2
大众速腾	2828	29122	89.2
丰田卡罗拉	2414	36454	92.9
奥迪A4L	1581	13213	86.4

续表

轿车	2020年2月销量(辆)	2020年1~2月累计销量(辆)	2月环比下降(%)
捷达 VA3	750	4828	81.6
大众迈腾	826	12615	93.0
丰田亚洲龙	737	12775	93.9
马自达6	660	4359	82.2
奔腾 B30EV	371	2532	82.8
奥迪 A3	366	10865	96.5
大众高尔夫	169	8479	98.0
红旗 H5	154	5922	97.3
红旗 H7	52	570	90.0

SUV	2020年2月销量(辆)	2020年1~2月累计销量(辆)	2月环比下降(%)
捷达 VS5	2874	15704	77.6
奥迪 Q5L	2296	11398	74.8
丰田 RAV4	2087	17512	86.5
红旗 HS5	878	6343	83.9
奥迪 Q3	713	7713	89.8
奔腾 T77	576	2710	73.0
大众 T-ROC	454	11697	96.0
奔腾 X40	394	6968	94.0
大众探岳	299	21288	98.6
奥迪 Q2L	186	5231	96.3

资料来源：中汽协数据。

（三）全面复工复产后汽车产业快速恢复常态

面对产业运行困难的不利局面，吉林省积极采取措施，在疫情发展的不同时期，精准施策，增强服务，力保区域经济的稳定运行。政策制定部门"保防疫物资企业→稳重点大型企业→复全面工业企业→复物流运输企业→服务业全面复工"的推进路径和"金融财税政策+市场监管政策+电力能源政策"的政策体系，发挥了重要作用。对于一汽集团这根顶梁柱，更是书记省长亲自挂帅，政府、企业和全社会联动，举全省之力支持一汽集团复工复产。

2020年第二季度开始，一汽集团逐渐从疫情中恢复过来，走上正轨。截至2020年6月底，一汽集团上半年共计生产整车162万辆，同比增长1.5%，销售整车163万辆，同比增长2.3%。自主品牌表现十分抢眼，红旗品牌生产、销售整车69759辆和70045辆，分别同比增长89.5%和110.7%，奔腾品牌生产、销售整车43820辆和48650辆；解放品牌生产、销售整车232164辆和278235辆，分别同比增长16.5%和35.6%。合资合作事业板块也恢复良好，生产整车1225422辆，销售整车1192379辆，其中一汽大众生产整车891085辆，销售整车844351辆；一汽丰田生产整车334337辆，销售整车348028辆。上半年全国汽车产销分别完成1011.2万辆和1025.7万辆，同比分别下降16.8%和16.9%，而一汽集团的情况明显好于全国平均水平。

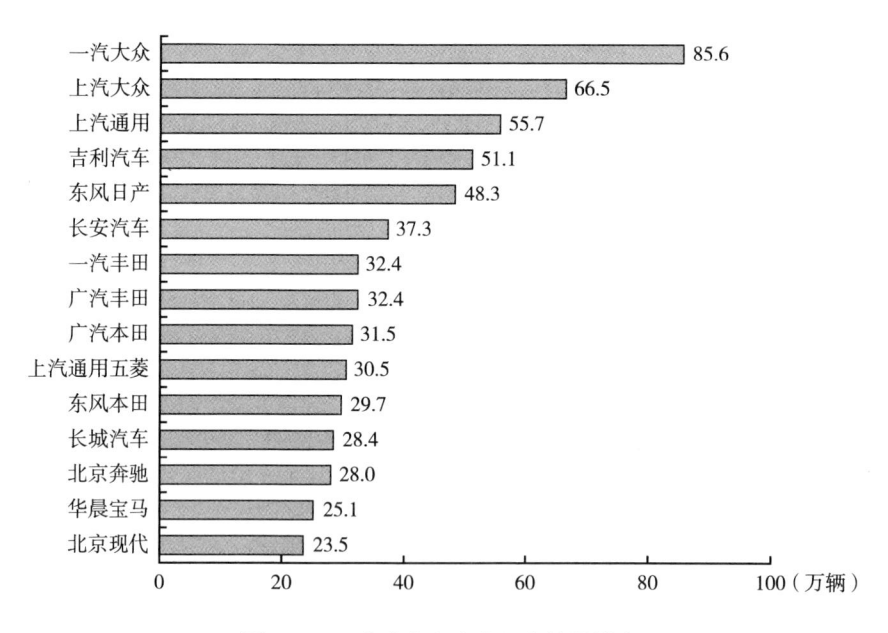

图1　2020上半年各汽车厂商销量排名

厂商	销量（万辆）
一汽大众	85.6
上汽大众	66.5
上汽通用	55.7
吉利汽车	51.1
东风日产	48.3
长安汽车	37.3
一汽丰田	32.4
广汽丰田	32.4
广汽本田	31.5
上汽通用五菱	30.5
东风本田	29.7
长城汽车	28.4
北京奔驰	28.0
华晨宝马	25.1
北京现代	23.5

资料来源：中汽协数据。

第三季度一汽集团旗下各车企更是全面实现正增长，为全年完成计划奠定了基础。合资产品的产销量增长也实现转负为正，一汽大众前三季度领跑全国车企，优势明显，1～9月，一汽大众累计生产145.7万辆，同比增长

4.4%，销售汽车147万辆，同比增长0.6%，其中大众品牌销售85万辆，奥迪品牌销售51.2万辆，捷达品牌销售10.8万辆。自主品牌方面，1~8月红旗品牌月销量实现"八连涨"，截止到8月底，红旗累计销量为10.9万辆，同比增长108%。

二 2020年吉林省汽车产业经历的困境

（一）供应链受阻导致产能利用不充分

汽车产业供应链和生产周期都比较长，而为了控制成本，汽车企业普遍采用"低库存"甚至"零库存"的生产管理模式。在一季度疫情的冲击下，这种供应链模式的潜在风险就显露出来了。在疫情比较严重的状态下，配套企业开工不足和物流运输困难都会导致供应链紧张，甚至断裂，生产周期延长，产能难以充分释放。虽然防疫压力减缓后吉林省汽车企业陆续实现复工，但完全复产还需等待供应链恢复正常，"复工难复产"的情况持续了相当一段时间。

龙头企业一汽集团的省内配套率还不足50%，占比超过一半的省外配套难以保证稳定输送。国内方面，疫情最重的湖北就是国内重要的汽车零部件生产基地，长三角和珠三角等地零部件配套企业众多，即使已经开工，但一个部件供应不上就会影响整个生产进程，因此短期内零部件供应肯定受阻。国外方面，欧洲疫情加重，很多零部件巨头也陆续停工减产，吉林省汽车产业最大的贸易对象德国也受到严重冲击，必然影响吉林省汽车产业的国际供应链。

（二）资金链断裂导致中小型配套企业生存困难

吉林省大量汽车零部件配套企业是中小企业，汽车产业受冲击后全行业开工不足、订单减少、收入下降是不争的事实，这种不利后果也要由所有企业共担。一旦疫情持续时间过长，整车企业和大规模配套企业还能扛住，中小企业则很难坚持。

广大中小型零部件企业已经陷入两难境地,如果选择停工就意味着没有收入,而按照合同要求还要继续支付融资利息、工资社保和房租等费用,无异于坐吃山空;而如果选择开工,则可能在订单不足的情况下,面临原材料、物流运输等成本上升,还要额外支出防控疫情的物资成本,同样面临较大困难。在收入减少和成本上升的双重作用下,中小企业的资金困难极有可能引起整个资金链的断裂,一旦中小型零部件企业出现大面积关停,将对吉林省汽车产业的恢复和发展造成不可挽回的损失。

(三)全球汽车产业形势严峻引发长期次生影响

近年来随着发展中国家汽车产业的兴起,全球汽车产业已经形成了分散生产、全球配套的产业格局。随着当前欧美疫情的日益严重,全球汽车产业供应链面临着重大风险,一旦疫情在更大范围长期持续,整个汽车产业必将出现倒退,各大跨国汽车集团和零部件集团为了规避类似事件的风险,可能收缩海外投资,重新进行供应链布局,深度调整配套体系。吉林省刚刚提出在长春市建设世界级汽车城的战略构想,未来几年有较大的扩产扩能需求,很大程度上依赖于引进外资和国际合作,今后也会有较大的产品出口需求。如果跨国汽车企业收缩在华投资,减少中方订单,将大大增加长春汽车城建设招商引资的难度,也不利于海外市场的拓展。

另外,疫情导致大量进行中的项目和订单陷于停滞状态,部分国际订单能否最终顺利完成交易付款存在疑问,每年固定的产品结构调整和技术升级项目也被迫推迟,许多新款车型何时能正常上市不能确定,这些情况也会打乱企业的中长期安排,造成大量经济损失、市场损失和信誉损失。

三 吉林省汽车产业面临的中长期发展机遇

(一)"十四五"期间汽车产业发展趋势

虽然新冠肺炎疫情对汽车产业造成巨大冲击,但不能从根本上改变汽车产业发展的总体趋势。一是市场趋于饱和,"十四五"期间我国将逐渐从汽车普及期过渡到汽车保有期,低速增长将成为中国汽车市场的新常态,个别年份的负增长也是正常现象。市场的饱和带来的直接影响是行业内竞争不断加剧,不能再依靠扩大产能来发展汽车产业,而应该将质量和效益作为发展的重点。

二是产品结构调整,随着收入提高和市场饱和,消费升级趋势非常明显,乘用车已经由传统的交通工具转变为集移动出行、休闲娱乐、个性消费、智能终端等于一体的需求综合体,表现为中高档汽车产品的增速明显高于低端产品,这就要求传统汽车产品不断升级以满足新的消费需求。而随着新能源和信息技术的发展,新能源汽车和智能网联汽车的研发和市场化步伐也逐步加快。

三是生产方式变革。近年来,美国提出重振制造业,德国提出"工业4.0计划",我国也提出"中国制造2025",这些制造业大战略中汽车产业扮演了重要角色。在新能源、新技术、新材料和互联网等技术革新不断深化的背景下,汽车产品加快了向电动化、智能化、网联化和共享化的转变,制造方式也向智能化制造体系逐步演变,产业上下游的联系比以往更加紧密,生产资料向全球化配置升级,研发能力和生产效率更为重要,个性化定制的生产模式也成为可能。

(二)国内汽车产业组织格局变化为吉林省配套产业创造利好

前几年的次贷危机就曾导致全球汽车产业格局变化,本次疫情也可能深度影响我国的汽车产业。从全球汽车产业看,寡头垄断是最常见的产业组织形式,美日德等汽车强国无不如此。而我国汽车消费市场近二十年的高速增长,导致整车产业集中度难以提高,近两年的市场深度调整本来就是一个调整产业组织结构的良好契机,而本次疫情的冲击可能提供一个难得的优胜劣汰的历史机遇。一旦疫情冲击的深层次影响逐步显现,部分车企将被迫退出,整车产业集中度得到提高。 汽集团不仅规模大而且效益水平领先,大概率在产业洗牌中获益,而一汽的根在吉林省,吉林省汽车产业也将获得利

好条件。为了规避类似疫情或公共事件的冲击，整车企业可能会重新调整配套体系布局，更加重视就近就地配套。一汽有可能选择省内配套企业对省外配套进行替代，这就有利于吉林省更多零部件企业挤进一汽配套体系，提高省内配套率。假设一汽的市场占有率提升，会为全省零部件配套产业提供更多的配套订单，带动零部件产业扩大规模，推升层次。

（三）区域竞争格局变化有利于吉林省做大产业规模

长期以来，广东、吉林、上海、湖北、北京等地区一直是我国最重要的汽车产业基地，占全国整车市场份额最大。过去几年中，湖北省汽车产业的市场占有率一直在8%~9%，而吉林省的市场占有率略高于湖北省，接近10%。新冠肺炎疫情中，湖北省汽车产业受到的冲击无疑是最大的，需要很长的时间进行缓慢恢复。因此疫情之后湖北汽车产业必将在相当长时间内失去部分市场份额，而这部分市场份额很可能被广东、上海和吉林等地抢占。湖北省还存在一批全球最大的汽车零部件供应基地，为防范类似疫情，分散停产的风险，很有可能在疫情之后进行一定的产能调整，而广东、上海、吉林等地也是最有可能承接这些产能转移的地区。

（四）产业困境倒逼汽车产业加快生产和销售方式转变

工业高质量发展已经对汽车产业提出了智能化、服务化、品牌质量化等要求，但就目前发展水平看，仍需较长时间才能实现。本次疫情的冲击必然引起汽车行业的集体反思，智能化生产可以避免劳动密集程度过高，减轻类似风险也降低人工成本；制造业服务化和工业互联网应用，可以建立更科学的配套生产和材料储备体系，使产业上下游更为紧密地衔接；疫情过后更为激烈的市场竞争对汽车的品牌和质量提出更高的要求；在线销售模式作为新的销售渠道，即便没有疫情的影响，也更符合现代消费习惯并能拓展营销范围。疫情的冲击将倒逼全行业重新考虑汽车产业高质量发展目标、任务和进度，并积极推进一系列生产和销售方式的深刻变革，比如工业互联网的应用、智能制造的实现、个性化定制生产、销售体系的线上化等，一旦这些高质量发展目标提早实现，对汽车产业的长远发展大有裨益，这些变革的推进也会给相关产业发展带来大量机遇。

（五）自主品牌发展迎来良好机遇

受疫情影响，发达国家的汽车产业面临更大的困难，相应地，一汽大众合资品牌在技术革新、新车型推出、产能调整等诸多方面都会受到影响。从上半年数据来看，几乎所有合资品牌的销量都有一定幅度的下跌。而由于国内形势相对较为稳定，自主车企已经逐步回归常态，可以继续按之前的既定规划实施后续发展行动。吉林省自主乘用车的代表"红旗"品牌，多年来厚积薄发，从2018年开始发力，正处于高速增长的上升通道，销量增速超过100%，特别是H5、HS5、H7、HS7、H9等一系列新车型的推出，几乎款款火爆市场。在疫情冲击下，"红旗"品牌反而获得了难得的发展机遇，原本预计的激烈的市场竞争在一定程度上被削弱了，更有利于"红旗"新车型推向市场。如果利用好这段竞争弱化期收获更大的品牌价值，将对以"红旗"为代表的一汽自主品牌乘用车在今后的发展中大有裨益。

四 吉林省汽车产业加快发展的对策

（一）坚持做大做强，继续完善产业体系

本次新冠肺炎疫情对汽车产业的冲击来势凶猛，短时间内产业运行陷于停滞，能够迅速扭转局面，很大程度上依赖于吉林省汽车产业相对完备的产业体系和多年累积的规模优势。疫情防控常态化下，不断做大做强汽车产业是进一步消弭疫情冲击的有效途径。而近年来全国汽车产业发展的形势变化和吉林省汽车产业的上升趋势，也给了吉林省汽车产业进一步做大做强的历史机遇。

以长春国际汽车城建设为契机，坚定落实全省"一主六双"产业空间布局，将长春市建成国际级的汽车制造、研发、配套和文化基地，在长春、

吉林、四平、辽源、延边等地完善配套体系布局，尤其是鼓励广大零部件企业通过扩能改造、海外并购等方式增强竞争力，坚持产业链招商，补齐核心零部件配套短板，着力提高一汽的省内配套率。推动省内整车企业和零部件配套体系的协同化发展，特别是加强协同研发能力建设，确保省内汽车产业的供应链稳定高效，提升汽车产业在省内的"内循环"能力。

（二）坚持需求导向，全产品系列发展

随着人们收入和生活水平的提高，我国乘用车市场已经进入消费升级时代，近几年高端乘用车销量增速一直高于整体水平，本次疫情冲击下豪华品牌的下滑也相对比较小。未来汽车市场更加着重个性化消费需求和对品质的追求，因此吉林省汽车产业应积极主动地调整产能结构，抓住更多的细分市场，无论合资品牌还是自主品牌，都做到全产品系列发展。推动一汽集团与大众、丰田和马自达的合作更上一层楼，调整和优化合资产品的布局，提升产能、丰富产品线，不断推出新车型，加快本地化和国产化进程，提高新产品品质，降低综合成本，提高盈利能力，保持合资品牌的竞争力。自主品牌方面，红旗、奔腾、森雅等应针对高中低不同层次的消费市场不断推陈出新，以同级别性价比最优为目标，制定中长期发展战略，力争在"十四五"期间实现自主品牌销量跨越式增长。

继续加快新能源汽车和智能网联汽车的研发和市场化进程，首先实现自主品牌汽车的纯电动化和市场推广，积极研发燃料电池汽车，加快实现L3级智能驾驶在红旗等高端品牌的投放率，陆续实现L4级智能驾驶的测试推广。

（三）坚持自主创新，发展高端自主品牌

习近平总书记在考察一汽时强调，推动我国汽车制造业高质量发展，必须加强关键核心技术和关键零部件的自主研发，实现技术自立自强，做强做大民族品牌。在疫情冲击和国际政治经济形势动荡的背景下，自主技术和自主品牌的发展尤显重要。

以掌握关键核心技术和创新资源为目标，用全新理念构建完善的技术创

新体系，通过自主研发、合作开发、联合创新、外包创新、并购创新等多种途径，建成一部四院的研发体系和三国五地的研发布局。建设国家、省、市三级零部件自主创新体系，支持企业新建技术中心，逐年提高研发经费的投入比重。围绕高性能复合材料、底盘轻量化、新能源、智能网联等领域，开展核心零部件和关键技术的联合攻关。

积极开展品牌培育，充分发挥"中国一汽"企业品牌优势和"红旗"、"解放"等品牌影响力，打造中国第一、世界知名的高端自主汽车品牌。重中之重是将"红旗"打造成全国的自主品牌乘用车标兵，扛起全国自主品牌高端化的大旗。加快新产品布局，实现L、H、Q、S四大系列产品的全面上市。

（四）坚持产业转型，推动高质量发展

本次疫情倒逼整个汽车产业加快转型升级，工信和发改等部门要制定更加具体的汽车产业高质量发展规划和日程表，推进汽车产业的智能化制造、服务型制造等生产方式转变，以及汽车销售和服务模式的转变，加快建设汽车产业互联网，提高全行业的智能化、信息化和数字化水平。

一是改进产业制造模式，推进整车企业数字工厂、智能工厂、智慧工厂建设，引导原材料供应、产品制造、销售服务全产业链开展汽车工业互联网的推广和应用，实现大批量定制化或高端商务车的定制化生产，引导汽车和零部件企业在研发设计、生产制造、物流配送、市场营销、售后服务、企业管理等环节应用数字化、智能化制造系统，实现设计可视化、制造数字化、服务远程化。二是推进汽车制造业服务化转型，全力支持一汽打造红旗移动出行品牌，建设覆盖全国范围的红旗移动出行平台，并拓展到国内外其他知名的出行服务商或互联网企业。三是加快培育现代汽车服务业，引导汽车企业与信息技术行业密切联合，利用数字技术挖掘消费者多元化需求，创新服务模式，推动产业链向后端、价值链向高端延伸。

B.5 新形势下吉林省旅游业高质量发展的对策建议

刘 瑶*

摘 要: 在国内疫情防控常态化背景下,旅游业的发展既面临严峻挑战,又存在新的机遇。吉林省应顺应新趋势,针对新的旅游主体结构、新的旅游消费需求与热点以及新的旅游形式,调整产业发展思路,开发新型旅游产品,利用"互联网+旅游"等方式提高智能化服务水平、鼓励业态创新,提升吉林旅游品牌影响力,推进旅游业质量的快速提升。

关键词: 业态创新 健康旅游 网络营销

吉林省旅游业近年来发展势头良好,是吉林省重点培育的新型支柱产业之一。2020年初暴发的新冠肺炎疫情对吉林省旅游消费带来了一定程度的消极影响,通过省内各项鼓励措施的实施,旅游市场也逐步恢复,旅游消费也呈现回升态势。随着国内疫情进入防控常态化阶段,吉林省旅游业需要在危机中寻找新的发展机遇,顺势而为转变产业发展思路,从而保障旅游业走向高质量发展的新路程。

一 吉林省旅游业的现状

吉林省近年来坚定推动旅游业高质量发展,旅游业保持着平稳、快速的

---

* 刘瑶,吉林省社会科学院软科学研究所助理研究员,研究方向:产业经济、区域经济。

发展趋势。2019年全省接待国内外游客24833.01万人次，同比增长12.08%；全年旅游总收入4920.38亿元人民币，同比增长16.85%，其中国内旅游收入4877.89亿元人民币，同比增长17.1%。[①] 2020年初新冠肺炎疫情的暴发给旅游业造成了一定损失，而随着国内疫情防控取得良好效果、进入防控常态化，吉林省旅游业面临的压力也有所缓解，旅游消费热情逐步恢复。

（一）政策扶持力度不断加大

为指导旅游业发展，吉林省相继出台了《加快推进全域旅游发展的实施方案》《吉林省全域旅游示范区管理办法》《吉林省全域旅游发展规划》《避暑冰雪生态旅游大环线发展规划》《乡村旅游扶贫规划》等政策。为抵御新冠肺炎疫情影响，又迅速出台了《关于有效应对疫情支持文旅企业发展的13条政策措施》和《关于抓好惠企政策落实全力帮扶企业纾困加快推动文旅产业高质量发展的通知》，以及一系列帮扶政策，为旅游业的稳定保驾护航。

（二）项目建设不断加快

2019年，全省建设文旅项目184个，总投资1780亿元。全省5A级景区达到7家，位列东北三省第一。截至目前，2020年吉林省新增4A级景区11家、高等级乡村旅游经营单位15家、全国乡村旅游重点村19家、省级乡村旅游重点村17家、工业旅游示范点和省级度假区10家。恒大文化旅游城、冰雪大世界、这有山等一大批旅游项目建成并投入运营。

（三）产业布局不断完善

在"一主、六双"产业空间布局规划指导下，不断完善东北边境风景廊道和东西旅游"双环线"。持续推动寒地冰雪经济快速跃升和避暑休闲产

---

① 数据来源：吉林省文化和旅游厅，http://whhlyt.jl.gov.cn/zwgk/tjsj/202003/t20200303_6873936.html。

业创新发展,树立冰雪产业大省和避暑休闲名省的形象。形成了"联动冬夏、带动春秋、驱动全年、四季皆有特色"的全时段旅游发展格局。"清爽吉林·22度的夏天"、"温暖相约·冬季到吉林来玩雪"、四季旅游品牌在全国影响力不断增强。

(四)全域旅游不断推进

吉林省率先举办"吉林省全域旅游高峰论坛",成立国家全域旅游示范区创建联盟。2019年,延边州敦化市、长白山池北区被国家验收认定为首批国家全域示范区,超过辽宁省与黑龙江省;2020年,全省7个县市区列入省级全域旅游示范区创建单位名录;截至目前,全省有29个县市区先后列入国家全域旅游示范区创建单位名录,是全国首批国家全域旅游示范区创建单位最多的省份,国家和省级全域旅游示范区创建单位,已占全省县市区总数的57%。

(五)旅游产品不断创新

"行走在吉线"边境游、"到吉林森呼吸"康养游、"精彩夜吉林"等新型旅游线路备受喜爱。为丰富旅游市场,全省两百多家A级景区新增了丛林穿越、滑翔伞、热气球、山地越野等百余项新型旅游产品。为迎合自驾游风潮,全省推广"吉刻出发"自驾游品牌,发布自驾游热点线路,推出160多条省内旅游线路,内容涵盖温泉养生、乡村休闲、文化研学等多种主题。

(六)旅游市场不断回暖

进入疫情防控常态化阶段,全省旅游业各部门积极探索发展思路,努力降低疫情影响。截至2020年6月,全省旅游景区接待有序恢复,A级旅游景区开放率达51.08%,全部符合限量开放、预约开放、错峰开放的要求。2020年上半年吉林省共接待游客5650.29万人次,实现旅游总收入636.13亿元。"五一"假日期间吉林省接待游客人次已经恢复到上年同期的63.65%,高于全国10.10个百分点;旅游业总收入恢复到上年同期的

53.46%，高于全国 16.76 个百分点。旅游企业复工率与 A 级景区接待游客量均远高于辽宁省与黑龙江省。端午节期间吉林省游客接待量与旅游收入也呈现稳步回升的态势，两项分别高于全国平均水平 1.18 个和 11.3 个百分点。中秋国庆双节期间全省共接待游客 1626.30 万人次，同比恢复 89.65%，高于全国 10.05 个百分点；实现旅游总收入 107.53 亿元，同比恢复 80.04%；人均花费 661.2 元，同比恢复 89.29%。①

二 新形势下吉林省旅游业面临的挑战与机遇

随着国内疫情得到有效控制，进入疫情防控常态化的新阶段，旅游业的发展既面临挑战，也面临新的机遇。

（一）新形势下吉林省旅游业面临的挑战

2020 年初新冠肺炎疫情暴发后，原本应该是吉林省冰雪旅游黄金期的春节期间，所有旅游景区闭门歇业，据预估春节期间全省旅游收入受疫情影响减少 150 亿~160 亿元。根据吉林省文化和旅游厅对 2020 年第一季度旅游收入同比增长率 10% 的保守估计，仅一季度全省旅游业总收入减少 1100 亿~1200 亿元。新冠肺炎疫情对旅游业供需两端都造成了诸多影响，并且这种影响将在较长的一段时间持续发挥作用，这一突发性公共卫生事件给旅游业带来了一段不可避免的冷淡期，旅游业需要在这一特殊背景下谋求新的发展。

然而从长远来看，疫情只是诱因，旅游产业转型升级是发展的必然趋势。当前个性化、差异化的旅游消费需求愈加强烈，主题游、定制游将持续增长，旅游市场的专业化、精细化分工和精细化服务将更加突出。而新冠肺炎疫情只是旅游产业"大浪淘沙"的导火索，今后人们对旅游消费的要求

---

① 数据来源：吉林省文化和旅游厅，http://whhlyt.jl.gov.cn/zwgk/tjsj/202007/t20200714_7362757.html。

将更高端更精细化，这将进一步促进旅游行业洗牌。

吉林省旅游业长期以来发展模式较为粗放，旅游产品同质化严重，景区存在重复性开发问题，旅游景点、旅游线路大同小异，产品质量难以提高。面对日渐多样化的市场需求，吉林省旅游产品对于市场变化缺乏灵活性，吸引力不足、影响力不强、丰富性不够。良好的旅游资源尚未得到充分的开发利用，"一流资源、二流开发、三流服务"的状态尚未有太大改善，旅游产业结构单一，初级化明显，旅游经济增速较快但发展质量效益不高，这些问题始终制约着吉林省旅游业的进一步发展，也是推动旅游业向精细化、重体验、可定制、多样性转型升级的最大桎梏。吉林省旅游业要想尽快走出冷淡期，获得全新的发展，必须重新审视自身的不足，尽快弥补短板，探索新的发展思路与转型升级途径。

（二）新形势下吉林省旅游业面临的机遇

首先，我国的旅游产业已进入较为成熟的发展阶段，形成了一定规模，具有较为强劲的内在增长动力。国民对美好生活的乐观向往没有变，当前文旅消费已经成为广大民众的生活必需品，因此从长远来看，旅游消费的热情必能随着时间的推移及疫情的有效控制而逐渐恢复。

其次，近年来我国倡导旅游业转型优化，市场需求和政策导向也在不断变化，旅游企业需要丢掉旧思维，在旅游产品的开发、运营、管理上跟进日益变化的新趋势，迎接时代的挑战。在新形势下，各地旅游业都在探索转型升级之路，谁行动得早，谁就能抢得先机，在未来的旅游市场上分得最大利益。吉林省若能把握这次机会，迅速行动，引导旅游业改变以往的粗放式发展，转向精细化、专业化的高质量发展，将对旅游业的长期发展形成巨大助益。

此外，根据当前形势来看，出境游受国外疫情以及国际交流政策影响，在较长一段时间内难以恢复。近年来我国出境游人次与消费高速增长，仅2019年，中国出境游就达到1.55亿人次，总消费额累计2万亿元人民币以上，这么大的消费市场，转移到国内将为国内旅游业提供诸多发展机会。若吉林省能在这一时期推出可以成为出境游替代品的旅游产品，将部分出境游需求转移到省内，将可形成大量旅游消费。吉林省作为多民族聚集的边境省份，在冰雪旅游、温泉旅游、民俗旅游、边境旅游等方面均有一定优势和产业基础，可在这一特殊时期推出相应的旅游产品作为出境游替代品。

与此同时，吉林省出台了一系列针对文旅产业的帮扶政策，并拨发扶持资金。2020年2月，省文化和旅游厅决定实施吉林文旅"春风计划"，共有文旅企业扶持壮大计划、产业蓄能计划、产品提升计划、激发文化活力提振文旅消费计划、"雪后阳春"省内游复苏计划、"吉行天下"对外营销推广计划、冬季市场引爆计划、宣传领航计划、监管护航计划等9大任务。随后出台了《关于有效应对疫情支持文旅企业发展的13条政策措施》，指导文旅企业享受普惠性减免税、缓缴社会保险费及医疗保险费、适度减免租金、延期缴纳水电气费和相关金融政策等国家已经出台的公共服务政策，并且制定了对冰雪旅游企业、乡村旅游经营单位、组织包机的旅行社等给予补助，暂退部分旅游服务质量保证金等措施，同时决定将在2020年全年加大旅游项目支持力度、金融服务力度和奖补力度，加大旅游宣传营销以激发消费潜力，并为有需要的文旅企业提供智力支持和人才培训。7月吉林省文旅厅又下发了《关于抓好惠企政策落实全力帮扶企业纾困加快推动文旅产业高质量发展的通知》，进一步督促推动全省文旅系统抓好各项惠企政策落实。旅游企业若能有效利用政府提供的支持性政策措施，优化升级、创新求变，将会在未来时期迎来新的发展。

三 新形势下的旅游业发展趋势

（一）旅游主体结构有所改变

新冠肺炎疫情之前旅游主体以旅游团队、观光客、出差会议等为主。现在受疫情影响，人们出行时对卫生安全和私密性的要求陡然提高，传统的散客拼团方式因此而备受冷落，游客自发组织的小团体成为旅游群体的新主流，如亲子游、亲友游、团建游、自驾游、包车游、定制游等。此外，据携程旅行网统计，旅游群体年龄构成呈现明显的年轻化，符合年轻人消费心理的旅游产品成为时下热销产品。

（二）短程游成为主流

新形势下人们在选择旅游产品时更为谨慎，长线游由于特殊时期不确定性因素太多而普遍遇冷，反之，短程游则受到青睐。本地游、省内游、周边游、周末游、郊游等旅游需求上涨，这些旅游产品普遍具有旅游时间少、准备周期短、灵活性高、可随时出游的特点。这一趋势对激发省内旅游是一项重大利好。中秋国庆双节期间，吉林省许多旅游区迎来了省内游高峰。

（三）康养旅游成为热门

疫情对公众心理最重要的影响就是健康意识将得到普遍提高，这种心理必将激发对健康旅游、养生旅游、体育旅游、户外休闲旅游、田园乡居旅游的大量需求。可以预见的是，后疫情时期，以"健康"为核心的旅游项目将是热门选择，也将催生一系列旅游新业态。乡村旅游、度假旅游已经成为吉林省旅游消费的主流。中秋国庆双节期间吉林省乡村旅游共接待游客476.34万人次，占全省旅客人数的29.29%；长白山鲁能胜地等多个省内度假区游客爆满。

（四）新型体验性旅游发展势头迅猛

近年来游客越来越注重深度体验，高端化、个性化的定制型旅游产品更受青睐，如自助游、研学游、向导游、房车游、线上IP转化线下体验游等，传统旅游产品的吸引力越来越小，今后能够有效吸引大众的旅游产品必是创新型产品，而注重游客体验是创新的根本。

（五）网络一体化营销需求暴涨

由于游客年龄结构年轻化，旅游产品购买行为也发生了改变，游客对网络一体化营销的需求呈现井喷趋势。网上预约、网上购票、预售优惠、提前种草、直播带货、土特产线上销售等网络营销方式效果显著。未来，网络营销的便捷程度将成为游客选择旅游产品的一道门槛。

四　促进吉林省旅游业高质量发展的对策建议

（一）提高智能化服务水平

数字旅游、智慧旅游正在迅速发展，在当前形势下，智能化旅游服务水平将成为旅游消费者的重要考量因素。吉林省要充分利用互联网、电子导游等技术，探索"无接触"旅游模式，适时推出"安心游""健康守护"旅游产品。各景区及旅游相关场所必须迅速推进智能化服务，落实实名制购票制度，在必要区域增加人脸识别装置和口罩自动贩卖机；景区出入口等易形成人员聚集的区域设置好分流通道，保持安全距离；在景区附近、市内交通枢纽等处设置线下取票机。网络营销平台要做到提前预约，分时入园，削峰填谷，售后无忧。号召省内旅游行业学习华住旗下酒店的无接触服务，推广自助入住、机器人送物、零秒退房、远程办理入住到店取房卡、早餐分餐制等服务形式，参考华住会App同步上线的"在线问诊"服务，为客人提供24小时免费远程咨询问诊服务。推广无人智能酒店，增强酒店的知名度与核心竞争力。

（二）鼓励旅游业态创新

树立"大旅游"观念，促进旅游业融合发展，创造新的旅游热点。鼓励企业开发主题游、定制游、租车游、营地游、地陪向导游等新型出游模式。如近年来风头渐盛的"研学游"，吉林省可结合资源优势，在长白山地区开发"长白山火山地貌游""亚寒带植被博物游",在吉林市开发"雾凇气象博物游",在长春市、延边朝鲜族自治州、松原市开发"建筑风格博物游"等产品。政府可对积极探索转型升级的旅游企业以奖代补,予以资金与政策扶持。

另外,旅游企业可在原有基础上拓展业务空间,提高行业韧性。拓展线上销售业务,如开设微店售卖文创商品、本地土特产等,做好线上销售线下送货。中小旅游企业要把握社区化服务的商机,走社区化道路,将社区服务点作为一个前置仓,为社区客户做好旅游服务与生活服务,将大大增加社区客户数量和用户黏度。高级酒店可推出星级套餐外卖服务,宾馆、民宿等可开放做中短期租赁、直播室等。

(三)拓展省内旅游项目

抓住短程游成为主流需求的契机,拓展省内游旅游项目,丰富产品内容,激发省内旅游市场潜力。结合省内旅游资源,开发亲子游、采摘游、赏花游、户外游、乡村游、民俗游、养生游、周末游等周期为半日至三日的省内短程游项目,以深度体验为特色,以探寻"家门口的好风光"为出发点,开展以"周"游吉林为主题的"吉林人游吉林"活动,吸引省内旅游消费者。当前"夜经济"是许多地区拓展旅游业、促进消费的热门选择,根据中国旅游研究院夜间旅游专项调查数据,当前游客夜间旅游参与度高、消费旺,各地正在纷纷推出夜游产品,如成都推出夜游武侯祠、夜游杜甫草堂,西安也推出了夜游古城活动,吉林省可借助夜经济蓬勃发展的势头,继续推出"画舫船夜游南湖"等形式的本地游产品,增加适合夜游的旅游项目,增加夜场演艺表演、夜场场馆参观等,积极拓展旅游产业链,构建夜游经济。

吉林省可借鉴广东省推出的"振兴广东游"发放惠民旅游卡的做法,联合省内各大旅游景区与银行,向省内居民推出全省景区联合优惠卡,以一价全包模式或门票特惠折扣模式出售一年期旅游卡,景区须涵盖自然生态、历史文化、主题公园等多种类型,以鼓励省内自驾游与本地游。各大游乐园也可联合推出学生优惠卡、家庭优惠卡等。并且通过省内游,让吉林人民真正了解吉林省旅游产业发展情况，了解优质的旅游产品、商品，打造吉林口碑市场。

（四）打造健康旅游、乡村旅游品牌

把握当前人们对健康生活方式的追崇，乘势而为，借助原有产业基础与资源优势，打造全国知名的健康旅游、乡村旅游品牌，提高国内竞争力。健康养生符合"健康中国"的战略背景，可以把美食健康养生、长寿文化和乡村运动有机结合，提升乡村康养游的品质。开发"医疗保健＋旅游"、"特产膳食＋旅游"、康养旅居游、田居避暑游等新型旅游模式，将体育旅游、赛事旅游、野外拓展游、户外研学游、亲子游等以强身健体为宗旨的"轻旅游"产品精细化，丰富产品类型与内容。重视疫情之后大众趋向健康养生的消费需求，对粗放式餐饮模式进行改造，推出并推广绿色有机农产品，杜绝将"野味餐馆"作为旅游特色，让生活和生产回归健康和环保。

乡村旅游是健康旅游最主要的载体之一，吉林省要科学规划乡村旅游布局，审视现有服务模式，改变当前分散、标准不一的格局，培育乡村旅游产业群，注重乡村健康游的品质提升。加强乡村旅游场所软硬件设施建设，营造卫生整洁、文明有序的环境，突出乡村生态健康、休闲私密的特点。打造共享农庄、田园民俗、乡村休闲、亲子农场、田园乡居、农产品加工线下体验等乡村旅游精品。将乡村道路建设、环境整治、房屋改造等与旅游路线相结合，提高乡村旅游的吸引力和观感度。将乡村旅游与特色农业、景观农业、创意农业、节庆农业、智慧农业等深度融合，并注重乡村旅游项目与本地扶贫项目相结合。与此同时要防止乡村旅游的无序开发和恶性竞争，对哄抬物价、欺客宰客等不良现象要加强监督管理。

（五）充分利用新型营销手段

首先，充分利用网上预售。有条件的酒店可加入携程旅行等销售平台的星级酒店优惠套餐活动。各景区可推出"早鸟票"，对提前预订、淡季预订的顾客予以更优惠的折扣。鼓励酒店、景区、餐饮店推出联合优惠券。抓住

"直播带货"的风潮，利用网络直播扩大吉林省旅游业宣传，湖州副市长邀请梁建章直播做酒店销售一小时销售额2691万元，携程广深直播连线潘粤明一小时成交额也高达千万元，吉林省可借鉴其做法，由政府牵头联合有影响力的大V和明星，在各大直播平台上推荐吉林省旅游产品。

其次，持续推出高品质的"云旅游"产品。借鉴全景故宫和V故宫、云游莫高窟、各博物馆推出的云看展等产品模式，引导省内各景区景点利用互联网、AI、VR等新技术，推出网络虚拟景点，开发形式多样的线上旅游体验项目。提高现有云旅游产品的体验感和浸入感。吉林省文化和旅游厅抖音号"悠游吉林"在中央网信办网评局指导、中国互联网发展基金会和人民网联合开展的"网聚'政'能量 共筑同心圆——各地走好网上群众路线典型案例征集展示活动"中获评"优秀创意类案例"，未来可借助"悠游吉林"抖音号等运营较好的网络渠道，持续宣传吉林风光、文化以及民俗、历史，以线上游览激发线下出游欲望。

最后，进一步优化电子商务一体化营销与服务平台。加快与省旅控集团合作打造吉林旅游App"吉旅行"的开发进程，拓宽企业线上经营渠道，构建旅游消费全链条服务模式，以"一部手机游吉林"为目标，不断提升操作便捷性与用户体验感。并利用大数据技术，根据游客需求与消费倾向，进行有针对性的网络营销渗透。

（六）增强业务培训与交流合作

旅游业兴盛时期，企业忙于业务接待，无暇顾及深刻的发展规划，而当前正是行业进行自我提升、练好"内功"的好时机。不能被动等待市场复苏，而要提升自身业务水平、扩大收益。旅游企业要多开展业务培训，可通过网络课程和线下形式，组织全省导游员、讲解员、旅游企业经营管理人员、民宿业主、乡村旅游经营点开展免费培训，提升行业整体素质。各地旅游行业纷纷意识到了这一点，如重庆市文旅委春季即为市里200多家旅游企业近300人举办了一场"云上学习"活动，通过线上讲座形式学习交流疫情影响下的退团退订处理思路和方法，并为重振旅游业做积极的准备。携程也开始了复工培训,并向其合作伙伴、全行业数千万从业者、全国高校、旅游院校全面开放近 2000 门培训课程。吉林省可学习借鉴相关经验,由政府牵头,组织旅游行业进行线上学习与从业培训。旅游行业也需要加强行业交流与合作,就产业发展趋势、景区发展理念、发展规划、产品和服务创新等方面多多交流,从中寻找跨界合作的机会,以联合之力开创新格局。

参考文献

［1］祝铠:《新冠肺炎疫情对我国旅游业发展的影响及对策研究》,《四川旅游学院学报》2020 年第 3 期。

［2］李文龙、张国力:《新冠肺炎疫情与非典疫情的对比及对中国经济的影响》,《第一财经日报》2020 年 2 月 5 日。

［3］乐琰:《疫情之下的旅游产业如何转危为机》,《第一财经日报》2020 年 2 月 25 日。

［4］周佳欣、曹冰玉:《"后疫情时代"湖南乡村旅游发展创新及金融支持》,《湖南行政学院学报》2020 年第 3 期。

［5］陈旭:《新冠肺炎疫情对四川旅游业的影响及其对策》,《四川行政学院学报》2020 年第 2 期。

B.6 吉林省推进新基建面临的问题及对策研究

肖国东[*]

摘　要： 新基建对于经济高质量发展意义重大，疫情带来的变化和影响，凸显了其紧迫性与重要性。随着国家相关新基建政策的密集出台，各省份积极抢抓机遇，纷纷布局新基建。聚焦技术发展前沿领域和产业发展需求，吉林省出台了新基建"761"工程实施方案，但仍然面临产业基础薄弱、承载能力不强、创新投入不足和两化融合水平偏低等问题。为破解"堵点""卡点"问题，加快新基建步伐，吉林省应注重科学规划，加强政府引导和支持，坚持以市场投入为主，支持多元主体参与建设，充分发挥新基建与产业融合的乘数效应，为新技术赋能，充分发挥企业的积极性和主动性，加快形成新技术、新产品、新产业、新业态，推动吉林省经济高质量发展。

关键词： 新基建　区位熵　创新驱动

一　吉林省推进新基建的基本情况

（一）启动实施"761"工程

2020年4月《吉林省新基建"761"工程方案》出台，其主要内容包括：

---

[*] 肖国东，吉林省社会科学院经济研究所副研究员，经济学博士，研究方向：数量经济、产业经济学。

"7大新型基础设施"，即人工智能、大数据中心、5G基础设施、城际轨道交通、特高压、工业互联网、新能源汽车充电桩和城际高速铁路；"6网"，即水网、市政基础设施网、路网、智能信息网、电网、油气网；着力补强社会事业"1短板"。智能信息网主要包括数字政务基础设施、5G基础设施、大数据中心、工业互联网、人工智能、通信基础设施等；路网包括高速公路、普通国省道、农村公路、城际高速铁路和城际轨道交通、铁路、机场、物流枢纽等；水网包括水利基础设施、引调水、河湖连通、两河一湖污染治理、高标准农田等；电网包括特高压、500千伏及220千伏电网主网架、城乡配电网（含农村电网改造升级）、新能源汽车充电桩等；油气网包括成品油、天然气储备、石油、天然气管网及配套设施、加油（气）站等；市政基础设施网包括城市排水、供水、供气、供热、市政道路、桥梁、城市轨道交通、污水垃圾设施等；社会事业补短板工程包括中小学薄弱校舍、职业院校、本科高校实训基地、基层医疗、公共卫生、妇幼健康服务设施、养老、社会福利服务、公共文化设施、旅游基础设施、广播电视无线发射台站、公共体育普及工程等。

（二）重点项目投资领域已明确

吉林省新基建"761"工程总投资10962亿元，计划实施项目2188个。其中水网总投资1308亿元，市政基础设施网总投资2117亿元，路网总投资5102亿元，智能信息网总投资839亿元，电网总投资477亿元，油气网总投资198亿元，社会事业补短板总投资921亿元。智能信息网包括重点实施移动、联通、电信、吉视传媒等公司5G核心网、基站、室内分布，省内干线、城域网等项目建设。着力推动网络及信息安全建设项目和5G开展的行业应用项目，重点实施通信基站、城域出口带宽、核心光缆、县乡光缆、主干光缆、传输管道等方面基础设施建设工作，进一步完善通信网络基础，持续提升吉林省信息通信网络服务能力，建设汇聚机房、云资源池新建工程、千兆小区新建工程等项目，逐步完善企业专线、无线宽带、视频监控等通信基础设施，推动省内信息通信网络高质量发展。实施数字政务基础设施建设工程，建设吉林省农业物联网与农业大数据平台，覆盖全省农业种植面积

8000平方公里，实现农产品全流程可溯源管控。鼓励多领域数据中心建设，助力全省数字产业发展。

（三）各市（州）有序推进新基建

在吉林省启动新基建"761"工程方案后，各市（州）也相继安排部署新基建。长春市谋划推进新基建"761"工程项目约900个，加快并优先发展"四大板块"，为长春都市的现代化建设输送强劲动能。其中包括吉视传媒基础设施网络建设，东北第二条特高压直流输电工程项目，吉林移动在长春建设745个基站，吉林联通与一汽集团联手打造5G网络智能工厂，长春铁塔公司投资3.9亿元建设基站基础工程，净月高新区数据中心投资9亿元建设一期项目，吉林联通以长春为中心，建设覆盖382个工业领域的MEC基地，着力打造吉林省工业互联网平台。吉林市围绕集约精细智能绿色发展，谋划实施新基建"761"工程737项，按照高标准、全覆盖、广延伸的要求，聚焦补短、补缺、补断，通过整合各类资源提升基础设施，实现从成网到联网的过程。四平市共谋划新基建项目388个，其中亿元以上项目200个，10亿元以上重大项目50个。辽源市围绕大数据、机场、水利和新能源汽车谋划实施新基建项目335个，白山市围绕绿色转型、全域旅游、基础设施和城市功能等方面，共谋划新基建项目419个，松原市围绕产业转型升级、优势资源转化、特色产业集群等重点方向，共计谋划新基建项目526个，白城市谋划了275个项目，延边州谋划了651个项目，通化市谋划了百余个重点项目。

二 吉林省推进新基建面临的主要问题

（一）产业基础相对薄弱

新基建既包括5G基站、特高压、城际轨道交通、新能源汽车充电桩等"硬件"方面，也包括良好的营商环境"软件"方面，因此采用工业增加值、规模以上工业企业数量、营商环境作为评价指标，对新基建的产业支撑维度进行评价①，结果显示：湖北、安徽、河南、湖南四省"挤入"产业支撑维度得分排名前十，而吉林省得分58.08，排名倒数第10。此外，新基建投资数额较大，需要较好的经济基础作为保障，但吉林省经济基础在全国排名中位居后列。采用地均全社会固定资产投资（不含房地产）、人均地区生产总值、政府财政负债率作为评价指标，对新基建的经济基础进行评价②，结果显示：得分排名前十的地区有8个来自东部地区，而吉林省得分59.22，排名倒数第9。综合产业支撑维度和经济基础维度，吉林省新基建的产业基础得分58.57，全国排名倒数第9。

（二）承接能力不强

在新基建运营过程中，需要用地、用电和当地市场需求来支撑，因此从土地利用、用电成本和人口基础方面，采用单位固定资产投资消耗新增建设用地量、平均销售电价和人口密度指标，对新基建的承载能力进行评价，经过综合测算，结果显示：吉林省新基建承接能力指数为71.3，低于全国9.1个百分点，全国排名倒数第6。在东北三省中，辽宁省和黑龙江省的新基建承接能力指数分别为78.3和76.0，在全国的排名均高于吉林省（见图1）。以上表明，吉林省在人口密度、单位固定资产投资消耗新增建设用地量等方面均不具备优势，同时新基建主要使用各类电力、电子设备，对用电需求较大，但吉林省在平均销售电价方面也不具备比较优势。

（三）技术创新投入不足

技术创新是推动新基建发展的持续动力，而吉林省企业创新主体作用不突出。2019年吉林省R&D经费为148.4亿元，R&D经费投入强度为1.27%，低于全国水平0.96个百分点。同时，龙头企业研发投入带动不足，

---

① 基于2020年赛迪智库发布《我国各省区市"新基建"发展潜力白皮书》的评价指标体系，采用因子分析方法，经过综合测算而得新基建产业支撑维度评价结果。
② 基于2020年赛迪智库发布《我国各省区市"新基建"发展潜力白皮书》的评价指标体系，采用因子分析方法，经过综合测算而得新基建经济基础维度评价结果。

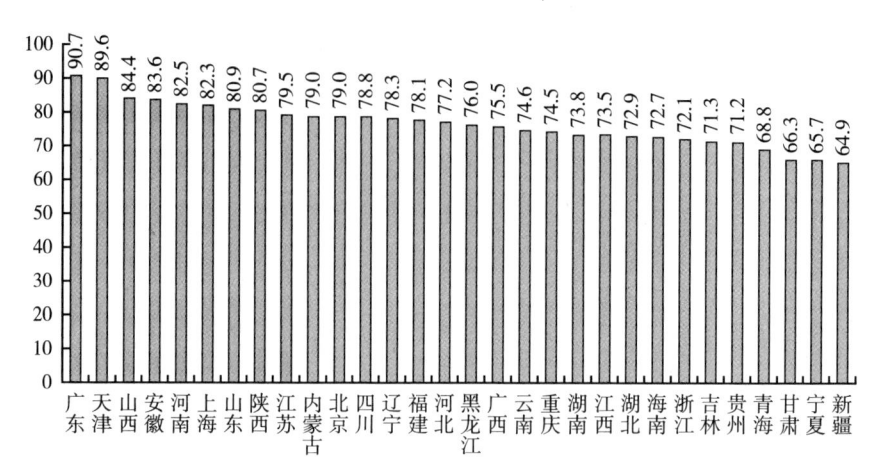

图1 各省份承载能力维度评价结果

多数处于资本积累阶段，对长期的研发投入较低。2018年吉林省规模以上工业企业R&D经费投入57.5亿元，R&D经费投入强度仅为全国平均水平的32.5%；专利申请数量为3333件，平均每户企业0.56件，仅为全国平均水平的22.1%；新产品开发项目数2842项，平均每户企业0.48项，仅为全国平均水平的32.4%；开展创新活动的企业占比26.6%，低于全国14.2个百分点。2016年、2017年和2018年连续三年吉林省有R&D活动的企业数量占比全国排名最末。与此同时，吉林省专业复合型人才匮乏，一是缺少能熟练操作应用开发和工业软件的专业人才，二是缺乏复合型人才，如互联网企业的技术人员对工业知识不了解，对工业的基本流程和业务也不熟悉，而工业企业的专业人才对大数据、云计算等信息技术不够精通，这两方面的短板为吉林省工业互联网建设的技术攻关带来挑战。

（四）"两化"融合水平偏低

新基建需要较高的工业化与信息化融合发展水平来支撑，但吉林省的"两化"融合水平偏低。2019年全国通过"两化"评定企业数量为4897家，吉林省仅有14家，占全国的0.29%。目前，吉林省"两化"融合工作较国家平均水平仍存在很大差距。全国平均得分53，而吉林省评估诊断得分

46.7，排名第20；生产装备数字化率为33.7%，全国平均为45.9%；数字化研发工具普及率为55%，全国为67.7%；关键工序数控化率为35.2%，全国为48.4%。此外，现有网络支撑能力不足。吉林省大部分企业工厂内部没有建立起生产装备、信息采集设备、生产管理系统和生产要素的广泛互联网络，工厂外部也没有实现企业、平台、用户、智能产品的广泛互联。尽管长春一东离合器股份有限公司、长春英利汽车工业有限公司、吉林亚泰明星制药有限公司等，被评定为吉林省省级"两化"融合示范试点企业，但数量为29户，仅占全省工业企业数量的0.47%。

三 吉林省推进新基建面临的环境和形势

（一）国家相关政策密集出台

2018年12月中央经济工作会议上首次出现"新基建"提法，会议明确指出"加快5G商用步伐，加强人工智能、工业互联网、物联网等新型基础设施建设"。2019年7月中共中央政治局会议提出"要稳定制造业投资、实施补短板工程、加快推进信息网络等新型基础设施的建设"。2020年1月3日国务院常务会议提出"大力发展先进制造业，出台信息网络等新型基础设施建设投资支持政策，推进智能、绿色制造"。2月14日中央全面深化改革委员会会议指出，基础设施是经济社会发展的重要支撑，要以整体优化、协同融合为导向，统筹存量和增量、传统和新型基础设施发展，打造集约高效、经济适用、智能绿色、安全可靠的现代化基础设施体系。2月21日，中共中央政治局会议强调，"加大试剂、药品、疫苗研发支持力度，推动生物医药、医疗设备、5G网络、工业互联网等加快发展"。3月4日的中央政治局常务会议上，再次强调"要加快5G网络、数据中心等新型基础设施建设进度"。

（二）新基建需求增长潜力大

新基建可以稳定投资、弥补国内IT基础设施短板，还可以赋能经济发

展，调整经济结构。以数字基建为主的新基建，区别于传统基建，发展潜力巨大。新基建带来的更多是平台效应和对各个行业的赋能，在数字经济新形态以及数字新基建、新技术、新要素的赋能作用推动下，将成为国家治理现代化和经济高质量发展的有力支撑。新基建应用场景大、市场潜力大。以5G为代表的新基建，有着巨大的应用场景。云办公、在线教育、无人驾驶、智慧医疗、工业互联网等新兴业态有望随着新基建逐渐完善而爆发。此外，新基建本质是高科技应用的普及，基础设施就位后，规模效应有望大幅度降低使用成本，从而让普通大众均能享受科技红利，可以极大激发社会创造力，创造新型就业机会。

（三）新基建加速智能经济发展

无论是智能制造、智慧医疗，还是智慧办公、智慧零售，在疫情防控过程中，都迸发出了化危为机的力量。作为新基建的重要一环，人工智能进一步释放了以往产业变革和科技革命积蓄下来的能量，成为新一轮产业变革的核心驱动力。并创造新的强大引擎，催生新技术、新产品、新产业、新业态、新模式，助力传统行业转型升级。随着5G时代的到来，工业互联网会更加普及，会创造更多的先进技术，融入消费者的需求中。以交通领域为例，人工智能、5G等新技术正在成为拉动智能交通发展的新引擎。在新旧动能转换、经济增速趋缓、全球疫情加剧的背景下，新基建可为我国城市从信息化到智能化再到智慧化构筑一条高速之路。随着技术革命和产业变革，新基建的内涵和外延仍在不断变化和丰富。

（四）各省份争相布局新基建

国家出台新基建政策后，各省份积极抢抓机遇，大力发展新基建。在2020年已经公开的26个省份的年度重点基础设施项目投资计划中，安徽、广东、浙江的新基建项目数绝对量较大，分别达到了280、165和109项，而河北、山东、广东的新基建项目数量占比较高，分别达到了43.5%、35.0%和34.1%。在信息基础设施方面，各地也在加紧布局。目前已有19

个省份明确2020年重点工作将推进5G通信网络建设,其中有6个省份明确规划了2020年新建5G基站的数量,合计超过17.8万个,广东、浙江、江苏计划新增基站数均超过5万个。数据中心方面,国内在运营的数据中心主要集中在京津冀城市群、长三角城市群、粤港澳大湾区等地区,共占整体市场50%以上的份额。此外,各地也相继出台了一系列支持新基建的政策,例如《湖北省疫后重振补短板强功能"十大工程"三年行动方案(2020~2022年)》《湖南省"数字新基建"100个标志性项目名单(2020年)》《福建省新型基础设施建设三年行动计划(2020~2022年)》《云南省推进新型基础设施建设实施方案(2020~2022年)》《上海市推进新型基础设施建设行动方案(2020~2022年)》等。

四 吉林省加快推进新基建的对策建议

(一)充分发挥市场机制的作用

除5G基站、公共大数据中心等项目外的信息基础设施和融合基础设施领域,应充分发挥市场在资源配置中的决定性作用,增强市场活力。充分运用市场机制盘活存量土地和低效用地,建立健全城乡统一的建设用地市场;通过创新户籍制度、社保制度、医疗教育等配套公共服务保障,创造劳动力自由流转的公平就业环境。鼓励科研人员创新创业,不断优化人才发展制度环境,加强对本土人才的培养,不断壮大高层次科技人才队伍。发挥吉林省高等院校的人才培养优势,有针对性地开设人工智能、大数据等新兴专业,加强学科间的融合交叉培养,变革传统单一的人才培养模式。加强新基建专业人才队伍建设力度。同时,发挥各类职业院校的作用,培养一批高技能型人才。创新投融资机制,增加有效金融服务供给,大力推行政府和社会资本合作(PPP)模式。积极争取国家项目投资,鼓励市场主体广泛参与,激活民营经济投资,吸引域外资金投资。

（二）充分发挥企业的积极性和创造性

新基建为企业带来新的发展空间。企业应该抢抓机遇，积极布局。作为新技术的象征，企业在新基建参与过程中，既要提升企业的技术研发水平，还要通过新技术提升新基建的技术含量。落实创新驱动发展战略，积极推动企业创新。一方面，鼓励企业加大技术改造投入，运用先进适用技术推动传统产业升级，推动重大创新技术和产品应用、工业基础能力提升、新动能成长，提高劳动生产率，进一步激发企业主体的积极性、创造性。另一方面，保障民营企业和中小企业获得公平的市场参与机会，更好发挥民营和中小企业在新基建投资中的作用。进一步优化营商环境，破除民间投资进入"新基建"的障碍，真正降低民资进入门槛，打破"玻璃门""弹簧门"等，激发民企参与"新基建"的投资信心，保障民企参与"新基建"的合法权益。

（三）充分发挥产业融合的乘数效应

坚持以产业融合发展为出发点，推动新基建与支柱优势产业深度融合，加快形成新技术、新产品、新产业，打造产业新生态。推动互联网、大数据、人工智能、区块链与汽车、石化、轨道客车等制造业深度融合，提高产业创新能力，培育产业新生态，推动制造业智能化，为产业数字化融合发展创造良好环境。加强与需求端的有效衔接，推动新基建同消费市场协同发展，加快部署建设新基建"761"工程重大项目，为新技术赋能，为高质量发展增添新动能。聚焦生产性服务业提速增效，围绕制造业和现代服务业、制造业和现代农业高质量发展需求，推动生产性服务业向专业化、智能化和价值链高端延伸，打造制造业服务新高地。加快新型融合基础设施建设，优先建设公共服务领域充电基础设施。科学规划新能源汽车充电桩建设。构建工业互联网、布局5G信息网，带动产业链上下游技术创新整体性突破，夯实融合发展技术产业基础。推动数字产业化、产业数字化。推进制造业、服务业的数字化进程，推进信息装备的标准化。加快数据安全的制度建设，加强产业链视角的顶层设计，在数据交换、数据接口、开放模式、数据安全方面建立规范和标准。

（四）充分发挥规划和政策的引导作用

将新基建纳入"十四五"规划的同时，制定专项规划和新基建行动计划。分步实施，避免需求不足带来的过剩问题、市场主体参与不足带来的低效问题、基础设施与产业发展相脱节问题、新基建同传统基础设施建设有效衔接不足的问题。采用分区域、分领域、多点突破、多业并举方式，用"新基建"赋能产业智能化发展。坚持以项目建设为抓手，加强统筹和顶层设计，进一步扩大内需拉动经济增长，为全省经济高质量发展增加后劲。利用大数据和云计算等技术，设立新基建项目库和监管平台，吸纳优质项目，并建立生命周期管理，通过信息公开对各类新基建项目进行透明监管。还要加强政府资金的导向作用，对公益性和基础性的新基建项目创新投融资机制，改善产业条件和营商环境，撬动更多社会资金投入。对不同的细分领域要精准施策，并跟踪评估政策效果，对新基建的相关产业减免税收，提供低息贷款、专项债，通过产业和财税政策，对企业的资本市场行为予以大力扶持。

参考文献

［1］任泽平：《新基建：必要性、可行性及政策建议》，《中国经济报告》2020年第4期。
［2］李廉水：《中国制造业40年：智能化进程与展望》，《中国软科学》2019年第1期。
［3］《吉林统计年鉴2019》，中国统计出版社，2019。
［4］《中国统计年鉴2019》，中国统计出版社，2019。
［5］《吉林省2019年国民经济和社会发展统计公报》，吉林省统计局，2019。

B.7
吉林省高新技术企业发展现状与对策研究

吴 妍*

摘 要： 高新技术企业的发展是吉林省产业转型升级的希望所在，是促进吉林省企业发展迈上新台阶，助力吉林省实现全面振兴、全方位振兴的重要动力。本文总结分析了吉林省高新技术企业发展总体情况，发现经济总量偏小、企业筹资困难、人才储备不足、创新能力不足、扶持政策力度弱是制约吉林省高新技术企业发展的主要因素，并针对问题提出相应对策。

关键词： 高新技术企业 人才储备 扶持政策

高新技术企业是指"在《国家重点支持的高新技术领域》内，持续进行研究开发与技术成果转化，形成企业核心自主知识产权，并以此为基础开展经营活动，在中国境内（不包括港、澳、台地区）注册的居民企业"[①]。高新技术企业是科技创新的主体，也是战略性新兴产业、未来产业发展的主力军，更是科技与产业密切结合的重要载体。培育发展高新技术企业是实现经济高质量发展的有力抓手，对加快优势要素创新资源向企业集聚，引导产业优化具有极其重要的意义。高新技术企业的发展是吉林省产业转型升级的

---

* 吴妍，吉林省社会科学院城市发展研究所副研究员，法学硕士，研究方向：区域经济。
① 高新技术企业认定网，http://www.innocom.gov.cn。

希望所在,是促进吉林省企业发展更上新台阶,助力吉林省全面振兴、全方位振兴的重要动力。

一 吉林省高新技术企业发展总体情况

(一)企业数量快速增长

按照国家创新驱动发展战略的要求,科技部、财政部、国家税务总局2016年修订出台了新版《高新技术企业认定管理办法》及相关的工作指引,加大对科技型企业特别是中小企业的政策扶持,引导企业通过自主研发培育创造新技术,提高企业创新能力。按照《高新技术企业认定管理办法》规定,吉林省相关部门组成吉林省高新技术企业认定管理机构,负责高新技术企业认定管理相关工作。受此带动,2016年以来吉林省高新技术企业数量逐年递增,增长速度较快。2016年底吉林省高新技术企业数量为390个,2017年增加到了524个,2018年底吉林省高新技术企业数量同2016年底相比,增加1.3倍,截至2019年底,吉林省高新技术企业数量突破1000户,达到1699户,同比增长89%,实现跨越式增长,在全国31个省、自治区、直辖市中排名第21位,增幅显著(见表1)。

表1 2016~2019年吉林省高新技术企业数量

指标	2016年	2017年	2018年	2019年
截至当年底高新技术企业数量(个)	390	524	899	1699

资料来源:根据吉林省科技厅网站相关资料整理。

(二)主要经济指标稳步增长

2017~2019年,吉林省高新技术企业主要经济指标持续增长,呈现稳步增长态势(见表2)。吉林省高新技术企业2018年工业总产值为2198亿

元，较上年同比增长7.5%；2019年工业总产值为2457亿元，较上年同比增长11.8%。2018年营业收入和净利润指标分别为2497亿元和246亿元，较上年分别同比增长14.6%和11.8%；2019年营业收入较上年同比增长11.5%。

表2　2017~2019年吉林省高新技术企业主要经济指标对比

年份	工业总产值(亿元)	营业收入(亿元)	净利润(亿元)
2017	2044	2179	220
2018	2198	2497	246
2019	2457	2785	—

资料来源：根据《中国火炬统计年鉴2019》、《中国火炬统计年鉴2018》、吉林省科技厅网站相关资料整理。

（三）科技投入加大，创新能力增强

近几年来，吉林省科技投入不断加大，企业创新能力有所增强。中国科学院大学中国创新创业管理研究中心研究表明：2018年吉林省企业创新全国排名第26位，与上年相比排名上升一位；吉林省科技企业孵化器建设发展迅速，平均每个科技企业孵化器孵化金额、科技企业孵化器基金总额等数据显著增长，较上年增加超过100%；规模以上企业每亿元研发经费内部支出产生的发明专利授权数、企业研发经费内部支出额中平均获得的金融机构贷款额的增长率超过50%。[①] 从反映科技投入实际完成情况的科技活动经费内部支出情况来看，2018年吉林省高新技术企业科技活动经费内部支出为96.51亿元，比上年同比增长22.65%。2018年末吉林省高新技术企业拥有知识产权22089个，比上年同比增长49.78%；2019年吉林省高新技术企业拥有知识产权37127个，比2018年同比增长68.08%，增幅显著。

从吉林省已经上市的高新技术企业来看，大多数企业的研发费用呈现逐

---

① 数据来源：《中国区域创新能力评价报告2019》。

年递增趋势。如2020年新上市的吉林奥来德光电材料股份有限公司，2019年的研发费用投入比2018年增长28.8%。迪瑞医疗科技股份有限公司2018年以来，年研发费用投入占营业总成本的15%以上，年投入超过1亿元。以医药高新技术企业为核心的长春高新技术产业（集团）股份有限公司在2018年度医药行业上市公司业绩评价结果排序中，排名全国第10位，在2018年全部上市公司中排名第112位，表现抢眼。[①] 而长春高新及其核心制药子公司均设有自身的药物研究院或研发机构，始终保持较高的研发投入水平，2018、2019年公司研发费用支出均超过3亿元。

（四）企业分布格局

1. 地域分布集中

吉林省高新技术企业地域分布集中。2019年长春市高新技术企业数量为1322个，占吉林省高新技术企业总数的77.8%。2018年这个比重为72.6%，2017年长春市高新技术企业数量占吉林省高新技术企业总数的比重为66.7%。可见吉林省高新技术企业分布向长春集聚的趋势明显。长春作为吉林省的省会，既是全省的政治、经济、文化、科技和交通中心，也是东北地区重要的区域中心城市。受区域位置、资源要素、产业结构等因素影响，长春市人口和经济集聚效应明显，同省内其他城市差距越来越大。相比省内其他城市，长春市拥有较为雄厚的科研技术力量和众多的大学、科研单位，交通便利、信息灵通、经济基础较好，国家大力支持高科技企业发展，因而高新技术企业集聚在长春符合发展规律。

2. 行业分布特色明显

从吉林省高新技术企业的产业分布看，2019年先进制造与自动化行业高新技术企业占吉林省总数的1/4多，2018年先进制造与自动化行业高新技术企业占吉林省总数的28%，2017年这个比重为29.2%。2017年高新技术企业数量居前三位的产业分别是：先进制造与自动化、生物与新医药、电

---

① 数据来源：《2019年中国上市公司业绩评价报告》，中国发展出版社，2019。

子信息。2018年电子信息产业超过生物与新医药产业，居第2位。2019年排名前三位的产业变化较大，高技术服务产业首次跻身前三，超过电子信息、生物与新医药产业，排在第2位，而电子信息产业下降到第3位；同时位于第4位的新材料产业高新技术企业个数增加迅速，比上年同比增长61.7%。从2017~2019年排名看，先进制造与自动化产业高新技术企业个数所占比重虽然略有下降，但是一直排在首位。

（五）整体发展水平偏低

近几年来，吉林省高新技术企业无论从企业数量还是企业主要经济指标来看，增幅较大，进步明显。但是从全国范围来看，吉林省高新技术企业整体发展水平较低，居于全国下游，衡量高新技术企业发展的主要指标在全国31个省区市排名中大都位于20名以后（见表3）。从企业个数看，2018年全国入统（《中国火炬统计年鉴2019》）企业个数为172262个，吉林省为893个，占全国总数的0.5%，是排名第一的广东省的2.0%，在东北三省中排名末位。从工业总产值全国排名看，2018年，吉林省高新技术企业工业总产值在全国31个省区市中排名第23位，在东北三省中排名第2位；从工业总产值的绝对值看，吉林省高新技术企业工业总产值为辽宁省的33.4%，是排名第一的广东省的3.7%。从营业收入的全国排名看，吉林省排在第23位，在东北三省中居第2位；从营业收入的绝对值看，吉林省高新技术企业营业收入仅为排名第一的广东省的3.4%，为排名第二的江苏省的5.7%。从净利润的全国排名看，吉林省排在全国第22位，在东北三省中居于第2位，比辽宁省落后7个位次；从净利润的绝对值看，吉林省净利润仅为246亿元，排名第一的广东省是吉林省的20倍，排名第二的浙江省是吉林省的13.7倍，排名第三的江苏省是吉林省的12.2倍，东北三省排名首位的辽宁省是吉林省的1.7倍。综上可见，吉林省高新技术企业发展水平与先进地区差距巨大，多数指标低于全国均值，即使在东北地区，与排名首位的辽宁省的差距也比较显著。吉林省无论是总量指标还是效益指标，都位居全国中下游，短时间内要缩小与先进地区的差距，难度较大。

表3 2018年吉林省与其他省市高新技术企业主要经济指标对比

地区	企业数(个) 绝对值	企业数(个) 全国排位	工业总产值(亿元) 绝对值	工业总产值(亿元) 全国排位	营业收入(亿元) 绝对值	营业收入(亿元) 全国排位	净利润(亿元) 绝对值	净利润(亿元) 全国排位
吉林	893	24	2198	23	2497	23	246	22
广东	44686	1	59318	1	74248	1	4926	1
江苏	17968	3	39551	2	43582	2	3001	3
浙江	11811	4	24569	3	30409	4	3373	2
辽宁	3658	14	6587	15	7928	16	420	15
黑龙江	1141	23	1892	24	2213	25	87	27

资料来源：《中国火炬统计年鉴2019》。表中企业个数为入《中国火炬统计年鉴2019》个数，与吉林省科技厅网站整理的统计个数略有不同。

二 吉林省高新技术企业发展限制因素分析

（一）地区经济增长乏力，经济总量偏小

2018年以来，受世界经济复苏乏力、全球经贸摩擦持续、发达经济体政策外溢效应变数和不确定性因素增加以及新冠肺炎疫情等影响，我国经济面临严峻挑战，GDP增速放缓。同时，东北地区经济振兴乏力，诸多矛盾问题交织，经济发展的内外环境不利因素持续增多。吉林省实体经济困难不断增多，经济增长的新旧动能转换仍未完成，结构性问题依旧很突出，财政持续增收难度加大、收支矛盾加剧，经济发展进入低速增长阶段。2018年，吉林省GDP名义增速为0.87%，按可比价格计算增速为4.5%，比全国低2.1个百分点，为历年来最低增速。这也是2016年以来，连续三年吉林省GDP增速不断下降。这些都导致吉林省经济发展水平与我国发达地区差距不断扩大。区域经济环境的不利因素，会导致人口、资本外流等问题出现，不利于吉林省高新技术企业发展。

（二）企业资金筹集困难

融资难是限制中国高新技术企业发展的三大难题之一。高新技术企业研发、扩建、产品落地、市场推广都需要大量资金的支持，但是由于高新技术企业无形资产占比较大，技术研发风险不确定，且高新技术企业发展初期通常规模较小，经营风险较大，这些因素叠加使其直接进入证券市场融资的门槛高，而商业银行贷款通常青睐规模大、风险较低或者有抵押资产的企业，造成了高新技术企业极易陷入融资困境。相较于经济发达的东部地区省份，对于吉林省高新技术企业来说，企业资金筹集尤为困难。一方面吉林省经济发展整体水平不高，经济规模偏小，政府财力有限。另一方面，吉林省金融机构数量偏少，创新金融产品的推出滞后于经济活跃地区，能够提供的资金规模有限。同时，企业贷款行为过于依赖政府引导，风投机构数量少、投资资金力度弱，民间借贷起步晚转型慢，担保行业发展滞后。企业资金筹集困难，研发投入意愿必然不高。以长春市为例，"十三五"期间，长春市全社会R&D经费内部支出逐年下降，近三年平均增长率呈现负增长态势。2018年全社会R&D经费支出只有90.78亿元，研发强度（R&D投入占GDP比重）在14个副省级城市中处于末位，排名第一的西安市研发强度是长春市的3倍多，14个副省级城市平均值是长春市的1.84倍。

（三）人才储备不足

经济发展的根本决定因素是人。随着经济发展进入新常态，发展动力由投资驱动型逐渐向消费和创新驱动型转变。无论是夯实内需基础，还是企业发展，贡献税收，人都是先决条件。人才是高新技术企业发展的关键因素。从全国范围看，经济发达、产业密集、消费市场发达、就业机会较多、生活环境品质高的地区对人才持续吸引力较高。吉林省高新技术企业普遍存在"缺人"的问题，企业面临高层次人才匮乏、专业技术人才和实用技能型人才短缺的突出问题，对正常开展科研与生产经营活动带来不小的影响。吉林省高新技术企业本土人才流失严重，高层次的人才尤其是高层次研发人才难以引进（如表4所示）。2018年末，吉林省高新技术企业从业人员195133人，其中科技活动人员占高新技术企业全部从业人员的比重为24.3%，R&D人员占高新技术企业从业人员的比重为8.9%。与全国平均水平相比，吉林省R&D人员比重低于全国平均水平5.1个百分点，也低于东北地区平均水平。人才吸引能力不足，本地人才流失大，人才支持力度有限，招才难、留才难，这些问题长期困扰企业发展，单靠企业个体努力无法得到完全解决。

表4 2018年末吉林省、全国、东北地区高新技术企业从业人员对比

单位：人，%

地区	年末从业人员	科技活动人员	占年末从业人员比重	R&D人员	占年末从业人员比重
吉林	195133	47397	24.3	17343	8.9
全国	31315617	7566809	24.2	4370797	14.0
东北地区	1072244	249216	23.2	137002	12.8

资料来源：《中国火炬统计年鉴2019》。

（四）创新能力不足

如何促使企业提升创新质量实现高质量发展，一直是高新技术企业发展不可回避的重要议题。一方面，创新能力不足、科技成果转化难是制约吉林省高新技术企业发展的主要瓶颈。吉林省高新技术中小企业所占比重较大，企业自身技术力量薄弱，经营管理不规范，创新能力低，一些企业只注重追求短期效益，忽视自身研发队伍和能力培育建设；同时多数中小高新技术企业与高校合作不紧密，搜寻成本高，科技成果难落地。另一方面，吉林省虽然高校、科研院所数量较多、研究实力比较雄厚，但是高校及科研院所常常忽视了科技成果应用转化的"市场价值"，同时亦存在高校科研机构有许多科研成果找不到转化渠道和平台，科研成果束之高阁或者落户到其他省份的问题。

（五）政策支持力度较弱

吉林省虽然出台了一些优惠扶持政策，如吉林省委、省政府出台《中共吉林省委吉林省人民政府关于激发人才活力支持人才创新创业的若干意见》（吉发〔2018〕4号），对包括院士在内的A类人才，执行薪级工资可比照规定标准上浮2级，并给予安家补贴200万元等服务保障政策。2019年省工信厅印发《吉林省省级企业技术中心认定管理办法》。长春市、吉林市等部分市州给予新认定的高新技术企业10万~20万元奖励，长春新区、净月开发区等部分县区给予5万元创新券和5万~10万元奖励。同其他省份相比，如广东省（广东省制定发布《广东省高新技术企业树标提质行动计划（2017~2020年）》，对高新技术企业群体规模的培育、高新技术企业创新能力的建设、企业技术成果转化和创新发展、高新技术企业科技金融体系建设，以及相关政策配套落实都做了具体规定），吉林省高新技术企业扶持政策缺乏科学、系统、全面的行动规划指引，各地单打独斗，资金支持力度、国家优惠财税政策落地实行不到位，省级层面配套政策缺乏。这些都导致吉林省对高新技术企业优惠扶持政策力度不大，与先进省份差距大，不利于增强吉林省的竞争力，不利于高新技术企业的发展。

三 对策建议

（一）实施分类扶持政策

在制定各项高新技术企业扶持政策时，要眼光长远，实事求是分析吉林省高新技术企业所处发展阶段，对于初创期、发展期、成熟期不同阶段的企业，针对企业实际需要，按需施策，实施分类扶持政策。要在国家税法许可范围内，灵活变通，最大限度地为企业争取税收优惠。由于吉林省财力有限，政府直接出资奖励扶持力度无法与发达省份相比，要注意扬长避短，注重提升政府引导基金和政府担保等方面政策的力度。吉林省高新技术企业数量少是弱势，但同时也有利于政府深入每个企业详细调研，及时发现企业迫切需要，研究解决方案，从而做到精准扶持。

（二）加大金融体系为高新技术企业发展服务力度

一要引导民间资本支持高新技术企业发展。发挥省级财政资金的引导和杠杆效应，引导社会资本做大做强产业发展基金，鼓励有条件的地市设立风投基金、创投基金、风险补偿基金、并购基金等，吸纳民间资本投资高新技术企业。二要降低中小型高新技术企业融资成本，支持省市设立融资担保风险补偿资金，降低银行对科技担保贷款的风险和高新技术企业融资担保成本。三要积极推动有条件的高新技术企业上市。通过高新技术企业数据库，分类筛选拟挂牌上市高新技术企业。加强高成长性高新技术企业、中小微高新技术企业上市培育。培育资本市场中介服务机构，逐步建立一批具有创业孵化、评估咨询、法律、财务、投融资等功能的综合服务平台，为高新技术企业提供专业性服务。

（三）加快高新技术企业地方性鼓励政策落实步伐

为扶持高新技术企业发展，2018年国家出台了有针对性的税收优惠政策，对具备高新技术企业资格的企业予以税收减免或优惠。为达到国内高质量发展要求以及克服中美贸易摩擦、疫情冲击的影响，各省市纷纷出台一系列地方性财税政策扶持高新技术企业发展。全国大多数省份对于获得高新技术企业认定企业给予资金奖励。如江苏省对于当年度入库企业按每家不低于5万元（含）奖励的，省培育资金按每家5万元给予奖励；给予上年度首次获得高新技术企业认定的入库企业不低于30万元培育奖励。北京市大兴区对首次被认定为国家高新技术企业的科技服务机构，给予一次性30万元资金奖励；广州市对当年通过高新企业认定的企业给予30万元奖励等。而吉林省只有少数市州出台奖励政策，而且与其他省份相比金额相对较低。为增强吉林省竞争力，建议制定吉林高新技术企业奖励地方政策，对于入库企业和获得高新技术企业认定资格的企业给予资金奖励或其他奖励政策。

（四）完善产学研协同创新机制

学者研究表明[1]：产学研合作可以显著提升企业技术进步创新涉及的技术领域和知识范围，可以显著提高企业高质量创新成果的数量和比例，对企业创新质量具有显著的促进作用。要建立完善以企业为主导的产学研协同创新机制，积极完善产学研协同创新服务平台体系建设，搭建起为科技成果转化提供有效服务的平台和体系，实现协同共担科研项目、协同共建研发平台、协同共促成果转化、协同共育科技人才、协同共享科技资源。从而促进企业创新能力的提升，化解科技成果转化难、科技成果产出低等问题。

参考文献

[1]《中国火炬统计年鉴2019》，中国统计出版社，2019。
[2]《中国火炬统计年鉴2018》，中国统计出版社，2019。
[3]《中国区域创新能力评价报告2019》，科学技术文献出版社，2020。
[4]《广东省高新技术企业树标提质行动计划（2017～2020年）》，广东省科学技术厅，https://www.sohu.com/a/194920790_459130。

---

[1] 刘斐然等：《产学研合作对企业创新质量的影响研究》，《经济管理》2020年第10期。

B.8 吉林省消费变化新趋向及对策建议

田振兴[*]

摘　要： 2020年，受内部环境影响，吉林省经济下行的压力较大，导致消费总额也出现回落。社会消费品零售总额增速自2014年开始持续下行，2020年前三季度出现负增长。总体来看，虽然社会消费品零售总额降幅已开始收窄，消费市场温和复苏，新消费发展速度较快，但消费增长仍存在居民收入偏低、高质量消费品供给不足、基础设施不完善等制约因素。今后吉林省需要积极应对消费新趋向，并采取积极有效措施促进消费增长。

关键词： 消费　消费增长率　社会消费品零售总额

2020年严峻复杂的内外部环境对吉林省的消费造成了十分不利的影响。上半年全省消费市场呈现出低迷状态，第三季度开始有复苏迹象。消费是拉动经济增长的重要动力，在当前的背景下，增强居民消费的基础地位和引擎作用，对促进吉林省经济的快速恢复有着重要意义。

一　吉林省消费变化趋势分析

（一）消费增长乏力

1. 消费总量增速减缓

2014~2019年的经济发展数据显示，吉林省社会消费品零售总额不断

---

[*] 田振兴，吉林省社会科学院软科学研究所研究实习员，研究方向：产业经济、消费经济。

增加，从2014年末的6080.9亿元增加至2019年末的7777.2亿元，总体呈现上涨趋势。2014~2019年增速逐年下降，由2014年末的12.1%降至2019年末的3.4%（见图1）。社会消费品零售总额增速减慢，反映出吉林省消费对经济发展的带动作用逐渐减弱。

图1 2014~2019年吉林省社会消费品零售总额及其增长速度

资料来源：《中国统计年鉴》。

2. 2020年消费呈现恢复性增长态势

受新冠肺炎疫情的影响，吉林省2020年前三季度社会消费品零售总额同比下降15.1%，下降幅度较前两季度有所收窄，消费市场呈现温和复苏状态。第一季度社会消费品零售总额下降明显，下降了27.3%，降幅居全国第5位。与上年同期增速相比，回落了30.9个百分点，与同期全国平均水平-19%的增速相比较，低了8.3个百分点。全国31个省区市社会消费品零售总额均为负增长，甚至有14个省区市增长率低于-20%。在东北三省中，吉林比辽宁（-24.8%）低2.5个百分点，比黑龙江（-33.4%）高6.1个百分点。

吉林省政府在疫情得到控制后出台了一系列促消费的相关政策，例如发放消费券、政府领导带头消费、鼓励商家开展促销活动等，促使第二季度的社会消费品零售总额降幅开始收窄。2020年上半年，吉林省实现社会消费品零售总额3004.49亿元，同比下降20%，降幅居全国第4位，降幅较第一季度收窄了7.3个百分点。与上年同期增速相比，回落了23.9个百分点，与同期全国平均水平-11.4%的增速相比较，低了8.6个百分点。全国31个省区市社会消费品零售总额同比均出现下降，但是降幅较第一季度都有所收窄，在东北三省中，吉林比辽宁（-17%）低3个百分点，比黑龙江（-22.7%）高2.7个百分点，排在东北三省的第2位（见表1）。2020年上半年全国社会消费品零售总额均有所下降，主要是由新冠肺炎疫情所致。

第三季度全省居民生活已基本恢复正常，促使消费额继续稳步回升。2020年1～9月，全省社会消费品零售总额同比下降15.1%，降幅比上半年收窄4.9个百分点。其中限额以上社会消费品零售总额同比下降15.5%，降幅比上半年收窄4.8个百分点（见图2）。消费市场加快复苏步伐。

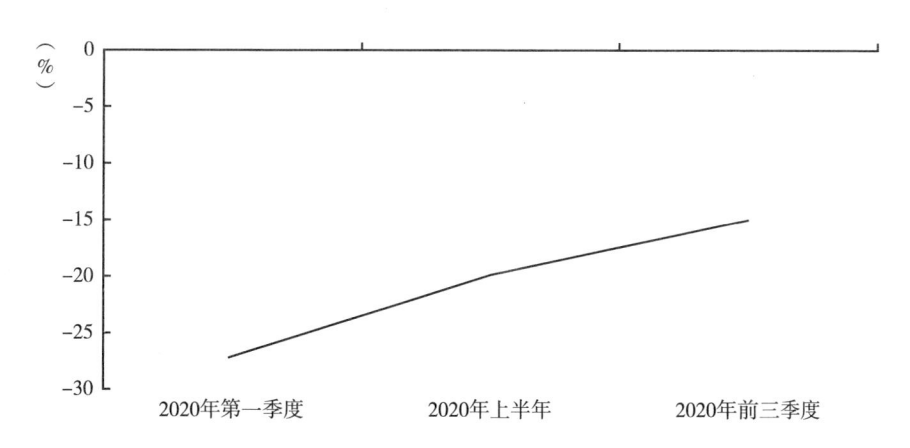

图2　吉林省2020年前三季度社会消费品零售总额增速趋势

资料来源：吉林省统计月报。

表1 2020年上半年全国及31个省区市社会消费品零售总额增速排行榜

单位：%

排名	地区	上半年	第一季度
1	安徽	-3.5	-11.9
2	江西	-4.2	-11.9
3	福建	-5.4	-12.5
4	贵州	-5.5	-13.0
5	河北	-5.6	-16.3
6	浙江	-6.3	-14.7
7	湖南	-6.6	-11.5
8	重庆	-7.2	-18.6
9	四川	-7.5	-13.0
10	甘肃	-7.9	-13.0
11	云南	-8.6	-14.3
12	广西	-8.8	-15.2
13	江苏	-9.4	-18.1
14	山东	-9.5	-15.2
15	宁夏	-9.8	-16.5
16	上海	-11.2	-20.4
17	河南	-11.3	-21.9
18	青海	-12.5	-23.0
19	西藏	-12.6	-19.8
20	内蒙古	-13.8	-21.6
21	广东	-14.0	-19.0
22	陕西	-15.8	-25.4
23	海南	-16.2	-31.4
24	北京	-16.3	-21.5
25	山西	-16.3	-25.7
26	辽宁	-17.0	-24.8
27	新疆	-19.2	-37.0
28	吉林	-20.0	-27.3
29	天津	-21.7	-25.5
30	黑龙江	-22.7	-33.4
31	湖北	-34.1	-44.9
—	全国	-11.4	-19.0

资料来源：全国及31个省区市统计月报。

（二）消费品结构调整幅度较大

1. 消费总额构成出现分化

按销售地区分：2020年上半年，吉林省城镇实现社会消费品零售总额2699.78亿元，同比下降20.2%，低于全国8.7个百分点；乡村实现社会消费品零售总额301.91亿元，同比下降18.7%，低于全国7.8个百分点，从增速看，城镇降幅比乡村降幅略高一些（见表2）。

按消费形态分：2020年上半年，吉林省商品零售实现社会消费品零售总额2621.21亿元，同比下降19.7%，低于全国11个百分点；餐饮收入实现社会消费品零售总额381.29亿元，同比下降22.1%，高于全国10.7个百分点，餐饮收入降幅虽比商品零售业高，但远低于全国水平（见表2）。

按规模分：2020年上半年，吉林省限额以上实现社会消费品零售总额739.75亿元，同比下降20.3%，占全省比重为24.91%；限额以下实现社会消费品零售总额2228.80亿元，同比下降20.3%，占全省比重为75.09%，在吉林省，限额以下社会消费品零售总额在全省中占据主导地位（见表2）。

按行业分：2020年上半年，吉林省批发和零售业、住宿和餐饮业的销售额与上年同期相比均出现下降，住宿和餐饮业营业额下降十分明显，分别下降45.9%和32.7%。批发和零售业分别下降4.3%和11.6%。

表2 2020年上半年吉林省社会消费品零售总额构成

社会消费品零售总额		绝对值（亿元）	增长率（%）
		3004.49	−20.0
按销售地区分	城镇	2699.78	−20.2
	乡村	301.91	−18.7
按消费形态分	商品零售	2621.21	−19.7
	餐饮收入	381.29	−22.1
按规模分	限额以上	739.75	−20.3
	限额以下	2228.80	−20.3

资料来源：吉林省统计月报。

从2020年上半年消费品零售总额构成情况来看，无论以哪种形式进行分类，降幅均在20%左右，疫情对各种地区、形态和规模的消费都有显著影响。

2. 居民消费产品结构变化明显

从居民消费结构看，无论是哪种类型的消费，由于受到新冠肺炎疫情的影响，增速都有不同程度的下降。从2020年1月至8月吉林省居民分项消费增速的数据中可以看出，食用类商品下降幅度较小，零售额只下降了2.0%。在食用类商品中，粮油、食品类与上年同期相比只有小幅度下降，下降了3.6%；饮料类商品增速较快，增长了23.3%；而烟酒类下降了6.0%。中西药品类也有所增长，增速为5.4%。其他商品零售额增速均大幅度下降，增速下降幅度较大的是家具类、金银珠宝类、服装类、体育和娱乐用品类，分别降低了77%、41.8%、34%和25.1%。总的来看，上半年受疫情影响较小的只有食用类商品和中西药品类商品，其他各类商品均由疫情导致销售额大幅度下降。进入9月以后，饮料、烟酒类零售额分别同比增长54.0%和32.3%，家用电器和音像器材类、文化办公用品类零售额分别增长14.1%和45.9%。汽车类9月增长1.7%，连续3个月实现当月正增长。各类消费品已经基本摆脱疫情影响，销售额基本恢复正常水平，消费市场整体回暖。

（三）重点行业消费逐步回暖

1. 旅游消费强劲反弹

旅游产业是受新冠肺炎疫情冲击最为严重的产业之一，春节假期本是居民外出旅游的黄金时期，但受到疫情的影响，旅游消费降幅巨大，短期经济损失超过5550亿元。2020年第一季度吉林省旅行社组织接待79319人次，同比下降了66%。疫情暴发后，全省旅游景点全部关闭，所有旅游消费都被按下了"暂停键"。在第二季度疫情得到控制后，吉林省在做好疫情防控的前提下推出了"春风套餐"系列产品并开展以"周游吉林"为主题的系列活动，以加速复苏吉林省旅游市场。2020年"五一"假日期间吉林省共接待游客443.23万人次，已经恢复到上年同期的63.65%；累计实现旅游总收入40.99亿元,恢复到上年同期的53.46%。第三季度全省旅游消费继续加速反弹,全省各地市在发放旅游消费券的同时,共同参与"精彩夜吉林·2020消夏演出季"相关活动。在中秋国庆假日期间,全省共接待游客1626.30万人次,同比恢复89.65%;实现旅游总收入107.53亿元,同比恢复80.04%;人均旅游消费661.2元,同比恢复89.29%。全省旅游消费虽然在第一季度遭遇沉重冲击,但是随着省内各市区促消费政策的出台,已经在第二季度后展现了强劲的反弹态势。

2. 餐饮消费逐渐恢复

春节期间,居民居家隔离不再外出,聚会、婚宴等全部取消,从事餐饮的餐厅、饭店、美食街等全部停业关闭,餐饮消费受到严重影响。1~4月,吉林省重点监测的49户餐饮企业经营收入8610.9万元,同比下降53.6%,其中3月重点监测餐饮企业经营收入比上年同期下降66.4%,4月重点监测餐饮企业经营收入比上年同期下降55.2%。从占比分布来看,一季度营业额为上年同期50%以下的吉林省餐饮企业占比达56.5%,个别餐饮企业营业收入下降达90%以上。在"五一"前夕,政府要求餐饮企业在做好消毒、保持就餐距离和保证消费者安全的前提下恢复营业,在第二季度吉林省通过领导干部带头堂食、发放消费券等方式提振消费信心,开展夜经济促进餐饮消费,饭店就餐人数开始逐渐增多,冷清的餐饮业渐渐恢复了生机与活力。从第二季度开始每月的餐饮消费额同比降速均比上一个月有所收窄,2020年8月吉林省餐饮营业额仅比上年同期减少了8%,恢复态势十分明显。

3. 线下电影院线、演艺节庆等文化消费开始复苏

文化消费是满足人民日益增长的美好生活需要的重要消费类型之一。在疫情期间,电影院关闭、会展取消使得文化消费骤然减少。由于电影院关闭,大部分春节档电影推迟上映,票房收入大大减少,损失达到70亿元。以春节档电影为例,猫眼专业版数据显示,2020年大年初一全国票房收入只有181万元,初一至初六票房收入仅为284.5万元。吉林省全部影院自2月开始关闭,直至7月中旬才开始陆续开放,整个上半年电影行业基本处于停摆状态。在接连痛失春节档和"五一"档后,停业的电影院在"十一"档终于迎来了

复工时刻,"十一"假日期间,吉林省电影消费开始出现复苏信号,全省近200家影院正常营业,累计票房收入5966万元,观影人次159.4万,票房同比增长6%,观影人次同比增长2%。随着国内疫情得到有效控制,新电影的大批上映,演艺场次的逐步增多,全省线下电影院线、演艺节庆等文化消费会进一步复苏。

二 吉林省消费发展新趋向

(一)线上线下深度融合

疫情防控常态化下电商直播消费成为主流,2020年上半年,吉林省网络零售、农村网络零售和跨境电商交易分别增长17.4%、19.6%、34.0%,增幅高于全国平均水平。同时,省政府出台的相关政策也成为电商产业发展的重要推动力。在政府政策的影响下,网红直播带货等销售方式流行起来,推动了数字经济的发展。同时,政府与企业合作开展电商培训等活动,有力地推动了电商的快速发展。数据显示,至2020年6月,全省累计电商直播次数超过8.5万,活跃网商超过20万家,零售额超过14亿元。在疫情期间,数字经济成为经济发展的重要推动力,带动了全省经济的复苏与发展。数字经济的发展为当前多个行业的发展提供了新思路。一方面,数字经济与传统行业相结合,可以促使传统企业利用人工智能和大数据等新技术,积极提高生产质量和效率,完成自身的转型升级。线上线下相融合的发展模式,也有力地加速了企业的发展。另一方面,服务业与数字经济的融合发展使得人们的生活更加方便快捷。由于疫情期间人们的特殊需求,远程医疗、线上购物以及云课堂等新的消费项目层出不穷,服务模式也在不断升级变革。同时,本地服务也进入了数字化的转型新时期,通过人们的实际需求,不断扩展功能板块,让人们能够利用互联网更快捷地完成生活缴费、外出购票等服务,让人们的生活更加便捷。大数据作为一种新兴的技术,与其他行业相结合,能够加速其他产业的转型升级,实现可持续发展。

（二）消费升级趋势不变

国内消费升级的趋势从长期来看没有改变，此外，我国的消费市场仍然有着十分巨大的潜力。第一，人民的收入逐步增加将会有力地支撑消费升级。现在，我国逐步地由中等收入阶段迈向高收入阶段，从而释放了消费方面的需求。2019年我国人均国民总收入为1.04万美元，不同层次上的消费需求正在快速地进行扩张，高品质消费需求明显增强。第二，由于我国推进城镇化的进程正在逐步加快，从而使消费获得了更大的增长空间。目前，西方发达国家城镇化率约为80%，而中国只达到60.6%左右，所以仍存在较大的提升空间。当农村人口逐步地向城市进行转移之后，将会相应地提升人均的消费支出，也就是说，促进城镇化的发展也会相应增大消费规模。第三，由于海外消费逐步地向我国回流，在高端消费方面的需求大量增加。2020年，世界各国均出现了严重的新冠肺炎疫情，极大地限制了民众的跨境流动，对海外服务消费以及商品的流通有着显著影响，因此此类需求必然会向国内进行转移。在过去的十年里，由于我国人民的收入持续地增长，更多的人有机会出境或出国旅游，因此促进了境外消费量的增长。相较于其他国家，我国海外高端消费和高收入人群占比较高。来自贝恩咨询公司的调查结果显示，2019年全球用于个人奢侈品方面的费用总额是3060亿美元，在此项中，来自我国消费者的消费额占比超过了1/3，占我国社会消费品零售总额的1.5%，其中在海外的消费占据了主要的部分。由于疫情在全球蔓延，必然会对自然人流动产生较大的限制，从而对海外服务消费产生巨大的影响。目前，我国已经顺利地进行了复产复工，人们将更多地选择国内的服务及商品，尤其是对高质量商品的消费需求会大量增加。

（三）健康消费迎来发展机遇

疫情防控常态化背景下，对于人民大众而言，生命健康是最为重要的。消费的重点主要包括体育、安全饮食、健康生活以及防疫和卫生等。由CBN Data和天猫共同发布的《天猫家用防护用品趋势洞察》显示，在2020

年的第一季度，各类主要防护用品（例如医用酒精、手套以及口罩等）的消费显著增加，为2018年整年度销售额量的三倍。此外，在发生了疫情之后，消毒清洁类产品的需求量显著增加，而传统清洁类产品的市场需求却明显减小。由于受到疫情的影响，人们在健康方面的消费总额上升明显，这推动了我国大健康产业的高速发展。考虑到我国正面临着较为严重的老龄化问题，国家也在大力实施"健康中国"的发展战略，使我国健康消费市场规模显著扩大。国家统计数据显示，到2023年时，健康消费市场在全国范围内预计将有14万亿元人民币以上的消费额。而这一数据下的健康产业消费市场前景，在"后疫情时期"预计还会出现更大的蓝海市场，存在巨大的发展空间。

（四）消费环境趋于好转

经过多个部门的不懈努力，吉林省消费环境趋于好转，为消费的增长提供了有利条件。从2019年受理投诉的情况来看，吉林省12315消费维权"一号通"全年受理咨询、投诉、举报21.8万件，处理率达到100%，为消费者挽回直接经济损失6085万元，全省消费环境总指数为78.71分，同比提高3.92%，商家经营诚信指数和消费者满意指数分别同比提高10.32%和6.72%。从消费环境建设情况看，2019年全省新增放心消费示范店（企业）1606户；创建放心消费示范商圈（街区）65个，完成全年任务的108.33%。吉林省2019年全年组织开展食品安全抽检监测7.48万批次，全省开展核查处置工作1500余件次，公示食品安全监督抽检信息500余期。消费环境的好转不仅可以提高民众的消费欲望，更可以促使全省消费长期保持稳定向好的发展趋势。

三 吉林省消费增长的主要制约因素

（一）居民收入偏低影响消费意愿

近年来，吉林省经济一直在低位徘徊，经济增速均低于全国平均增速，在全国排位基本处于后位。2019年，吉林省城乡居民人均可支配收入均低于全国平均水平。吉林省城镇居民人均可支配收入为32299元，低于全国平均水平10060元，增速落后0.8个百分点；吉林省农村居民人均可支配收入水平低于全国1085元，增速落后1个百分点。2020年受疫情影响，人均收入的增速远低于上年同期。2020年上半年，吉林省城镇居民人均可支配收入为16309元，增速仅为1%，比上年同期低6.3个百分点；吉林省农村居民人均可支配收入为7899元，增速为6.3%，比上年同期低0.8个百分点。吉林省城乡居民人均可支配收入在全国本来就处于靠后位置，再加上疫情的冲击，全省居民的低收入水平严重影响消费动力的释放。

（二）基础设施存在短板

首先，吉林省的信用体系、金融、文教及旅游等的服务消费尚未形成坚实的基础设施条件，与之相配套的设施也相对薄弱，这些问题对消费者的消费体验会产生很大影响。其次，在消费领域中不同的行业之间或是商业与基础设施之间尚未形成充分的衔接及融合，城市中的旅游景点、交通枢纽连接不畅，主要商业网点和商圈建设之间由于基础设施落后，相互脱节的现象较为严重。最后，5G网络、数据中心等新型基础设施建设还不完善，还缺少与新型消费相匹配的基础设施。在疫情期间，由于用网量激增，上网购物下单延迟、网课平台卡顿、偏远地区学生漫山遍野"找"网络信号等事件频繁出现，严重影响了新型消费体验。

（三）有效供给不足

有效供给是与当前消费者的购买能力、购买需求和消费结构相适应的商品供给。目前吉林省居民消费正处于消费升级阶段，尤其是疫情暴发以来，海外消费大量回流，高质量商品需求明显提升，然而，吉林省在广大消费者需要的享受型或者改善型的服务及商品方面，尚未形成充足的有效供给。吉林省消费市场有效供给不足主要表现在以下几个方面：一是技术含量低、粗制滥造和商品附加值低的产品仍在市场中占主导地位；二是技术含量较高的

产品销售价格极高,超出了消费者现有的消费能力;三是高质量品牌产品较少,能满足百姓高品质要求的自有品牌商品还十分稀缺。

四 对策建议

(一)增加居民收入和保障

居民的收入和生活保障是影响居民消费的主要因素,让居民人均可支配收入持续增长对消费增长有促进作用。一是拓宽居民增收渠道。大力改善创业环境,提供物流、能源、交通等硬件设施条件,建设信息交流平台,充分利用减税降费、金融支持等经济杠杆鼓励更多人投入创业之中,激发大众创业热情;构建新型金融管理与服务体系,创新适宜普通群众的金融产品,拓展居民财富增长的渠道。二是保证就业政策的有效实施。在目前和未来较长时间里,需要大力抓好稳就业的工作,为此,需要确保企业有着更好的发展预期,通过稳定的就业来保证稳定的收入,从而实现稳定的消费释放。省内各级政府部门可通过各类有效的措施来扶持受到疫情较大影响的地区,尤其侧重于中小型企业以及服务行业,主要的措施如担保费用、租金及税费等的减免,减少用地成本、提高企业稳岗补助等,使疫情所导致的短期成本压力得以减轻,使企业的发展预期更加稳定。三是进一步推动社保制度的深化改革,完善公共服务体系。继续改善户籍管理体系,将外来人口纳入所在地进行户籍管理,从而使其可以和当地民众享有同样的社会保险及医疗保险待遇。继续加大在医疗卫生和教育等方面的政府投资力度,尤其是对投资的方式进行创新,积极尝试新的投资形式,如民办公助、公建民营或是产业引导基金等,使各类社会资金被有效利用,使其积极参与到文化、体育、养老、医疗卫生以及教育等领域的建设中,从而让公共服务体系更加完善。

(二)完善基础设施建设

为了适应消费新趋势,全省应全力加快新型消费领域中的相关基础设施建设工作步伐。首先，应以需求及应用为导向，推动数据中心和5G网络等设施的建设工作，进一步加强农村商贸领域中的流通数字化，使全省的基础设施场景变得更加丰富，构建"智能+"消费系统，使吉林省的新型消费业态取得更好的实际发展效果，实现消费升级的目标。同时，这些措施必然会将"新基建"以及新型消费模式有效连接，使新基建发挥出重要的支撑作用。其次，注重完善商业设施布局，以长春为全省消费中心城市，以其他地级市为区域消费中心，进一步增强消费中心与周边城市、各县之间的联系，加快建设高水平城市公共交通体系。

（三）提高消费品供给质量

提高消费品供给质量，扩大消费品有效供给是提高全省消费水平的重要途径。首先，应进一步完善消费品质量管理及供给机制。使消费品标准基础得到夯实，同时将市场准入门槛相应提升。针对吉林省的重点消费品领域实际情况，制定出基础质量标准，从而为加强消费引导提供所需的政策指引；进一步推动标准实施以及政策措施的有效衔接，更好地提升消费品质量。其次，应继续加快消费品的质量品牌建设进程。营造品牌发展的良好环境，完善质量奖励制度，促进企业形成更加强烈的品牌意识。最后，使企业的活力得到充分激发，从而发挥企业质量主体作用。企业内部应该形成质量为先的企业文化，加强全员、全过程、全方位的质量管理，有效激发质量提升内生动力。支持企业积极应用新技术、新工艺、新材料。

（四）继续提升消费环境质量

消费环境质量直接影响民众的消费意愿，提升消费环境质量对促进消费至关重要。虽然吉林省消费环境已有所改善，但是涉及质量、安全、价格、虚假宣传、售后服务问题的投诉率居高不下，所以还需继续提升消费环境质量。一是各级部门需要进一步强化监管工作。需要高度关注消费者所反映的各类问题，做好消费维权方面的有效监督管理，对于侵害消费者权益的各种不法行为要严格查处，切实规范经营者的各项经营行为，持续提升监督及执

法的力度，使消费者的满意度得到明显提升。二是使消费者形成更强烈的维权意识。积极建设法治化宣传平台，督促企业将产品相关信息真实地披露出来。拓宽消费者的维权渠道，构建全面合理的公益诉讼和集体诉讼制度，通过建设各类消费者权益保护平台来使消费者的维权成本显著降低。进行应急预案的制定及机制建设，通过"靠前服务"来促进工作效率的提升。三是鼓励社会各界发挥监督作用。提升消费环境是全省社会各界共同的事业，需要凝聚社会各界的力量，推动全社会协同共治。通过新闻媒体客观、准确地报道销售服务行业出现的各种问题，及时揭露侵害消费者权益的事件；鼓励社会各界履行社会监督职责，勇于揭露行业"潜规则"、挑战行业垄断等违法行为，同时为改善消费环境建言献策。四是完善消费领域的信用体系，督促相关企业进一步优化其售后以及售前的各项服务，加强诚信建设，使其能够兑现售前承诺。鼓励第三方机构对企业开展信用评级，加强消费领域信用信息采集，对失信违法企业给予行业通报、惩罚性赔款处罚，提高企业违约违法成本，引导企业诚信经营。

参考文献

[1] 余茂军、窦瑾、张淑娟：《消费新趋势中安徽的机遇、挑战与对策》，《当代经济》2019年第3期。

[2] 李美莲、黄凯：《新冠疫情下广西消费经济的"危"与"机"》，《市场论坛》2020年第3期。

[3] 关利欣：《新冠肺炎疫情后中国消费发展趋势及对策》，《消费经济》2020年第3期。

[4] 李志萌、盛方富：《新冠肺炎疫情对我国产业与消费的影响及应对》，《江西社会科学》2020年第3期。

B.9
吉林省黑土地资源开发与保护研究

丁 冬*

摘　要： 近年来，黑土地的开发与保护逐渐成为吉林省广泛关注的焦点。特别是在全国"两会"和东北地方"两会"上，越来越多的代表提出的意见与黑土地相关，并呼吁要重视黑土地的保护。黑土地是国家重要的战略资源，吉林省黑土区是我国重要的商品粮基地，提高以黑土地为基础的资源集合和生产加工能力，对保障国家和吉林省地区粮食安全与生态安全等具有重要的意义。

关键词： 吉林省　黑土地　土地资源　资源保护

黑土地历经上万年积累而成，土壤肥沃适宜农耕。我国东北地区是世界三大黑土区之一，是"黄金玉米带""大豆之乡"，黑土高产丰产，同时也面临着土地肥力透支的问题。2020年7月22日，习近平总书记在吉林省考察时指出，要采取有效措施，切实把黑土地这个"耕地中的大熊猫"保护好、利用好，使之永远造福人民。

一　吉林省黑土地资源开发与保护现状

吉林省位于东北黑土地核心区域，是我国主要的商品粮基地之一，享有

---

* 丁冬，吉林省社会科学院农村发展研究所助理研究员，工学博士，研究方向："三农"问题与农村发展。

"黑土地之乡"的美誉。吉林省的黑土地占全国黑土区耕地面积的24.82%，近年来其开发与保护都取得了一定的成效。

（一）黑土地开发较晚，土壤有机质含量较丰富

吉林省共有耕地面积703万公顷，中部地区有大片的黑土地，肥力好、土层厚，全省黑土区耕地面积达460万公顷，占全省耕地面积的65.4%，占东北黑土区耕地总面积的24.82%，为发展有机农业、高效农业提供了优质的自然条件。吉林省的黑土地开发较晚，初垦时黑土层在80~100厘米，土壤表层深厚，有机质含量较高。根据吉林省第三次土壤调查数据，吉林省的土壤资源比较丰富，其中暗棕壤面积约占41.4%，黑钙土约占13.34%，白浆土约占10.5%。黑土资源主要分为3个亚类，即黑土亚类、白浆化黑土亚类与草甸黑土亚类，其中黑土亚类约占吉林省黑土总面积的90%。吉林省黑土面积占全国黑土覆盖总面积的15%，这些土壤的有机质含量较高，非常有益于农作物的生长。因而，吉林省的土壤盛产优质的玉米、水稻等粮食作物，为发展生态农业、高效农业提供了良好的条件与人地关系。此外，吉林省农业用地面积为1640万公顷，其中林地面积为937.6万公顷、灌木林地面积为16万公顷。由此可见，较好的自然环境和人地关系为现代农业发展提供了广阔的空间。

（二）研发先进耕作技术，逐渐重视保护性耕作对耕地质量的影响

实施保护性耕作可以有效保护土壤，对土壤质量产生可持续的积极影响。特别是21世纪之后，吉林省推广玉米根茬粉碎还田面积每年达到90%以上。吉林省农委试验了玉米大垄双行保护性耕作技术，在中部地区多个粮食生产大县首先采用了该技术，黑土地质量获得了重大改善。目前，吉林省较为典型的保护性耕作模式是地处松辽平原腹地的梨树县耕作模式，该地区耕地面积26.4万公顷，其土壤以黑土、黑钙土为主。自2007年到2020年间，梨树县通过农业技术推广以及借鉴美国、加拿大等先进地区的免耕栽培

等技术，研发出了符合国情、省情的玉米秸秆覆盖全程机械化先进耕作技术。该耕作技术旨在增强黑土地土壤肥力和抗旱能力，通过减少土壤耕作，并用作物秸秆覆盖地表，减少土壤风蚀、水蚀，最终建立秸秆覆盖、播种、施肥、除草、防病及收获全程机械化技术体系。以此模式为基础，吉林省越来越重视保护性耕作对耕地质量的影响，正在以玉米秸秆全覆盖为核心，通过保护性耕作技术试验示范全面推广该项技术体系。

（三）出台一系列政策，营造黑土地资源保护氛围

为保护黑土地资源，防止黑土地数量与质量下降，吉林省于2018年3月在第十三届人民代表大会常务委员会第二次会议上，通过了《吉林省黑土地保护条例》，条例规定每年6月25日为吉林省黑土地保护日，于2018年7月1日起施行。该条例成为我国首部黑土地保护地方性法规。在数量保护层面，吉林省制定的黑土地保护政策主要包括土地利用总体规划制度，该制度限制了建设项目对黑土地资源造成的数量减少；在质量保护层面，政府制定了耕地保护制度，该制度明确了"耕地占补平衡"的原则是数量与质量相当。这些制度与法规规定了地区政府和相关组织、个人在耕地开发与保护过程中的责任和义务，对吉林省黑土地的开发与质量保护起到了重要的促进作用。从政策目标来看，吉林省近年来颁布实施的政策中，以专门保护黑土地为主的条例与规范主要包括《吉林省耕地质量保护条例》《2014年中部粮食主产区黑土地保护治理工程试点方案》《黑土耕地土壤肥力评价技术规范》等。此外，吉林省成立了我国第一家"黑土地保护与利用院士工作站"，并连续举办了五届"梨树黑土地论坛"，营造了较好的黑土地资源保护氛围。

二 吉林省黑土地资源现存的问题

尽管近年来吉林省对黑土地的保护力度不断加大，但是吉林省黑土地貌类型较复杂，土壤垂直分布明显，长期以来形成了以牺牲环境与资源为代价的经济发展方式。一些地区的农业生产依然以粗放型农业为主，存在比较严

重的土地使用不合理现象，使得生态系统难以获得可持续的良性循环。黑土地资源的输出量远远超过了输入量，使曾经肥得流油的黑土逐渐面临面积减小以及失去肥力等困境。

（一）过度开垦使生态资源承载能力逐渐弱化

生态资源的承载能力是有限的，并不会随着人类对其需求的增长而同步提高。一旦草地、土壤、湖泊等资源达到了承载能力上限，就破坏了生态农业赖以发展的基础条件，导致难以可持续发展。近年来，虽然吉林省生态农业发展取得了一定进步，呈现出新时期的活力，但是由于市场比较离散，加上新冠肺炎疫情、经济下行压力、中美贸易摩擦的长期性等因素，以及过度开垦、乱砍滥伐、过量使用化肥等，吉林省土壤出现酸化、次生盐渍化等污染问题，在一定程度上打破了生态环境原有的平衡。

根据《东北黑土地保护规划纲要（2017~2030年）》，近60年来，东北黑土地耕作层土壤有机质含量平均下降了33.3%，部分地区下降近50%，黑土地存在一定的地力退化现象。吉林省由于四季温差较大，冻融交替现象普遍，长此以往黑土地的土体易变疏松，降低其抗蚀、抗冲的能力，"冻融作用"易造成水土流失。特别是在吉林省东南部的暗棕壤区，风蚀、水蚀作用强烈，水土流失现象更为严重，使吉林省的资源禀赋问题逐渐显现。若不科学保护，可能会导致生态系统的迅速退化，土地生产潜力下降。此外，吉林省松原、四平周边地区出现土地资源退化、盐渍化、水土流失，已成为制约黑土区农业可持续发展的主要因素。因此，转变农业发展方式、大力发展生态农业成为吉林省保护黑土地的迫切需要。

（二）耕作与施肥方式不科学使土壤肥力下降

从1980年开始，吉林省大型农机具田间作业面积不断减小，而小型农机具的田间作业次数、面积大幅增加。比较典型的是玉米种植从整地、播种、中耕到秋收的过程中，对土壤的压实作用大大强于畜力或大型拖拉机作业。这种耕作方式的变化在一定程度上破坏了土壤剖面构型、降低了土壤孔隙度，耕层土壤物理性质也发生了质的变化。受翻耕、旋耕等传统耕作方式的影响，吉林省的黑土地长期裸露，风蚀、水蚀加剧，土壤结构出现退化现象，对黑土地可持续利用与发展、保障粮食安全、生态环境安全等形成严峻挑战。

此外，过量施肥加剧耕地质量退化。根据吉林省农科院的黑土地有机质定位监测数据，吉林省黑土耕层的有机质正在以每年约0.1%的数量在降低。由于农户以及涉农企业想大幅度提高作物产量，施肥量最大时可达到每公顷1100公斤，不仅造成大量的浪费，导致土壤的多种元素互相拮抗，对作物吸收起到较大的负面影响。还容易导致土壤板结、土壤环境污染，耕地大量元素流失，耕地质量下降。经调研可知，吉林省每年土壤流失量超过1.0亿立方米，土壤中N、P、K等元素的大量流失，使得黑土地肥力下降，不利于黑土地资源可持续发展。

（三）黑土地保护政策存在"碎片化"问题

虽然目前吉林省出台了一定的黑土地保护相关政策，但是这些政策相对零散，职能部门内部之间业务分割、关联性不强，部分政策目标与内容矛盾等"碎片化"问题，对黑土地保护相关政策整体功能优化与协调政策关系具有负面影响。吉林省对黑土地保护的一些政策并未完全集中于黑土地的保护，大多只是侧重于黑土地资源中的某一部分。吉林省制定的土地管理政策更加侧重于土地数量方面的保护措施，农业法更侧重于规定农用地方面的保护措施。此外，一些土地资源保护政策中的黑土地资源相关政策与其他政策相对独立，未从根本上进行统一，使得目前的政策内容相对"碎片化"，致使政府的整体政策目标缺乏相互协调、沟通与合作，尚未形成完整的体系，难以促进保护政策顺利实施与推广。

（四）农户保护黑土地的主体作用发挥不够

吉林省现行的黑土地保护政策内容中，对各级职能部门规定的责任比较明确，但对土地的主要使用者——农户的相关保护责任却规定得较宽泛，政策示

范性、引导性不足，对农户在黑土地资源保护过程中应获得的权利也没有明确规定，不利于调动农户在黑土地保护方面的主动性，难以发挥其主体作用。此外，受自身文化素质以及利己主义等影响，一些农户为了短期利益，注重粮食产量的数量效益，在种植与生产的过程中，仍然过度施肥、使用大量农药等促进短期增产增收，导致黑土地土壤肥力降低。为了追求耕地面积的增加，一些农户甚至违规开垦林地、草地，使得黑土地水土流失、土壤沙化。这部分农户尚未意识到黑土地资源保护的重要性，在种植与生产过程中接受有利于黑土地资源保护先进技术的意愿不足，一部分农户仍然采用相对粗放的耕作模式，也无法发挥其责任与主体作用，使得黑土地保护在执行中存在一定的难度。

（五）耕地生态补偿与基础设施投入不足

目前，吉林省宏观经济环境趋紧，经济下行压力加大，导致地方环保投入减弱，经济发展与环境保护的矛盾比较突出。政府的政策支持是生态农业发展的基本保障，特别是耕地生态补偿相关政策的制定与实施。目前，吉林省的耕地生态补偿体系尚未建立，补偿制度中也未明确针对耕地的量与质方面提出具体要求，现有的补偿政策大多还是针对传统农产品等的补贴，缺少具有针对性的人力资源、物力资源等方面的补偿与保障政策。此外，吉林省黑土地的资源开发与保护缺乏投资，尤其是政府的主导性投入不足，加上社会投资渠道单一，使开发资金相对不足，外部环境不宽松。黑土地保护相关的基础设施建设具有投资量大、建设周期长、回收慢的特点，需要政府资金的大力支持。如果基础设施投入不足，耕地保障措施与相关生态农业园区没有得到足够力度的深层次开发，区域项目建设不完善造成了资源的低级粗放型开发，令进一步推进环境治理和质量改善任务艰巨，在一定程度上制约了黑土地资源的长远发展。

三 加强吉林省黑土地资源开发与保护的对策

针对吉林省黑土地资源开发与保护中面临的多种问题，本文提出了以下对策，旨在加强黑土地资源的保护，促进黑土地资源的可持续发展。

(一)借鉴"梨树模式",全面推行保护性耕作制度

2020年,习近平总书记在梨树县国家绿色玉米生产基地考察,肯定了"梨树模式"的好经验,并与农业专家充分交流粮食生产等问题。吉林松辽平原素有"黄金玉米带"的美誉,是国家粮食主产区之一。四平市梨树县不断探索实施玉米秸秆还田覆盖技术,在田间的主要生产环节中降低耕作次数,实现全面机械化栽培。并研制以畜禽粪便和秸秆为原料的生物有机肥和育苗基质,通过有机肥活化土壤,促进水分吸收。从节约成本角度看,该模式实施中秸秆不用焚烧,通过机械化作业1公顷可以节约900元;从产量增加角度看,与普通种植方式相比,一般年份可增产8%左右。此外,该模式能够增加土壤有机质,还可以预防风蚀、水蚀等,是一种保护利用黑土地的绿色种植技术,促进了农业与科技的融合,实现了"藏粮于地、藏粮于技",被称作"梨树模式"。

吉林省应充分借鉴该模式经验,并鼓励和引导农民全面推行保护性耕作制度。同时,吉林省农业科研院所和高校也积极加入黑土地保护的行列中,研制出一种秸秆的低温发酵技术,实现肥料化。通过保护性耕作技术和保护性耕作装备的推广应用,在数量与质量上对黑土地都起到保护作用,为地区以及国家的粮食安全做出更大的贡献。秸秆还田后不但能节省20%的化肥使用量,而且土壤更加肥沃、有机质含量更加丰富,农作物的长势也将变得更好。

(二)保护耕作层,推进建设占用耕地耕作层土壤剥离再利用

土壤中蕴含大量生物种子,是生物多样性种子库。而耕作层是黑土地的精华,也是农业生产的物质基础、粮食的生产之本。长期以来,耕地被占用后,人们将耕作层土壤当土料用甚至废弃,造成了很大的浪费。而黑土耕作层土壤剥离技术通过表土剥离(异地)保护,将耕地耕作层再利用,将建设所占土地约30厘米厚的表土搬运到固定场地存储,然后搬运到废弃土地上完成造地复垦,旨在保护耕作层、修复地力,同时保护生物多样性,抢救

生物基因库。剥离出的表土也不仅仅限于整治耕地复垦等土地，也可以用于土壤改良、绿化、育苗基质等方面。此外，应对表土堆放场加强管理，加强保肥培肥处理。在对被剥离的表土进行再利用前，应对表土堆放场的表土表面进行培肥管理，种植有机作物植物，并定期浇水，防止表土的干旱、风化。同时，加强表土回填后的地块管理。由于覆土后的新表土层土壤结构比较脆弱，要加强对回填后的地块进行保水保肥管理，及时加以利用，避免抛荒闲置，使剥离再利用后的表土尽快恢复至或高于整治前的生产力水平，以此促进黑土地的可持续利用。

（三）建立黑土地资源保护长效机制，调动农户生态补偿行为的积极性

建立吉林省黑土地资源保护长效机制，首先将黑土地保护纳入新型农村综合配套改革中，在黑土区选取试点区域，充分发挥市场作用，并鼓励吉林省黑土耕地的规模化、集约化经营；其次，加大实施黑土地保护政策的财政扶持力度，并全面扩大扶持的覆盖面、提高补贴标准，让农户真正分享由黑土地保护措施与制度带来的"红利"，以此充分提高农户对黑土地资源保护的主观能动性；最后，深入开展黑土地开发与保护的宣传与趣味培训活动，明确农户在黑土地开发与保护过程中的主体责任。农户作为黑土地资源的使用主体，承担了黑土地保护的生产责任与生活责任。从生产角度来看，其生产责任主要是采用深耕深翻等生产技术、利用有机肥料替代化学肥料等促进黑土地保护的生产措施；从生活角度来看，农户承担的黑土地保护责任主要包括日常活动对黑土地的影响，以及生活垃圾的合理处理。通过黑土地资源保护长效机制，在政府激励政策的引导下，农户由生态补偿主体身份转变为生态补偿客体身份，由黑土地资源的破坏者向保护者身份转换，调动农户参与黑土地保护的积极性，阻止破坏耕地环境的行为，为黑土地可持续利用保驾护航。

（四）加强生态农业的政策扶持，促进黑土资源的立法保护

政府作为政策的供给主体，应发挥对生态农业发展的政策引导与保障作

用，结合吉林省地区特色因地制宜地培育与监督市场，为黑土资源的可持续利用指明方向。首先，生态农业政策的制定应重视黑土资源的开发与保护，通过地方财政补贴、减免税收、占补平衡、污染治理等方面的生态政策，加强黑土资源的政策扶持，并调动企业和农户发展生态农业的主观能动性；其次，政府应鼓励合适的农场、农业合作组织以及涉农企业向生态农业方向转型，为其提供技术支持和管理经验等的政策供给，促进其适应现代农业市场需求，并通过典型示范的辐射带动作用，逐步推广至更多地区，为黑土地开发与保护提供条件；最后，综合考虑吉林省自然、资源、经济、社会等各个方面综合利益，健全法律体系与标准，促进黑土资源的立法保护。建立健全生态农业补贴条例、相关保险条例等与黑土资源开发与保护相关的法律法规，规范生态农业生产活动及销售过程中的法律保护标准，在经济、风险、利益上促进黑土地保护的立法有效。

（五）黑土地保护与信息化综合平台相结合，推广新型经营模式

"互联网+生态农业"是在物联网、大数据、人工智能等现代信息技术背景下，促进智慧农业与生态农业发展融合的新路径之一。该路径通过人工智能、新型5G网络等现代信息技术，建立农业信息化综合服务平台，以期扩大生态农产品的营销范围、提高营销效率、拓宽农民增收渠道。通过该模式，将黑土地保护同现代农业、智慧农业的发展相结合。首先，要加强吉林省农村互联网基础设施建设，提高网络服务水平。并根据生态农业发展的实际需要，健全物流配送、信息化交通等基础设施，在生态农业区域内建立物流中转站，促进生态农产品的运输通畅。其次，以生态农业信息化综合服务平台为信息交流纽带，充分利用大数据、人工智能、农业物联网等技术，共享与探析吉林省市场供给与需求的准确信息，实现生态农业信息的共享与合理配置，借鉴"可视化家庭农场"经验，解决农业市场上供求信息不对称的问题。最后，吉林省涉农企业可以通过新型销售渠道与经营模式，结合地区生态农业产业链金融等新型产业，推动现有产业转型升级、培育新的经济增长点。例如，通过"绿色农业+可视农业+田间档案+质量追溯"的经

营模式，或者种养结合、绿色循环农业的经营模式，促进企业、农业专业合作组织以及农场不断提高食品安全性，从而间接提升黑土地的安全指数，以新型生态农产品网络营销模式促进和创新管理，降低中间环节、减少流通成本、提高发展效率。

参考文献

［1］王艳丽、范世涛、张强、姜镐国：《吉林省黑土地资源开发利用现状及保护对策》，《吉林农业大学学报》2010年第12期。

［2］周宏春：《新时代东北振兴的绿色发展路径探讨》，《经济纵横》2018年第9期。

［3］韩晓增、李娜：《中国东北黑土地研究进展与展望》，《地理科学》2018年第7期。

［4］王文刚：《乡村振兴战略背景下东北黑土地保护与农民内生动力融合路径探究》，《通化师范学院学报》2020年第1期。

［5］王超、王守臣：《黑土地保护法治化研究——以吉林省黑土地保护实践为例》，《农业经济问题》2018年第10期。

［6］李然嫣、陈印军：《东北典型黑土区农户耕地保护利用行为研究——基于黑龙江省绥化市农户调查的实证分析》，《农业技术经济》2017年第11期。

［7］陆萍、李丽莉：《现代循环农业发展的关键影响因素分析——基于不同类型农户采纳循环农业技术的视角》，《农村经济》2018年第12期。

民生保障篇
Livelihood Security

B.10
吉林省保障国家粮食生产安全对策研究

于 凡*

摘 要： 吉林省作为国家重要的粮食主产区和主要的粮食调出省份，在稳定粮食产量、保障我国重要农产品的有效供给、落实国家粮食安全战略、构建国家粮食安全保障体系等方面都具有重要作用和责任。但同时也面临农业劳动力和基层农业技术力量弱化，粮食生产低效益与种粮成本不断上升，粮食生产的资源环境制约加剧，自然灾害、公共卫生等突发事件的制约，以及国际形势变化的长期风险等问题。应对农业农村现代化进程中的粮食安全问题，应转变粮食安全观，建立粮食安全可持续发展

---

* 于凡，吉林省社会科学院农村发展研究所助理研究员，管理学博士，研究方向：农业经济理论与政策。

体系；完善粮食安全支持政策，加强基础设施装备建设；发展现代高效农业，通过科技创新提高粮食综合发展能力；培育新型农业经营主体，发展粮食生产经营新业态；加强粮食安全宏观调控能力，提升粮食国际市场调节能力。

关键词： 粮食生产　粮食种植结构　粮食安全

粮食是人类生存发展的基础，社会稳定的基石。粮食安全问题不仅关系国计民生和社会政治稳定，也关系到国家经济发展战略、国家安全战略和国际粮食产业竞争战略等重要问题。习近平总书记在2020年7月视察吉林时指出，吉林要把保障粮食安全放在突出位置，毫不放松抓好粮食生产。吉林省作为国家重要的粮食主产区和主要的粮食调出省份，对于稳定粮食产量，保障我国重要农产品的有效供给，落实国家粮食安全战略，构建国家粮食安全保障体系，应对农业农村现代化进程中的粮食安全问题等都具有重要作用和责任。

一　吉林省粮食安全现状与形势

（一）粮食生产现状

1. 粮食种植规模与结构

吉林省地处松辽平原腹地，耕地资源丰富。作为我国重要的粮食主产区，吉林省粮食作物播种面积占农作物播种面积比重一直处于较高水平，近年来稳定在90%左右（见图1），整体看高于同期全国平均水平20个百分点左右。2019年吉林省全年粮食种植面积564.50万公顷，比上年增加4.50万公顷。种植结构上仍然以玉米为主，2019年吉林省玉米种植面积

421.96万公顷，占粮食种植面积的比重为74.75%；其次为稻谷，种植面积84.04万公顷，占比为14.89%；豆类种植面积40.38万公顷，占比为7.15%。

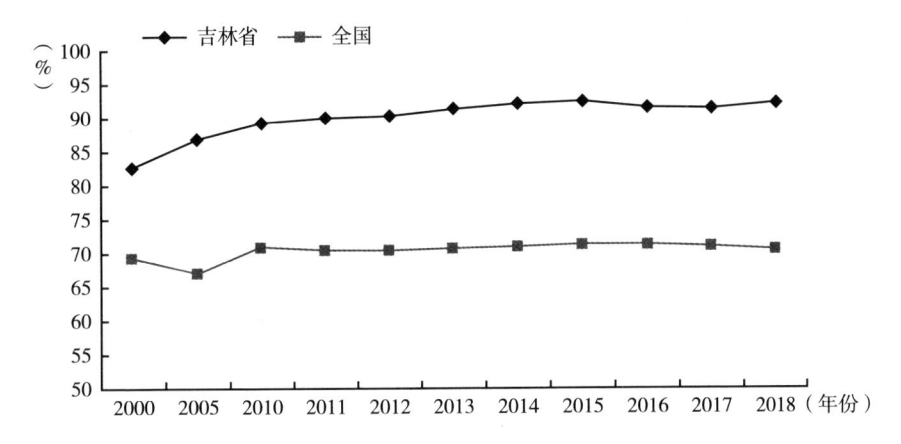

图1 2000~2018年吉林省与全国粮食作物播种面积占农作物播种面积比例情况

资料来源：历年《中国统计年鉴》《吉林统计年鉴》。

吉林省粮食种植以水稻、玉米和大豆为主，其中玉米的种植面积最大。吉林省是世界三大"黄金玉米带"之一，玉米是最主要的粮食作物。就农业生产条件而论，吉林省水稻、玉米、大豆都具备种植优势。从三大作物播种面积看（见图2），吉林省粮食作物播种面积以玉米为主，且持续稳定增长，远远领先于水稻和大豆；水稻播种面积在较稳定状态中略有提高；大豆播种面积较小且连年递减。近几年受粮食种植结构调整政策影响，玉米种植面积略有下降，大豆种植面积稍有增长，但都不明显。

2. 粮食产量与产出水平

2019年吉林省全年粮食总产量3878万吨，较上年增产6.7%，净增量居全国第1位，占全国总增量的41.26%。

2019年吉林省玉米种植面积421.96万公顷，较上年减少1.19万公顷（见图3），占同期全省粮食作物播种面积的74.75%。吉林省玉米种植面积

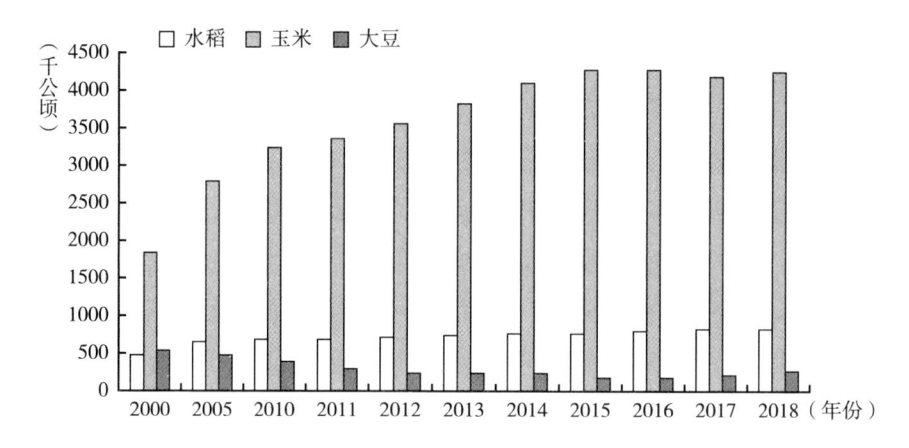

图 2　2000～2018年吉林省水稻、玉米、大豆播种面积

资料来源：历年《吉林统计年鉴》。

在经历了逐年递增的阶段后，"十三五"期间维持较为稳定的规模水平。2019年吉林省玉米产量3045.30万吨，增产8.8%；单产7217.02公斤/公顷，增长9.1%。玉米产量和单产伴随播种面积的增长呈现连年增长态势后，在"十三五"期间保持稳定的产出水平。

图 3　2000～2019年吉林省玉米播种面积与产量

资料来源：历年《吉林统计年鉴》；《吉林省2019年国民经济和社会发展统计公报》。

2019年吉林省水稻播种面积为84.04万公顷，较上年增加0.07万公顷（见图4），占同期全省粮食作物播种面积的14.95%。产量和单产由波动中增长态势转为平缓增长，"十三五"以来在现有水平保持稳定，2019年水稻产量657.17万吨，增产1.7%，单产7819.82公斤/公顷，增长1.6%。

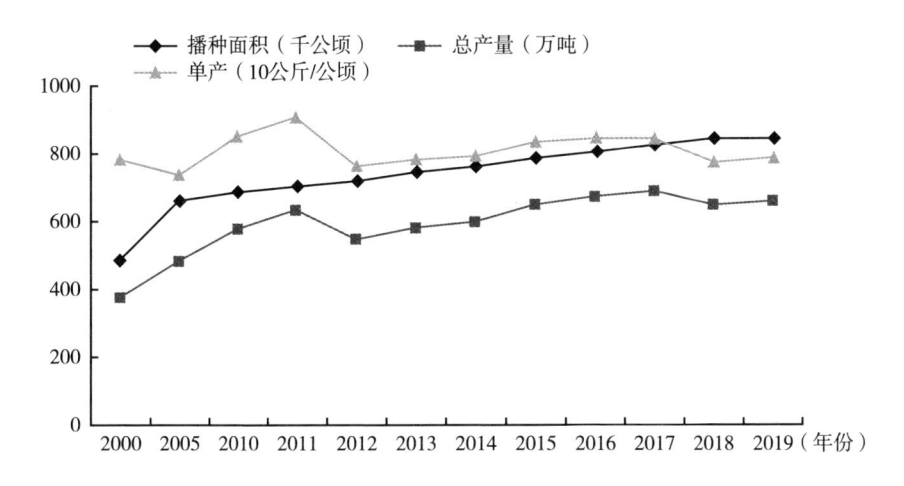

图4 2000~2019年吉林省水稻播种面积与产量

资料来源：历年《吉林统计年鉴》；《吉林省2019年国民经济和社会发展统计公报》。

吉林省大豆播种面积和产量表现为与玉米和水稻明显不同的发展趋势（见图5）。经历多年的逐年递减后，"十三五"以来，吉林省大豆播种面积和产量在粮食种植结构调整政策影响下有所恢复。

（二）农业灾害情况

吉林省农业灾害主要包括台风、旱灾、洪涝灾、风雹灾等，农业灾害的特征总体上表现为影响范围广，对粮食生产的削弱力较强。近年来农作物受灾面积的统计数据显示，吉林省遭遇过几次较为严重的农业灾害（见图6），有些年份受灾面积较大。其中最为严重时受灾面积295.8万公顷，受灾强度高达58.74%，农业直接经济损失3.5亿元。从各类农业灾害造成的受灾面积看，旱灾的破坏性最为严重，近年来危害程度在一定程度上得到控制。目

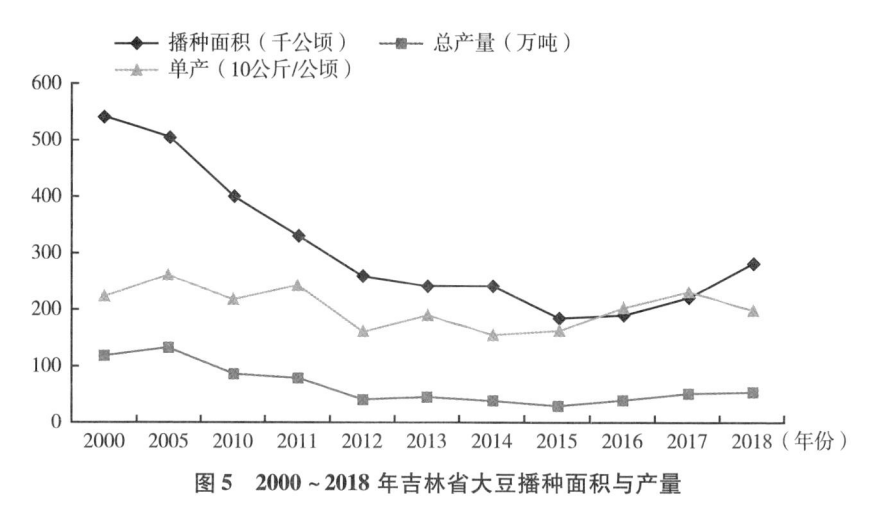

图 5　2000~2018年吉林省大豆播种面积与产量

资料来源：历年《吉林统计年鉴》。

前，台风灾害对吉林省粮食生产影响较为严重，台风侵袭造成的玉米大面积倒伏，成为影响吉林省农业生产和粮食安全的头等灾害。

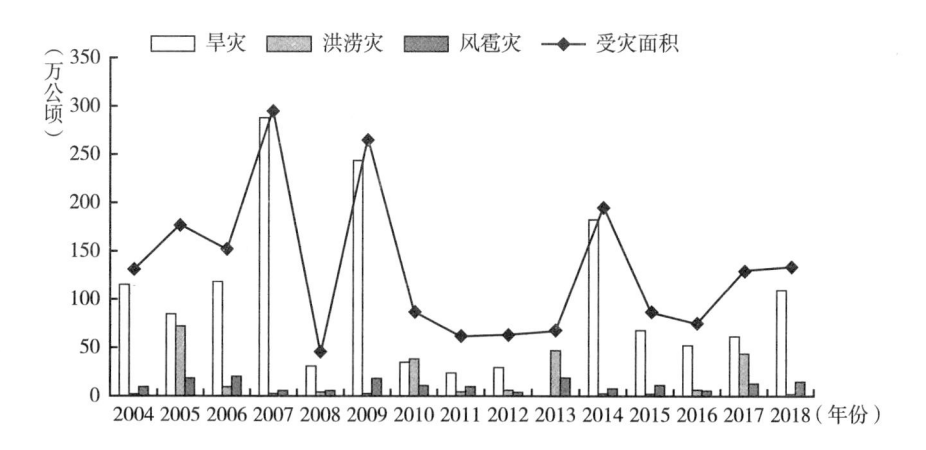

图 6　2004~2018年吉林省各类农业灾害受灾面积

资料来源：历年《吉林统计年鉴》。

（三）化肥施用情况

作为我国重要的粮食主产区和商品粮基地，吉林省要保证本省和国家粮食安全刚性需求，农用化肥的投入施用总量较大（见图7）。吉林省农用化肥施用量逐年增长，"十三五"以来，农用化肥施用总量逐渐在每年440万吨的水平保持稳定，从化肥施用上看，氮肥施用量下降，同时复合肥施用比例相应增加。吉林省粮食作物种植以玉米为主，而玉米对于氮肥的需要量较高，因此吉林省在以玉米为第一作物的农业生产中氮肥投入量明显多于钾肥和磷肥。此前吉林省农用化肥施用量氮肥大于复合肥，之后复合肥施用量在逐年上涨中超过氮肥。吉林省由于化肥施用量比较高，长春市、四平市等区域的氮地下淋溶流失量与流失强度也比较高，形成的农业面源污染及地下水污染等一系列问题较为严重。

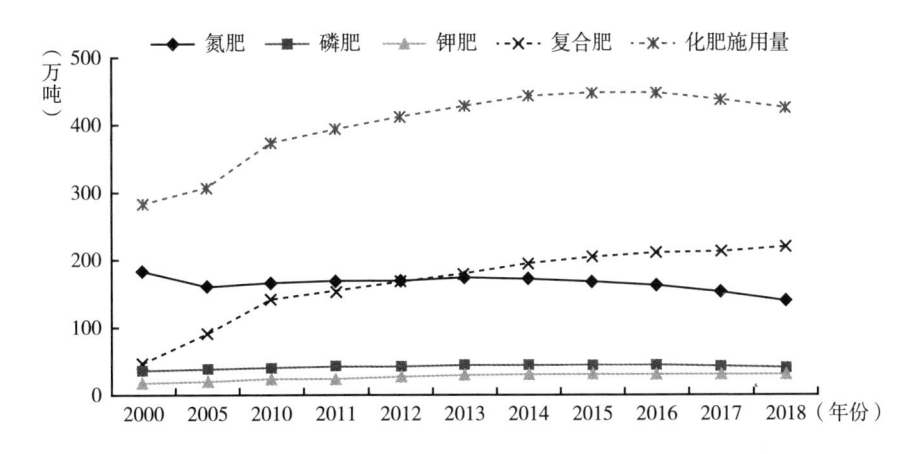

图7 2000~2018年吉林省农用化肥施用量

资料来源：历年《吉林统计年鉴》。

二 吉林省保障国家粮食安全面临的问题

（一）农业劳动力和基层农业技术力量不足

目前，农业劳动力和基层农业技术力量不足，科技人才与劳动力使用效率较低，而且实用人才仍然缺乏，主要表现为农业劳动力萎缩和农业人口结构失衡。农业劳动力萎缩主要集中在城乡统筹发展过程中，城市化和工业化进程加快、城镇一体化进程不断加深，农业劳动力向非农领域转移，大量劳动力不断涌入城市务工，相对于非农产业，传统农业对农民尤其是青年农民的吸引力已经大不如前，造成农村劳动力的缩减。而人口结构失衡主要是老龄化比较严重，新生代农民的比例不高。从规模农户相对于一般农户年龄构成看（见表1），大部分农村留守人员为老人、儿童，其对于农业种植的水平属于经验性种植，无法进行系统的科学种植，受自身年龄和种植规模所限，也缺乏科学种植的主观愿望。

表1 吉林省农业生产经营人员和规模农业经营户年龄构成

	35岁及以下 数量（人）	35岁及以下 比重（%）	36~54岁 数量（人）	36~54岁 比重（%）	55岁及以上 数量（人）	55岁及以上 比重（%）
农业生产经营人员	1232903	19.91	3081537	49.77	1876505	30.31
规模农业经营户	99759	24.70	237342	58.77	66735	16.53

资料来源：吉林省第三次全国农业普查主要数据公报。

目前有大部分乡镇开启了农业技术咨询点，但由于在编的农业技术人员总量尚未达到"一人一村"或"一人一镇"的扶持标准，而现有的从事农业技术推广与服务技术人员水平参差不齐，存在相当数量的非专业人员，而且对非专业人员的农业技术水平很少进行考量，对非专业人员缺少系统化教育培训，专业技术人员青黄不接，出现了较为严重的断层现象；在经费方面，由于农技推广办公经费和专项经费普遍较为紧张，直接增大了农技推广人员普及推广新产品、新技术的难度，其工作的主动性和积极性严重受挫。

（二）粮食生产低效益与种粮成本上升的双重压力

多年来粮食生产成本上升、农民种粮收益走低的双重压力一直存在，一定程度上侵蚀着农民种粮积极性。粮食生产成本上升主要源于劳动力成本上升、土地流转成本递增以及农资价格的逐年上涨等因素，粮食种植规模不足的同时，为数众多的分散小农户在保持和提高产量上依然依赖于过度投入农药化肥等传统生产方式，农业生产关系不适应农业生产力升级需求的矛盾依然存在，规模化生产和高效种植方式、绿色可持续发展模式等缺乏现实有效需求，依靠科技创新提高粮食增产增效潜能仍受抑制，粮食单位面积成本的增加超过净收益。随着种粮成本的持续上升和种粮净收益逐年下降，农户家庭经营即使不考虑自营地地租成本，种粮收益也低于水果、蔬菜等经济作物的种植收益，更低于进城务工收入。实践中虽然工商资本介入农业生产经营对土地规模经营产生一定推动作用，但由于流转成本递增和流转程序不尽规范，种粮比较效益偏低等，要从根本上改变种粮农户粗放经营、种粮比较收益下降趋势仍面临诸多现实问题。

（三）粮食生产的资源环境制约加剧

吉林省农业基础好，是世界三大黄金玉米带之一，农业现代化发展速度快，加速现代农业生产、产业、经营三大体系建设，但同时也产生了严峻的资源与生态环境问题，一是在快速的城镇化发展过程中，城镇化与耕地压力关系矛盾不断加深，城镇化使得耕地面积不断减少，现阶段农业的种植模式较为粗放，无法合理利用水、化肥、农药、农膜等资源；二是大量种植使得土壤中的元素含量不断下降，而污染物排放还在持续增长，尤其是化学需氧量、总磷、总氮、温室气体等给生态环境带来的压力不断加大，不利于可持续发展。近年来随着绿色发展理念的深入人心，农业生产中农药、化肥的过量使用已经得到了有效的抑制，在各个方面全面严格控制农业污染并对农业垃圾进行整治，但粗放的粮食生产模式使得粮食安全依旧存在很大的隐患，生产方式仍然会破坏生态资源，而且农药使用率高、利用率低，大部分农药都处于未被利用和分解的状态，直接进入土壤导致环境负荷增大，各类其他植被受到影响，加快了土壤营养流失而导致地力下降。使用地膜的地块无法做到及时、完全回收，大量的农用地膜由于不合理的使用和不完全、及时回收而成为污染源，对农田灌溉和土壤结构造成严重破坏。

（四）自然灾害、公共卫生等突发事件的严峻挑战

全球变暖，地质灾害不断发生，公共卫生事件突发等，使得粮食安全问

题进入大众视野,并再次挑战着我国的粮食生产。洪涝灾害、干旱、水土流失等灾害频发,使得农作物的自然生长变得较为艰难,2020年洪涝灾害导致6032.6千公顷农作物受灾,其中有1140.8千公顷面临绝产;2020年初,一场疫情席卷全球,对全球粮食生产与贸易产生了巨大的冲击,随着疫情的持续影响,农业出口国与农业进口国都做出了相应的防控决策,粮食市场的不稳定性加大,全球粮食市场不稳定预期有可能愈加恶化。而且印度、越南等地于2020年夏遭受了蝗灾,直接影响其粮食生产,进一步加深了国际粮食交易市场的不稳定性,粮食市场异动情况不断加深。

(五)国际形势变化的不利影响和风险长期存在

国际贸易的不确定性增加,直接影响了粮食价格,进一步加大了生产和贸易波动性,在2007~2008年度的粮食危机期间,多国限制向中国出口粮食,2020~2021年度,世界粮食供求安全系数进一步降低并突破粮食安全线,使得各大粮食进口国不得不担心粮食安全问题。中国的粮食生产成本自2008年以来上涨速度较快,主要粮食作物的生产成本不断上升,生产成本与收益呈现劣势,国内外的粮食价格倒挂现象日渐明显,国内粮食生产受国际进口冲击压力逐渐加大。粮食生产成本的飙升以及生产效益的阶段性降低使得粮食的进口规模不断加大,进口粮食价格低,进口粮入市从而迫使国内生产的粮食只能进入粮库作为库存,增加了粮食轮换难度。疫情蔓延冲击粮食贸易,削弱粮食可供性。粮食具有战略物资本质,现阶段粮食出口国考虑本国农业生产和粮食供应不足问题而减少出口,国际市场粮食可获得性下降的风险依然长期存在。

三 吉林省保障国家粮食安全的对策建议

(一)转变粮食安全观,保持粮食安全可持续发展

粮食安全概念既需要考虑眼前利益,也需要考虑长远利益,考虑当前和未来粮食安全的有机结合，在实现经济成果的同时考虑到社会未来发展的可持续性，促使从注重发展内容到注重发展能力的转变，保持发展潜力。一是构建保障粮食安全的供需双向调节机制，兼顾需求侧发力与供给侧改革，推动形成粮食价格的市场调节机制，深入推动建设以供给侧改革为基础的粮食有效供应结构，建设科学合理化的粮食供应结构；二是粮食安全的重点不仅在数量上，更在供给价格安全和粮农收入安全上，在中央政策与宏观调控的影响下，减少对粮食供给价格的控制，调整收购价格，统筹协调粮食价格以及各类农业补贴政策，增加农业粮食保险，完善收购、出售等价格形成机制，保障粮农的利益，建立农民利益补偿长效机制；三是粮食安全的重点由生产安全向流通安全和储备安全转变，国家粮库的储存粮与进口粮、新产粮的流通关系必须有一个合理的调控机制，加快建设推进粮食流通基础设施，健全整个市场粮食流通的监管机制，进一步提高粮食流通企业业务能力，促进企业构建粮食储备新理念；四是要将粮食安全的重点由耕地粮食向立体粮食转变，一二三产业衔接融合，拓宽粮食产业链、延长价值链，实现粮食生产经营的多元化发展。

（二）完善粮食安全支持政策，加强基础设施装备建设

完善粮食支持保护政策，调动各类主体种粮积极性。引导粮食生产资金流向农业基础设施装备、农业保险补贴、高效农业应用研发、土地休耕轮作补贴等"绿箱"支出，通过粮食补贴、减少利息、种植担保、资金投入等方式引导社会资本更加有效投向粮食生产。结合"互联网＋"、物联网等技术拓宽销售渠道，对农机购置补贴和涉粮固定资产投资等加大金融支持，巩固加强农业基础设施的长效投入机制。加强农田管理，在保障高产农田的基础设施建设投入的基础上，加快对中低产田的改造进程，加强农田水利基础设施建设，设立化肥、农药等利用的合理机制，增大地膜等污染物的回收效率，加快推进农业机械化，提高耕种收综合机械化水平。在减灾防灾方面，必须积极发展设施农业。合理调配水电路等基础农业设施，制定合理的发展规划，建设粮食主产功能区，针对减产、绝产等问题，合理调配资源，保护

粮农财产安全，加强推进粮食生产的规模化经营，加强推进粮食生产机械化全程作业，不断夯实粮食安全的物质设施基础。

（三）发展现代高效农业，以科技创新提高粮食综合发展能力

吉林省地处东北平原，土壤肥沃，土地平整，很适合大型农业机具作业，机械化是农业生产的重要物质基础以及农业现代化的重要标志，必须快速提高农业机械化水平，从而改善农业生产条件、提高农业劳动生产率、提高粮食产量。设计一套科学的有利于增产、适合当地的耕作方式以及种植模式，加大黑土地保护力度，提升耕地质量，持续改善农业生产条件，保持粮食生产的稳定性。同时应考虑吉林省土壤、水分、积温、经营规模等实际情况，创新完善和推广适宜的技术模式，增加秸秆覆盖还田比例，增强土壤蓄水保墒能力，提高土壤有机质含量，培肥地力；继续采取免耕少耕，减少土壤扰动，采用高性能免耕播种机械，确保播种质量，并且要根据土壤实际情况，适时进行深松。进一步优化粮食种植结构，推广适合吉林地区种植的粮食新品种，研究新型种植技术，选择市场优质品种，保障粮食产品的质量安全；推广高效农业生产技术，加强农田水利建设，在排涝与抗旱方面都应集中处理解决，发展一个合理的建设体系，推动粮食产业转型升级、提质增效。

（四）培育新型农业经营主体，发展粮食生产经营新业态

大力培育扶持新型职业农民，农民专业合作社、家庭农场等各类新型农业经营主体，在政策制度的扶持下，引导各类经营主体完善功能、健康发展。提高农村实用人才带头人的数量，加强其职业技能、生产经营能力和科技素质。分层次培育各类新型职业农民，分类别明确新型职业农民培育模式，强化新型职业农民培育激励机制；加大对家庭农场的行业指导，围绕主导产业加大扶持力度，培育出一批具有一定规模的示范农场，带动家庭农场普遍较快发展；规范发展农民专业合作社，有效保障农民在合作社中的主体地位，要提高农民合作社的合作层次，满足农民多方面的合作诉求。同时，

扶持发展粮食生产经营新业态、新模式、新功能。面向多样化的市场需求，粮食生产新业态、新模式的推动可与创意农业、循环农业、休闲农业等新型农业种植形态相结合，在生活、生态、示范、体验和科技创新等方面发展新功能，引导粮食生产经营的深加工、电商、园区建设，推动粮食生产经营的一二三产业融合互动。

（五）加强粮食安全宏观调控能力，提升粮食国际市场调节能力

加强粮食安全宏观调控能力，首先要在保证粮食安全的中长期战略目标的前提下，把握好粮食市场的短期战术，在遵循市场化改革方向的同时要重视农民利益的保障，依靠可预期的机制性粮食调控预案的建立，切实保证粮食等重要农产品有效供给，实现粮食市场波动可控、价格运行区间合理的调控目标。深入粮食收储制度改革，推进粮食安全预警管控体系建设，在保证政府粮食储备主导作用的前提下，推进粮食储备的多元化，完善粮食储备吞吐调节机制，推进粮食生产波动率、粮食储备量以及粮食价格波动率等指标预警体系的进一步完善；推进粮食加工的动态调整机制，合理有效控制粮食加工业生产规模水平，设置产能过剩警戒线，形成针对粮食加工过剩产能的退出机制，增加粮食加工政策与决策的透明度，提升政策预期引导功能。加强国际市场的粮食调节能力，通过提高国际粮源对国内需求的供应能力、提高国际农业合作的保障能力、完善粮食贸易水平等，促进国内外粮食生产与流通的协调与互补。以国际化视角对企业进行全产业链布局，提高粮食供应链管理能力。完善粮食贸易政策，加强国际市场主动性对接水平，加强农产品的国际预警能力，加强大宗粮食的流向、质量以及疫情的监控预警能力，减少来自国际粮食市场的冲击和不利影响。

参考文献

［1］黄季焜、杨军、仇焕广：《新时期国家粮食安全战略和政策的思考》，《农业经

济问题》2012年第3期，第4~8页。
[2] 唐华俊：《新形势下中国粮食自给战略》，《农业经济问题》2014年第2期，第4~10页。
[3] 姜长云、王一杰：《新中国成立70年来我国推进粮食安全的成就、经验与思考》，《农业经济问题》2019年第10期，第10~23页。
[4] 蒋和平、尧珏、蒋黎：《新时期我国粮食安全保障的发展思路与政策建议》，《经济学家》2020年第1期，第110~118页。
[5] 武拉平：《新时代粮食安全观的新特点与新思维》，《人民论坛》2019年第32期，第30~31页。

B.11 吉林省脱贫攻坚与乡村振兴衔接的对策研究

周含[*]

摘　要： 脱贫攻坚战即将于2020年结束，吉林省在扶贫行动中取得了良好的成绩。2020年之后，脱贫将从攻坚战转入持久战，并与乡村振兴政策相衔接。通过对扶贫对象和扶贫干部的问卷调查发现，吉林省脱贫地区已建立良好的农村基层基础工作机制，在发展绿色产业和完善民生保障方面大力推进，未来将着眼于发展农村文化和建立乡村振兴制度体系。目前，吉林省脱贫地区仍然面对扶贫对象缺少劳动能力、大病医疗仍然存在困难、扶贫企业即将面对市场竞争等压力。为纾解压力，要在脱贫攻坚结束后精准定位帮扶群体，加强农村卫生健康教育与服务，提升农产品战略储备地位，构建扶贫产业可持续发展机制。

关键词： 脱贫攻坚　乡村振兴　精准扶贫

2020年是决战脱贫攻坚的收官之年。吉林省在提高脱贫质量、长效稳定脱贫、注重深度贫困地区攻坚转变等方面取得了突出成绩，贫困地区发生了日新月异的变化。截至2019年末，"两不愁三保障"的目标已在吉林省

---

[*] 周含，吉林省社会科学院社会学研究所助理研究员，研究方向：社会保障、社会福利。

全省范围内得到总体实现。但进入2020年后，出现了包括新冠肺炎疫情在内的诸多新情况，中国多个领域的发展面临严峻挑战，刚刚脱贫的地区也面对更大的压力和风险。脱贫攻坚结束后，脱贫成果的巩固将主要依靠乡村振兴战略来实现，二者如何衔接值得关注。

一 吉林省脱贫攻坚现状

（一）贫困对象生活保障基本得到解决

所谓"两不愁三保障"，指的是农村贫困人口不愁吃、不愁穿，保障其义务教育、基本医疗和住房安全。其中，"不愁吃"指农户有能力通过自产、自购或靠子女赡养，满足主、副食需要（每天500克米或面、每天500克蔬菜），且每天能补充100克左右的蛋白质（肉、蛋、奶、豆制品等营养食物）；有安全的饮水保障。"不愁穿"指农户有能力自主购买或靠子女赡养穿衣不愁，做到四季有换季衣服、日常有换洗衣服。

根据吉林省扶贫部门提供的数据，截至2019年末，全省贫困发生率降至0.07%，全省1489个贫困村全部出列，15个贫困县全部摘帽，目前剩余未脱贫人口也全部达到退出标准。为验证吉林省脱贫居民的生活保障状况，研究者在吉林省抽取了10个脱贫村，对贫困户和扶贫干部分别发放调查问卷，其中对贫困户调查问卷有以下主要结果。

基本吃穿方面，99.3%的填答者选择了平常能吃得饱，98.2%的填答者选择了一年四季都有应季的衣物。96.5%的填答者已经完全不为饮食发愁，98.7%的填答者已经完全不对穿着发愁。对于肉、蛋、奶和豆制品等蛋白质来源食物，87.8%的填答者选择了"想吃随时能吃"和"一周至少吃一次"，9.3%的填答者选择了"一个月至少吃一次"，另有2.2%的填答者选择了"因生活习惯等原因从来不吃或很少吃"。只有0.7%的填答者选择了"因经济原因从来不吃或很少吃"。总的来看，吉林省贫困户的"吃穿不愁"已经达到了很高的水平。

粮食和蔬菜来源方面，64%的填答者选择从外边买，32.3%的填答者是自己家种的。每月购买米面粮油和肉蛋奶的花销方面，以101~300元最多，301~500元和0~100元比例接近，三项共占比96.3%。具体分布比例见图1。

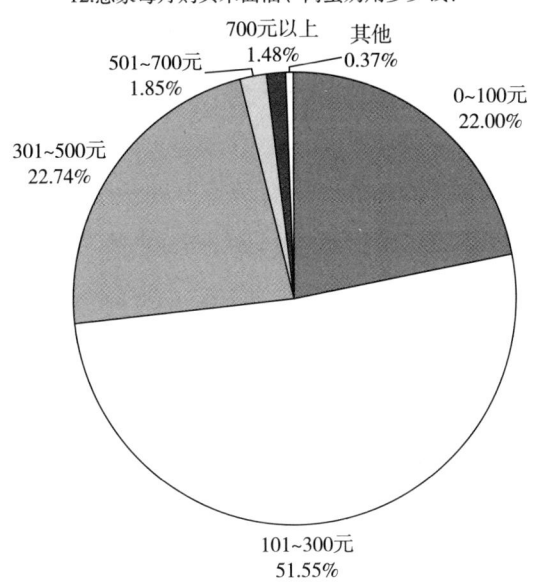

12.您家每月购买米面油、肉蛋奶用多少钱？

- 700元以上 1.48%
- 其他 0.37%
- 501~700元 1.85%
- 301~500元 22.74%
- 0~100元 22.00%
- 101~300元 51.55%

图1 调查对象购买食物开支分布情况

每年购买服装的花销方面，以201~400元为主，0~200元第二，401~600元第三，三项共占比86.8%。具体分布比例见图2。

饮水安全方面，88.9%的填答者选择了"经过净化处理的自来水"，9.8%的填答者选择了"受保护的井水或泉水"，余下1.3%的填答者选择了其他水源。饮水有保障的比例超过了98%。

住房安全方面，填答者中有194户属于危房户，其中72.9%的危房已经由自己改造，26.6%的危房已经由施工队改造，97.4%的危房户享受过危房改造补贴，只有1户的住房尚未经过改造。义务教育方面，98%的填答者选择了"都上学"和"没有孩子在上学"，1.7%的填答者选择了"之前有辍学，现在都上学"，只有0.3%的填答者（2户）选择了"有失学辍学"，

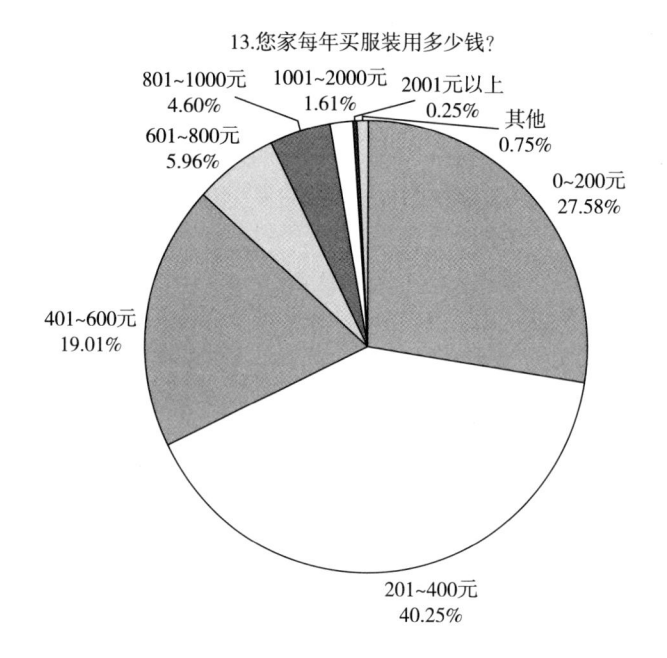

图2 调查对象购买衣物开支分布情况

且辍学原因均是"孩子身体有病"。其他曾因"承担不起费用""孩子厌学""认为读书没用"和"家里缺劳动力"而辍学的孩子，后来都已经恢复上学，达到了"除身体原因不具备学习条件外，贫困家庭义务教育阶段适龄儿童、少年不失学辍学，保障有学上、上得起学"的要求。进阶教育方面，有21.1%的填答者家里有在校大中专学生，至少87.8%的在校大中专学生享受过助学帮扶和助学贷款，助学效果良好。

基本医疗保障方面，99.5%的填答者参加了新农合和大病医疗保险，98%的填答者表示即使没有政府补贴，也会继续参加新农合和大病医疗保险。过去5年中，24.1%的填答者生过大病，46.4%的填答者生过慢性病，12.8%的填答者只生过小病，16.7%的填答者没有生过病。83.1%的填答者认为，有了大病兜底保障和慢病签约政策，看不起病的问题彻底解决了；15.4%的填答者认为解决了一部分问题，两项共占98.5%。97.5%的填答者认为，农村的常见病和慢性病在县乡村三级医疗机构能够得到及时治疗。总体来看，贫困户参加医疗保障积极性高,医保作用发挥良好,常见病、慢性病能够在县乡村三级医疗机构获得及时诊治,得了大病、重病后基本生活还能有保障。

在"两不愁三保障"的基本生活保障方面,通过随机抽样的问卷调查,验证了政府提供的数据,可以认为当前吉林省贫困对象的生活保障基本得到了解决。

(二)扶贫产业发展稳中向好

吉林省"脱贫攻坚"所采用的主要方法是用政策鼓励支持各地发展特色扶贫产业。几年来,扶贫产业不仅给贫困户带来了丰厚的收益,也促进了当地特色经济的发展。

问卷结果显示,"产业帮扶"是贫困村目前最主要的扶贫形式,其占比达到96.8%,其后是"社保兜底帮扶",占比为88.3%;"健康帮扶"占比为86.0%;"就业帮扶"占比为82.0%;"金融帮扶"占比为70.7%;"教育帮扶"占比为61.3%;其他帮扶形式诸如"社会力量帮扶""易地搬迁帮扶""生态帮扶"占比较小,分别为39.6%、33.0%和23.0%。

调查选择的10个贫困村的产业扶贫项目数量不尽相同,从2个到6个以上不等。就扶贫产业项目类别来看,由于农村拥有独特的自然环境与土地资源,所以贫困村的产业扶贫项目主要集中在种植业、养殖业与光伏产业上,也包括电商、特色乡村旅游和农产品加工等。

产业帮扶改善了贫困户的收入结构。在实施精准扶贫前,村里贫困户有77.9%的主要依靠"低保金收入",占比最高;其次是"种养殖业收入",占比为68.5%,二者构成了贫困户收入的主要部分。其他还包括"租地收入"占比为51.4%,"临时救济性收入"占比为45.0%,"务工收入"与"养老金收入"占比均为43.2%,"经营性收入"占比为30.2%,"子女供养收入"占比为27.9%。在精准扶贫后,"低保金收入"与"种养殖业收入"依然是贫困户主要的收入来源,分别占86.5%和80.2%,但也可以看到,"务工收入""经营性收入""养老金收入"占贫困户家庭收入比重均有较大提升,其中"养老金收入"提升38.3个百分点,"经营性收入"提

升31.5个百分点,"务工收入"提升30.2个百分点,其他诸如"租地收入""子女供养收入"和"临时救济性收入"的变化幅度较小。由此可见,在实施精准扶贫后,贫困户的收入来源在过去单纯依靠低保金和传统种养殖业收入的基础上增加了务工收入与经营性收入。

扶贫产业的经营情况决定了贫困户能否持续从产业项目的发展中受益。吉林省专项资金投资的项目年度收益率目标是第一年不低于6%,第二年8%,第三年10%。对于这一目标,在222个有效扶贫干部样本中,174位扶贫干部认为自己村的扶贫项目"完全可以达标",比重为78.4%,认为"基本可以达标"的比重为21.6%,不存在"无法达标"情况。在222份有效样本中,160位扶贫干部认为本村的产业扶贫项目在扶贫结束后全部能够留下,占总数的72.1%,认为"大多数能够留下"的扶贫干部占比为23.4%,仅有10位扶贫干部认为村内产业扶贫项目"大多数无法留下",占比为4.5%。92.8%的受访扶贫干部表示,本村的扶贫产业经营情况总体较好,认为个别产业扶贫项目经营较好的扶贫干部比重为6.3%,仅有两位扶贫干部反映本村的产业扶贫项目经营情况"总体一般",比重为0.9%。总体来看,扶贫干部对于村内产业扶贫项目的可持续性抱有比较乐观的态度。

(三)居民对扶贫工作认可度高

经过几年的脱贫攻坚,贫困户的生活有了显著改善,对政府的扶贫工作、扶贫干部和扶贫效果都有很高的认可度,自身幸福度和对未来的期望也较高。

当贫困户被问及"当您遇到生活困难时,会先找谁"时,44.1%的填答者选择了村两委,50.6%的填答者选择了第一书记和包保责任人,3.8%的填答者选择了直系亲属,0.5%的填答者选择了邻居和朋友。可见扶贫工作已经使村两委、第一书记和包保责任人在帮扶对象心目中树立了足够的权威,代表政府扶贫工作的社会角色们取代了传统社会中的亲朋好友等初级社会关系,成为首选的求助对象。

被问及"您给自己目前的幸福感打分是多少"时,73.2%的填答者选择了90～100分，24%的选择了80～89分，1.7%的选择了70～79分，只有1%的选择了不足70分（见图3）。相类似的，在被问及"您对未来生活的最大期望是什么"时，77.4%的填答者选择了"过上富裕生活"，4.1%的选择了"满足温饱"，7.1%的选择了"比现在好就行"，另有11.3%的表示"没想过这个问题"（见图4）。

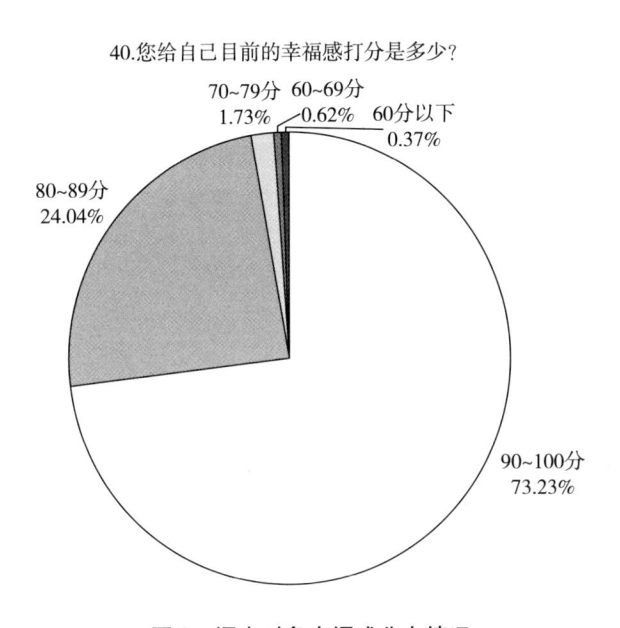

图3　调查对象幸福感分布情况

被问及近5年来村里的基础设施改善状况时，认为道路彻底改善的填答者占88.6%，认为绿化、亮化、净化、美化彻底改善的填答者占10.5%，认为饮水安全彻底改善的填答者占93.5%，认为电网设施改造增容彻底改善的填答者占90.5%，认为农业灌溉、抗旱、防灾彻底改善的填答者占90.6%，认为文化广场、文化活动设施彻底改善的填答者占91.2%。如果加上认为"改善一些"的填答者，则上述每项都达到了99%以上，基础设施得到了全面的改善，居民的满意度极高。

被问及近5年来村里的公共服务改善状况时，认为中小学教学条件彻底改善的填答者占89.2%，认为乡村医疗卫生条件彻底改善的填答者占

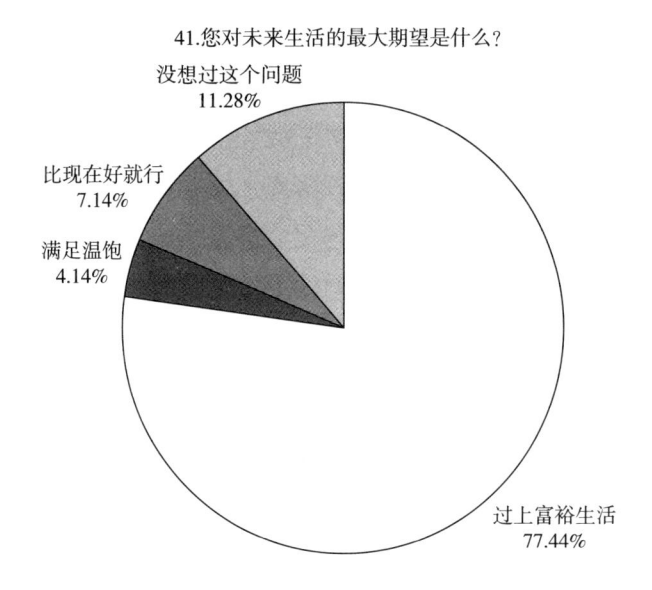

图4 调查对象对未来期望分布情况

91.1%，认为疾病预防和公共卫生保障彻底改善的填答者占90.2%，认为文化生活保障彻底改善的填答者占91.4%。如果加上认为"改善一些"的填答者，则上述每项都达到了98%以上，公共服务改善情况的满意度非常高。

综合问卷的结果来看，经过几年时间，吉林省脱贫攻坚取得了显著的效果。贫困对象已经基本实现了"吃穿不愁"，看得起病、上得起学，对政府扶贫工作的认可度很高，对未来的生活有着美好的憧憬；扶贫产业发展稳中向好，给贫困户带来了很大的实惠。

二 吉林省脱贫地区的乡村振兴探索实践

2018年1月2日，国务院发布《关于实施乡村振兴战略的意见》（中发〔2018〕1号）（以下简称《意见》），对实施乡村振兴战略提出了一系列指导意见和要求。2018年12月，《吉林省乡村振兴战略规划（2018~2022

年)》发布，又对吉林省的乡村振兴提出了大量具体的方案规划。经过几年的建设，吉林省脱贫地区也在其中一些方面有所建树，另一些方面则仍需探索。为使脱贫攻坚和乡村振兴的衔接建议更具针对性，现将乡村振兴的各项要求按吉林省脱贫地区的实现程度分类，总结如下。

（一）脱贫攻坚与乡村治理体系基本建立

《意见》对乡村振兴所提出的一系列要求中，关于脱贫攻坚和基层治理的部分，在吉林省脱贫地区已经基本完成。具体而言：

"打好精准脱贫攻坚战，增强贫困群众获得感"——通过问卷调查结果，可以发现这一要求已经圆满完成。"两不愁三保障"在吉林省脱贫地区全面落实，居民对基础设施和公共服务比较满意，幸福感、获得感很强。

"加强农村基层基础工作，构建乡村治理新体系"——通过问卷调查结果，可以发现这一要求在吉林省脱贫地区已经建立起良好的基础。由于村两委和第一书记在扶贫中发挥了重要的作用，居民在遇到困难时也愿意向他们求助，这也意味着农村基层的基础工作扎实，村两委在乡村治理中可以拥有很强的组织力，能够号召更多村民参与到乡村治理中来，并且在治理过程中也能关注到最底层群众的利益。

（二）绿色产业与民生保障发展迅速

《意见》的要求中，关于农业质量、绿色发展和民生保障的部分，在吉林省脱贫地区正在迅速发展建设过程中。具体而言：

"提升农业发展质量，培育乡村发展新动能"——通过问卷调查结果，可以发现这一要求已经略具雏形。各脱贫村都依据自身条件，发展起独具特色的产业，例如食用菌、中草药、坚果等特色农产品种植，冷水鱼养殖，电商销售，红色旅游，庭院经济等。从单一的粮食生产改为多种农作物生产，从单一的对政府出售农产品改为以多种方式加工和销售农产品，将成为乡村发展新动能。

"推进乡村绿色发展，打造人与自然和谐共生发展新格局"——通过问卷调查结果,可以发现这一要求正在大力推进。吉林省各地坚定落实退耕还林、还湖、还草、还湿工作,截至2019年末,吉林省共完成退耕还林1567.9万亩,其中,退耕地造林355.6万亩,宜林荒山荒地造林(封山育草)1212.3万亩。各地依托退耕还林培育的绿色资源,大力发展森林旅游、乡村旅游、休闲采摘等新型业态。对于那些因为生态问题不适宜居住和耕种的地区,吉林省启动了整体搬迁扶贫,2017年将三个村的3000多名居民搬迁到新地区,从根源上解决贫困的成因,也给了自然环境自行恢复的机会。

"提高农村民生保障水平,塑造美丽乡村新风貌"——通过问卷调查结果,可以发现对这一要求的实现水平在原有基础上有所提高。"两不愁三保障"的全面实现本身就是对农村民生保障水平的大幅提高,又有绿化、亮化、净化、美化等一系列对基础设施工程的改善,目前正在进一步推进污水治理、"厕所革命"、农村地区宽带网络和移动通信网络覆盖与更新换代等工作。

(三)乡村振兴制度性供给与农村文化稳步推进

《意见》的要求中,关于农村文化和制度创新的部分,在吉林省脱贫地区已经列入工作计划,将作为未来一段时间的重要提升目标。具体而言:

"繁荣兴盛农村文化,焕发乡风文明新气象"——文化作为上层建筑,在"两不愁三保障"全面实现之前,相对不受贫困居民重视,在问卷调查中,没有一户在"家庭主要花销"上选择"娱乐支出"。而在扶贫结束后,农村文化的发展应当得到更多重视。农村基层基础工作良好,是加强农村思想道德建设、促进农村文化繁荣兴盛的先决条件。经过脱贫攻坚,农村基层党组织的权威进一步树立,得到实惠的居民对基层党组织信任程度较高。在之后的农村文化建设中,要在原有的基础上,继续加强农村公共文化建设和农村思想道德建设,进一步开展移风易俗行动,并在这一过程中额外关注到脱贫居民的需求。

"推进体制机制创新,强化乡村振兴制度性供给"——当前,吉林省农村地区普遍面临的问题是青壮年劳动力乃至少年儿童的外流。尽管在当前生产力条件下，机械化大规模生产已经可以实现用更少的劳动力产生更多的效益，但吉林省作为边境省份，在广大农村地区保留一定数量的人口仍然有其现实意义。想要在吉林省更好实现乡村振兴，治本之策是建立一套能够留住青壮年人口的体制机制，活化乡村经济形式，让青壮年人口能够在村里获得较高收入，才有留在农村参与建设的动力；同时保障后迁入居民和女性居民的土地权益，留住新增人口和人口的生产者，才能实现农村人口的良性循环。

三 吉林省脱贫攻坚地区衔接乡村振兴面临的困难

吉林省脱贫攻坚已经取得了阶段性的成果，但从长远来看，想要与乡村振兴衔接，仍然存在一些压力和困难，在未来需要持续关注和解决。

（一）脱贫对象普遍缺少劳动能力，无法自力维持生活水准

就业帮扶是一项重要的扶贫形式，也是避免返贫的治本之策。但在对贫困户的问卷调查中，被问及"您和家人想参加哪些就业培训"时，有28.8%的填答者选择了实用技术培训，21.7%的选择了就业技能培训，18.7%的选择了创业培训，15.8%的选择了劳务输出培训。本题是多选题，因此可以看做参加培训的总体热情不高。而在被问及为什么不想参加培训时，60.3%的填答者选择了"年纪太大"，认为培训没用，占比最高；占比第二高的是"听不懂也记不住"，为13.2%；选择其他选项的填答者较少。但相对的，在被问及"您认为培训对增加收入有帮助吗"时，有高达81.7%的填答者选择了"有帮助"，可见贫困户对于培训的价值和意义还是有比较高的认同度，只是认为不适合自身状况。

这样的结果要结合贫困户自身特点来看待。统计发现，贫困户问卷填答者的平均年龄为64.3岁，年龄中位数为67岁，75%的填答者超过58岁。可以看出，贫困人口中，老年人占大多数。填答者的文化程度以小学及以下为大多数，占70.3%；第二多的是初中文化程度者，占28.1%；拥有高中及以上文化程度的仅占1.6%。关于致贫原因，选择最多的是"生大病"，

占54.8%；排在第二是"丧失劳动能力"，占37.9%；排在第三的是"身体残疾"，占18.6%；排在第四的是"土地贫瘠"，占5.5%。其他原因的选择比例均不超过5%。可见，疾病、残疾、丧失劳动能力等仍然是吉林省居民最主要的致贫原因。具体数据见表1。

表1 调查对象致贫原因分布情况

致贫原因	选择频数	选择百分比	致贫原因	选择频数	选择百分比
生大病	445	54.8	丧失劳动能力	308	37.9
受灾	29	3.6	交通不便	11	1.4
孩子上学负债	30	3.7	结婚欠债	4	0.5
身体残疾	151	18.6	创业失败	2	0.2
土地贫瘠	45	5.5	其他	15	1.8
缺少技术	31	3.8			

同时，填答者的年龄与是否想参加就业培训的相关性，每一类培训项目的相关性都通过了0.01水平的Somer's d系数检验，也即相对年轻的贫困人口更愿意参加就业培训。但吉林省的青壮年贫困人口较少，贫困人口不仅普遍年龄较大，且文化水平较低，除务农外较难有其他谋生手段；很多人又身患大病，失去了劳动能力。就业培训作为助贫手段，对于那些年轻力壮、拥有劳动能力，只是一时陷入贫困，或缺少技能技术和就业渠道的贫困人员而言，是一项行之有效的政策；但对于因大病致贫、因衰老致贫和其他失去劳动能力的贫困人员而言，则可能帮助有限。这意味着想要保障脱贫户在未来的生活质量，依然只能主要由外部帮扶来解决收入问题。

（二）居民大病医疗困难仍然存在，存在返贫和新发贫困风险

尽管大部分问卷填答者都认为有了大病兜底保障和慢病签约政策，看不起病的问题彻底解决了，但仍然有超过15%的填答者认为只解决了一部分问题，甚至和过去相比没有变化，如果将这个比例扩大到全省贫困人口，将是一个不小的数字。

进一步研究"您认为有了大病兜底保障和慢病签约政策，看不起病的

问题彻底解决了吗？"的回答与其他问题回答的相关性，发现该问题的回答与"过去5年里，您生过病吗？"的回答显著相关，通过了0.01水平的Somer's d系数检验；也与"如果没有政府补贴，您还会继续参加新农合和大病医疗保险吗？"显著相关，通过了0.05水平的Somer's d系数检验。换言之，过去5年中生过病的填答者，病情越重，越倾向于认为大病兜底保障和慢病签约对"看不起病"的帮助有限；而如果没有政府补贴，那些认为帮助有限的填答者更倾向于不再参加新农合和大病医疗保险。

这种现象主要是由大病的医疗费用过高造成的。按照《吉林省农村建档立卡贫困人口大病兜底保障实施方案》，吉林省已将农村贫困人口住院医疗费用实际报销比例提高到90%，慢病门诊医疗费用实际报销比例提高到80%，但对于已经失去劳动能力的农村贫困人口而言，个人承担10%~20%的医疗费用仍然是不小的负担，而且还有许多治疗大病慢病的药品并未被纳入医保范畴。

如上文所述，此前吉林省的贫困人群有超过一半是因病致贫，如果大病医疗的困难无法得到妥善解决，那么不光是那些已经脱贫但疾病尚未治愈的因病致贫群体仍然存在返贫可能，而且目前并不贫困的人群在未来也有可能因为罹患大病而陷入贫困。

（三）扶贫产业规模小水准低，难以支撑乡村振兴

目前吉林省建立的扶贫产业大多规模较小、生产力水平较低，且集中在初级农产品加工业，想要让它们在扶贫结束后继续承担乡村振兴的任务，存在一定困难。而且由于脱贫攻坚是一项举国奋斗的任务，并不能保证在扶贫结束后，这些企业还能维持原本的运行状态。

脱贫攻坚期间，除了助农项目、电商扶贫、网络直播销售扶贫产品，还有大量企事业单位通过组织行为批量采购扶贫产业的产品，为脱贫提供了有力的帮助。即使是疫情期间，也组织政府部门、公立学校等机构购买扶贫产品，有效减轻了疫情对脱贫攻坚的影响。但在脱贫攻坚结束后，人们可能会根据状况重新考虑购买行为。另外，不可否认的是，扶贫产品也个别存在以

次充好的现象，这也会降低顾客持续购买的意愿。

在222个扶贫干部问卷的有效样本中，被问及如何确保扶贫果实不会得而复失时，84.2%的扶贫干部认为应当"努力做好与乡村振兴衔接"，77.9%的扶贫干部认为应"大力提升贫困户自我发展能力"，54.5%的扶贫干部表示需要"落实'不脱不摘'要求"，53.2%的扶贫干部认为应"保障扶贫力度不减少"。然而尽管吉林省强调"脱贫不脱政策，摘帽不摘帮扶"，但脱贫攻坚不属于社会托底福利，扶贫产品批量采购也需要坚实的市场基础。

精准扶贫可以常态化，但产业扶贫不可能长期依赖行政命令和消费同情心。扶贫结束后，原有的扶贫产业应当适当扩大生产规模，提升产品质量，做好应对正常市场竞争的准备，转型成为乡村振兴的中坚力量。

四 吉林省脱贫攻坚与乡村振兴的衔接建议

（一）梳理贫困对象社会关系，精确定位仍需帮扶群体

在脱贫攻坚开始时，为确保全面小康能够如期实现，坚持"一个人都不能少"，包括吉林省在内的各地都适当放宽了帮扶对象的标准。对于那些在贫困线边缘徘徊的人而言，这是巨大的帮助，但另一方面，不排除其中有一些人浑水摸鱼，意图骗取国家补助；同时，政策的确存在一些疏漏之处，使得少量扶助没能用在最需要的人身上。脱贫攻坚结束后，托底保障仍要继续，为了最大限度将资源运用在刀刃上，应重新清查贫困对象的社会关系，精准定位真正需要帮扶者，将节约下来的资源用于其他方面乡村振兴的建设。

例如，已经通过的《中华人民共和国民法典》将于2021年1月1日起施行，其中对与继承有关的法律条款有较大修订，增加了"代位继承"的条款，具体而言，主要是以下内容："被继承人的子女先于被继承人死亡的，由被继承人的子女的直系晚辈血亲代位继承。被继承人的兄弟姐妹先于

被继承人死亡的,由被继承人的兄弟姐妹的子女代位继承。"这实际上确认了孙辈和侄、甥的继承可能。在现实中,许多没有配偶和子女的老年贫困人口(即通称的孤寡老人),正是由孙辈和侄、甥来进行经济支援和照顾,继承范围的扩大也是在鼓励这种行为。

换言之,这条法规实际上承认了由孤寡老人和成年孙辈或侄、甥构成的家庭形式,成年孙辈或侄、甥在获得继承权的同时,也应承担赡养孤寡老人的义务。因此,对于符合条件也确实在接受晚辈充分支援照料的孤寡老人,在法律进一步完善之后,可以退出帮扶群体。对那些子女健在、只是与老人分离居住或在户口上分开的贫困对象,也应使用同样原则。

(二)加强农村卫生健康教育与服务,降低因病致贫可能

在对贫困户的调研中发现,农民因病致贫有一项重要原因,就是"小病不治,大病去省城"。由于怕麻烦、不愿耽误干活、不想花钱等心理,农民生小病时经常选择不就医,而是自行吃药或拖着等待自愈。那些没有自愈的病就很可能被拖成不得不看的大病重病,这时乡(镇)、县里的医院已经无法治疗,只能到省会城市的大医院看病。而省会城市的大医院新农合报销比例不高,这样的就医选择不但让农民错过最佳治疗期,把小病拖成大病,而且进一步增加了治疗费用,许多因病致贫现象由此发生。

为从源头解决问题,应当加强农村卫生健康教育与基层卫生服务。如对居民,可以定期进行健康教育宣传,普及常见慢性病防治和自查方法,鼓励在疾病前期及时就医,"早发现,早治疗",等等。对医疗服务提供者,可以提升基层卫生服务中心硬件条件和人员素质,加强医药服务,定期组织县、乡(镇)医院下乡为农村适龄居民开展免费体检,对常见慢性病易发群体开展就医指导活动,消除农村居民对就医的恐惧心理,等等。

(三)做大做强原有扶贫产业,构建可持续内循环机制

乡村经济的发展是乡村振兴的根本保障。在当前国际形势下,脱贫地区应着眼于国内的农产品战略需求,构建起可持续的内循环发展机制。

2020年初以来，新冠肺炎疫情不仅影响国内，也对世界范围的生产、经济和贸易产生重大影响。据媒体报道，自疫情以来，已经有俄罗斯、埃及、越南、印度、哈萨克斯坦、塞尔维亚、泰国、柬埔寨、乌克兰等十余个国家出台了限制农产品和食品出口的政策。尽管农业农村部于8月发布的信息显示，2020年夏粮和早稻已获丰收，南方洪涝灾害较往年重，但是是局部、阶段性的，且中国近年来粮食连年丰收，库存充足，稻谷、小麦两大口粮自给率为100%，谷物自给率保持在95%以上。但我国粮食安全中的结构性矛盾仍然存在，大豆等少数粮食种类的结构性短缺仍然需要通过进口来调剂，巴西等主要对华大豆输出国的农业生产和粮食物流由于疫情，短期内受到了一定程度影响。

中国是人口大国，为确保粮食安全也即国家安全，警惕非洲等地区"种经济作物换粮食"所引发的粮食安全问题，应当增强各类农产品的战略储备地位。东北地区是中国的主要粮食产区之一，玉米、大豆和食用菌等农作物的种植在全国具有重要地位，在涉及国家安全的问题上，也不应该只用市场眼光来评价农业生产的价值。为应对疫情后可能面对的世界范围各种变局，各级政府应提升各类农产品战略储备地位，稳定收购价格，一方面减轻价格波动对贫困居民收入水平的影响，另一方面避免过度市场化诱发农产品供应失衡，以科学指导农民的农作物种植和农产品生产，既能保障国家粮食安全，又可构建原有扶贫产业的可持续内循环机制，实现脱贫地区的乡村经济振兴。

参考文献

[1]《关于实施乡村振兴战略的意见》（中发〔2018〕1号），2018年1月2日。
[2] 杨云妹：《聚力全面脱贫与乡村振兴有效衔接》，《大理日报》（汉）2020年7月30日。
[3] 文明：《推进脱贫攻坚与乡村振兴有效衔接》，《中国民族报》2020年7月28日。

［4］李小云：《农业发展、乡村振兴与贫困治理——权威专家谋划破解"三农"困局》，《财经问题研究》2020年9月4日，https：//doi.org/10.19654/j.cnki.cjwtyj.2020.09.001。

［5］张浩：《疫情变局中的"定心丸"：中国粮食产量平稳》，https：//tech.sina.com.cn/d/2020-05-27/doc—iirczymk3726875.shtml。

［6］吉林省林业和草原局：《吉林省退耕还林工程二十年综述》，http：//www.jl.gov.cn/zw/yw/zwlb/sz/202004/t20200429_7189240.html。

B.12
吉林省稳定民营企业就业问题与对策

高 洁[*]

摘　要： 就业是当前形势下最重要的民生工作，民营经济的有序、健康发展是就业工作的重要着力点。新冠肺炎疫情发生后，吉林省扎实做好"六稳"工作、全面落实"六保"任务，在推进企业复工复产、稳就业扩岗位等方面积极发力，出台了一系列相关政策。本文分析了疫情对吉林省就业的深刻影响，对吉林省已有的稳就业相关政策进行梳理。在进行网络问卷调查的基础上对吉林省稳定民营企业就业问题进行解析，并结合实际问题给出对策建议。

关键词： 民营企业　稳就业　扩岗位

2018年7月，中央首次提出要做好"六稳"工作，使我国经济保持了平稳健康发展。2020年在世界经济环境发生明显变化的情况下，中央提出"六保"新任务，全面强化稳就业举措。稳就业、保岗位是新态势下最直接、最重要的民生工作。稳定就业工作的重点是稳住各类企业的生产经营和发展，在此基础上激发市场主体活力，促进企业发挥更大作用带动就业。市场主体中的民营企业、中小微企业和个体工商户是吸纳就业的主力军。相关数据表明，截至2017年底，我国民营企业数量超过2700万家，提供了80%

---

[*] 高洁，吉林省社会科学院社会学研究所副教授，研究方向：养老、就业。

以上的城镇劳动就业[①]；2019年我国共有8300万户个体工商户，带动就业超过2亿人，这是自主创业、个人自谋职业的重要载体[②]。截至2018年底，吉林省有民营企业39.61万户，就业人数为292.26万人；个体工商户172.77万户，就业人数为475.85万人[③]。受新冠肺炎疫情的影响和冲击，民营企业与个体工商户面临的实际困难最多，千方百计保住市场主体，让民营经济生存下去、发展起来，是稳就业工作的重中之重。

一 新态势下吉林省就业压力进一步凸显

新冠肺炎疫情给各行业发展带来挑战，尤其是对消费行业、服务型企业的影响最为直接。在吉林省上半年经济复苏过程中，中小服务企业、民营企业发展面临许多困难，造成农民工、高校毕业生等就业群体面临失业风险。

作为农业大省的吉林省，乡村人口约1148万人，农民工约217万人。企业因订单减少或者没有订单，不得不减少用工需求，部分省内务工人员短时间内很难找到工作。外出务工人员因为交通受阻、岗位信息不畅等问题，造成了一定程度上的失业。

吉林省2019年农民工返乡创业累计9.9万人，占农民工总数的4.6%，比上年增加1.66万人，直接带动就业40多万人[④]；由于此次疫情对经济的影响，部分行业陷入困境，使很多返乡创业人员和农村务工人员面临失业风险。

2020年全国普通高校毕业生预计达到874万人，比上一年增加40万人，吉林省普通高校毕业生达20.2万人，占全国毕业生总数的2.3%。由于招聘数量锐减、岗位需求缩水、招聘渠道受阻、信息沟通不畅等，2020年应届毕业生的就业形势相较于以往比较严峻。

各类企业用工需求的降低，对下岗失业人员、残疾人、零就业家庭等困

---

① 数据来源于国家市场监督管理总局网站。
② 中国网直播8月7日讯。
③ 数据来源于国家统计局网站。
④ 数据来源于吉林省人民政府网站、吉林就业创业网站。

难群体也产生了影响。尤其是残疾人，在人多岗位少的现实面前缺乏竞争优势，其就业需求亟待解决。

二 吉林省民营企业就业状况调查

稳岗就业一直是吉林省经济工作的重中之重，而民营企业是解决就业问题的重要支撑力量，是稳就业工作的重要着力点。为进一步了解疫情对吉林省民营企业生产经营活动各方面造成的影响，缓解稳就业难题、加强政策支持服务、提供数据和理论支持，笔者于2020年8月3～10日通过互联网和微信公众平台面向吉林省民营企业开展问卷调查。

调查共收回问卷536份，其中有效问卷472份，问卷有效率为88.06%。问卷分布地区分别为长春市331份、吉林市30份、四平市16份、延边州18份、通化市13份、白城市13份、辽源市9份、松原市26份、白山市15份、长白山保护开发区1份（占比情况见图1）。

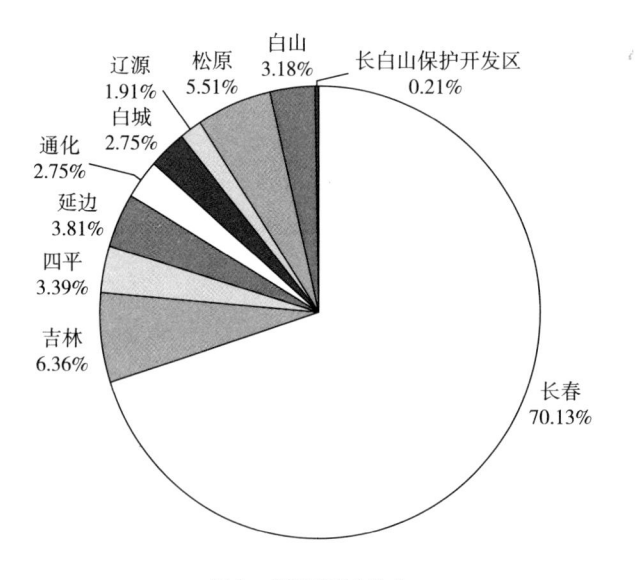

图1 调查区域分布

其中竞争性企业 420 家，占总数的 88.98%，半竞争性企业与垄断型企业 52 家，占总数的 11.02%（见图 2）；小微企业 224 家，占比 47.46%；中型企业 196 家，占比 41.53%；大型企业 52 家，占比 11.02%（见图 3）。

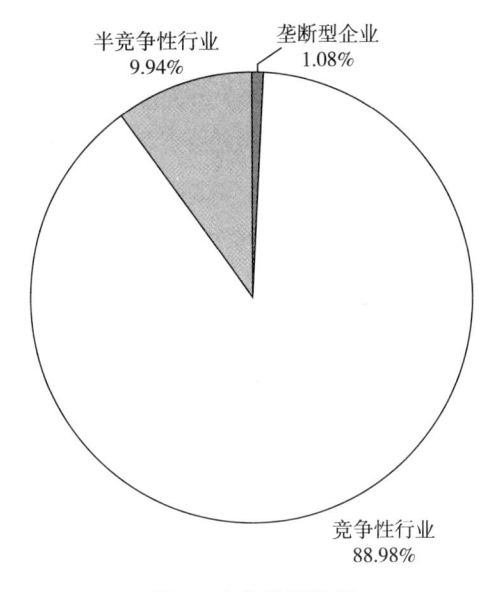

图 2 企业性质比例

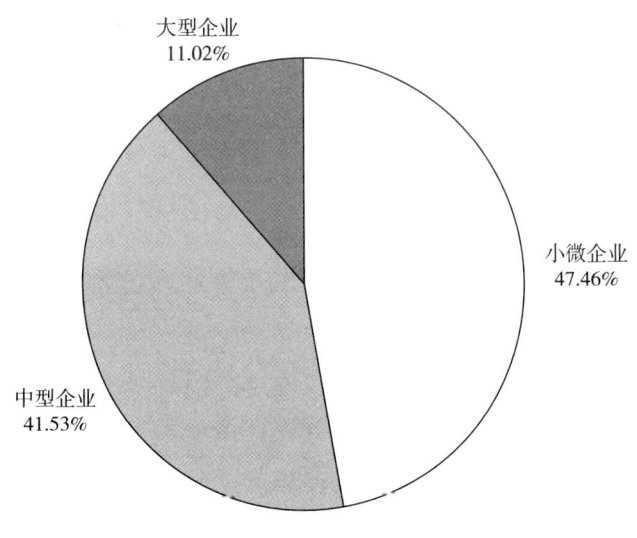

图 3 企业规模比例

（一）民营企业复工复产情况

截至调查结束，接受调查的企业不同程度复工，全部复工的有114家，占24.15%；80%以上复工的197家，占41.74%；50%~80%复工的139家，占29.45%；30%~50%复工的10家，占2.12%；30%以下复工的12家，占2.54%（如图4所示）。

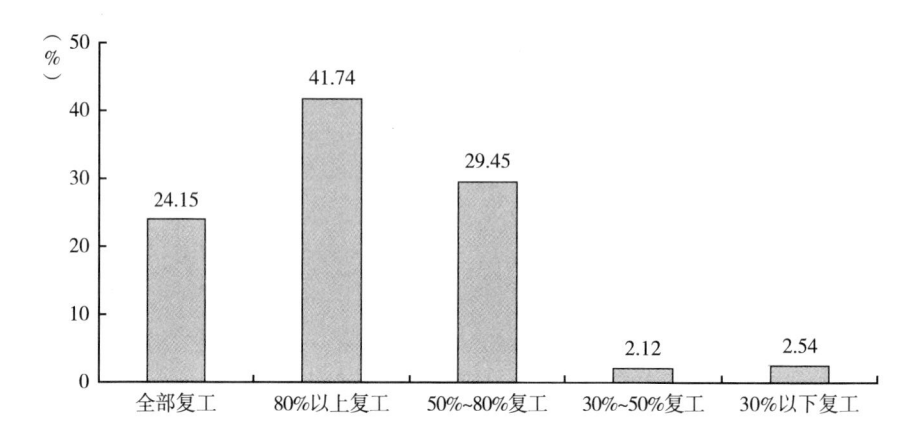

图4 企业复工情况

从问卷调查数据看，企业虽然不同程度复工，但复工率却不尽相同，全部复工的仅有24.15%，有71.19%的企业处于50%以上到全部复工以下的区域内，大多数企业还处在半复工状态，甚至有4.66%的企业连半数复工状态都没有达到，说明目前企业普遍存在开工不足的情况。

（二）民营企业从业人员基本情况及失业人员数量调查

截至2020年6月末，接受调查的472家企业在岗职工总数274908人，与2019年末相比在岗职工总数减少了14773人。其中2019年与2018年相比，就业增长12%；2020年上半年失业率为5.1%（见表1）。

表1 接受调查企业2018年以来在岗人员数量

职工类型		2018年	2019年	2020年6月末	2020年上半年就业增长数	失业率
在岗职工总数		257816	289681	274908	-14773	0.051
按岗位分	中高级管理人员	20625	23176	22319	-857	0.037
	技术人员	51563	57936	55587	-2349	0.041
	一般行政人员	30938	34755	31534	-3221	0.093
	生产服务人员	154690	173814	165468	-8346	0.048
按学历分	研究生及以上	12891	14485	13274	-1211	0.084
	大学本科	79923	89816	86728	-3088	0.034
	专科	108283	121641	117918	-3723	0.031
	高中及以下	56719	63739	56988	-6751	0.106
按年龄分	16~25岁	54141	60817	55100	-5717	0.094
	26~35岁	113439	127453	124661	-2792	0.022
	36~45岁	61876	69553	67987	-1566	0.023
	46岁及以上	28360	31858	27160	-4698	0.147

接受调查的失业人员，按岗位划分，一般行政人员与生产服务人员失业率分别为9.3%与4.8%，在此类划分中为失业率较高人员；按学历划分，高中及以下学历失业率为10.6%，明显高于专科及以上学历人员；按年龄划分16~25岁的失业率为9.4%，46岁及以上失业率为14.7%，明显高于其他阶段年龄人员。综上，失业者多集中在年龄偏大、学历偏低、一般性的生产服务及管理人员中。

在影响企业岗位数量变化原因的分析上，有近2/3的企业认为是疫情影响生产服务发展造成业绩下滑，超半数以上企业认为除了上述原因，还有企业内部岗位调整因素，超过1/3的企业认为造成企业岗位变化的原因是采用新技术或生产自动化使得企业用人减少，生产新产品和技术工人短缺也会使岗位数量发生变化（见表2）。

表2 影响企业岗位数量变化原因

选项	小计	比例
A. 疫情影响生产或服务发展/下滑	288	61.02%
B. 企业内部岗位调整	258	54.66%
C. 采用新技术或生产自动化	166	35.17%
D. 生产新产品	139	29.45%
E. 技术工人短缺	178	37.71%
F. 企业重组	80	16.95%
G. 工资上涨	53	11.23%
H. 非工资性成本增加	70	14.83%
(空)	13	2.75%
本题有效填写人次	472	

据问卷调查统计，在对吉林省出台的大量稳就业相关政策的获知方面，有46.82%的企业从政府下发的文件上了解到政策，有32.84%的企业从新闻媒体上了解到政策；在政策使用方面，有83.47%的企业利用了复工复产相关政策；有87%的企业利用了如延缓缴纳各类保险、减免企业税收、简化复工复产期间的流程手续、失业人员领取失业保险等相关政策。但也有部分企业对稳岗就业的相关政策使用较少，如企业从业人员享受政府提供公共免费培训等政策。

三 新态势下吉林省稳定就业相关政策

（一）稳定就业政策梳理

1. 企业复工复产政策服务措施统计

为了积极促进吉林省经济全面复苏，在疫情发生后，吉林省按照国家要求即刻出台了多方面促进企业复工复产的政策措施。截至 2020 年 7 月，吉林省累计发布复工复产政策 175 条①，涵盖了企业的项目建设、工商登记、减税降费、金融服务、社保服务等方面（见表 3）。

表 3　吉林省企业复工复产政策服务措施统计

政策内容	数量	政策内容	数量	政策内容	数量
项目建设方面	25	金融服务方面	14	商务贸易方面	7
农林牧副渔方面	5	社会管理方面	13	社保服务方面	6
工商登记方面	19	企业开办方面	1	合　计	175
通关便利制度方面	48	公共服务方面	12		
减税降费方面	16	医药监管方面	9		

2. 其他稳定就业的相关政策

为充分做好"六稳""六保"工作，吉林省自 2020 年 1 月以来出台的相关政策有《关于推进全方位公共就业服务的实施意见》《关于加强企业用工服务工作的通知》等。政府多个部门联合发文的内容涵盖了稳就业工作的方方面面：公共就业服务的顺利开展、为企业精准提供用工服务、高校毕业生就业创业的权益保障、重点企业用工调度保障机制的建立、网络招聘专项行动实施方案、促进劳动力和人才社会性流动、企业稳岗扩岗专项支持计划，以及疫情防控期间就业工作如何加强，对湖北籍劳动者就业的支持举措，等等。

以上这些稳就业相关政策的出台加快了企业复工复产的进度，在企业稳定就业方面起到了积极的作用，同时为"六稳""六保"工作提供了充分的政策保障。

（二）各类就业群体相关就业政策评述

为进一步保障和促进农民工就业，从根本上解决农民工的就业困难等

---

① 数据来源于吉林省人民政府网站，2020 年 7 月 23 日。

问题，针对新冠肺炎疫情带来的不利影响，吉林省对农民工春节后在省内、省外的就业情况和返回岗位的时间实施了全面的排查，印发了关于做好新冠肺炎疫情防控时期有组织地输出农民工工作的指导性文件，要求各个地方都要为农民工创业提供一系列优惠政策，同时也要提供分类精准的就业服务，保障农民工的就业和创业。针对想要自主创业的农民工，吉林省发布了多项创业优惠政策，包括延长贷款期限资金扶持政策、各类保险缓缴政策等；同时积极谋划有组织输出农民工就业，致力于稳定农村劳动力的创业和就业。

针对大学生就业群体，吉林省出台了一些有效的政策措施，例如《关于积极促进高校毕业生就业全面做好2020年全省事业单位公开招聘工作的通知》，与此同时也召开了专门的就业工作大会，从扩大研究生招生规模到组织好"大学生村官""西部计划""特岗计划""三支一扶"等项目，以及针对国有企业、事业单位的招聘工作。高校也在逐步引导高校毕业生毕业后到基层就业，比如鼓励高校毕业生到东北地区、中西部地区等艰苦边远的地方找工作，引导大学生到社会公共服务、现代农业等领域进行自主创业。充分利用新经济形态平台支持并鼓励毕业生进行自主创业，鼓励毕业生采取灵活多样、多元化的就业方式。对大学生创业优惠政策要实实在在地落实好，加强对创业平台的建设工程，通过举办"互联网+"大学生创新创业大赛，支持和鼓励更多的高校毕业生发挥才干，进行自主创业。

作为东北老工业基地的吉林省，一段时间以来将资金、政策等重点向国企下岗失业人群倾斜，推进一系列重要举措来确保困难群体就业，同时也出台了很多兜底线、保民生、救急难的切实可行的政策。根据就业困难人员实际情况，采取了"A类急需就业、B类自主创业、C类灵活就业、D类稳定就业"的精准援助分类政策，确保就业的帮扶力度。实现了"产业+技能+就业"的就业帮扶模式，同时对在职业技术院校求学的贫困家庭学生，将"三免一补"政策落实到位，在每个县建立一个就业扶贫车间，并实施给予一次性奖励补助政策，在残疾失业人员、"零就业家庭"成员等9类就业困难人群中,实行分类别的援助,保障就业援助率能达到百分之百[1]。开展各种类别的公共就业服务活动,例如"春风行动""民营企业招聘周""就业援助月"等。搭建用工对接平台,为有就业愿望和就业能力的就业困难人员提供岗位信息[2]。以上稳就业的相关举措,把工作岗位提供给最有就业需求的家庭和个人,很大程度上解决了就业难题。

四 吉林省稳定民营企业就业面临的问题

2020年部分民营企业由于受到疫情影响而生存发展压力大增,虽然吉林省出台了大量的稳就业相关政策,但部分民营企业仍然面临复工难、稳岗压力大等一系列问题。

(一)疫情防控常态化下经济社会恢复较为缓慢

在当前疫情防控进入常态化的背景下,吉林省经济运行虽稳中向好,但还处在恢复期。虽然存在几个先行指标降幅收窄,如公路货运量、铁路货运量、工业用电量等,但整体经济还未恢复到上年同期水平。出于自我防护和保护他人的考虑,人民群众还是有一定的谨慎消费心理,还是不能完全放开进行经济活动,目前各类服务行业普遍存在复产难以复销的现象。而后期国际趋势的变化也给我国市场带来了许多不确定的因素,形成新的冲击。

(二)部分民营企业运营发展受阻

在目前的经济形势下,民营企业面对的难题主要是在融资和生产经营方面。首先,大部分民营企业现金储备较少,如果持续地面对经济下行,最大的风险就是现金流断裂,不能维持生产经营活动;其次,民营企业多数位于产业链的低端,受到的限制多,生产经营主要依赖于上游原材料和下游客户

---

[1] 《解放思想强化担当为吉林高质量发展贡献人社力量》,吉林省人力资源和社会保障厅网站。
[2] 《吉林省精准帮扶重点群体就业》,吉林省人力资源和社会保障厅网站。

订单需求，上下游的各种管制和阻滞使民营企业难以完成生产，而企业只有运转起来才能维持生存。吉林省第三产业较多，疫情后期人民群众在服务业方面的消费需求降低，严重影响服务业复工，使得服务行业的人员就业状态很不平稳。在企业营业收入减少以及运营停止等方面的困难较为明显，存在市场份额被抢、合同的违约风险逐渐增大等问题。

（三）民营企业营商环境尚待进一步优化

吉林省民营企业数量比较多，但大多实力较弱、规模不大、创新能力不强、缺乏核心竞争力，尤其是在企业营商环境上仍然面临许多问题。一是市场准入歧视问题仍然存在，二是"放管服"改革还存在"最后一公里"问题，三是民企在用工、用地、解决融资等市场要素方面仍存在着制约。特别是中小民企抵制风险的能力较差，生产经营状况在受到疫情影响后起伏较大，面临着生存的危机，发展信心不足。

（四）部分民营企业稳就业动力不足

由于新态势下少数民营企业对其自身未来发展难以把握，而且工作技能与岗位需求匹配需要增加企业用工成本，因此吸纳应届毕业生、就业困难人员等群体就业动力不足。就业困难人员始终是就业促进工作的难点，吉林省在疫情防控时期，能够动态监测就业困难人员就业，但就业促进政策的精准性和执行质量需要进一步提高。此外，也有个别用人单位对其用工有防疫偏见，导致个别疫区歧视现象发生，影响了稳就业工作。

（五）民营企业就业服务体系有待进一步完善

新态势下部分民营企业的就业服务体系不够完善，在就业服务体系建设方面仍有不足。一是常规人力资源服务受疫情冲击暂停或降效。二是新型互联网招聘平台"助高不助低""适少不适老"，致使技能不高的劳动者和年龄较大的就业人员，长期滞留于次要劳动力市场。三是就业专项资金的就业促进功能不足，对于资金使用效果来说，使用的就业活化率很低。四是在疫情期间就业结构性矛盾有多重演化的趋势，劳动力市场的问题进一步加重升级，比如招工难、用工荒、稳岗急、就业难等一系列问题涌现出来。

五　吉林省稳定民营企业就业对策

疫情下的民营企业稳就业工作系统性较强，涉及主体较为复杂，需要政府、企业、从业人员自身等不同的主体多方参与，各自承担相应的职责。政府政策宏观调控，企业解决自身难题，从业人员提高自身素质，从而稳定就业，稳定吉林省经济发展。

（一）加强政策调控，积极推动民营企业转型升级

此次新冠肺炎疫情蔓延全球，已经严重地影响到了世界经济的发展，这也使得我们国家的经济下行压力逐步增大，加上随之出现的复杂的国际形势，估计下一个阶段国内经济面临进一步压力的可能性较大。民营企业自身的稳定与发展能够为社会带来更多的就业岗位，是稳就业工作的重要支撑，但其自身的发展离不开政府稳定的政策调控。政府要做的就是加强宏观政策调控，倡导民营企业就业提升与产业转型协同发展，坚持就业优先战略，在此基础上找到保证产业与就业升级的平衡点，使产业布局、经济结构等进行合乎规则的调整。全力打造技术先进、附加值高、结构优化、清洁安全的现代化产业体系，把战略的重点放在推动服务业大发展上。通过优化生产方式、延伸产业链条、创新管理模式等诸多方式，创造出更多的就业服务与技术管理等机会，加快推动产业由低端向中高端前进，为社会上的各类人才提供更多的、质量更高的就业岗位。在政府加强各类政策调控的基础上，民营企业需要实现产业升级、自主创新，同时转变发展方式，实现可持续发展。随着产业结构的转型发展，传统的服务行业、零售行业受到冲击，新兴服务业在社会上则不断地加速发展。发展服务行业会增加就业机会，但从劳动生产率上比较，制造业比服务业要快很多，这就会导致经济增长率下滑。同时在产业转型升级中，淘汰落后的产能也不是一时能实现的，而创造足够的工

作岗位来吸收社会上过剩劳动力也不可能在短时间内代替产业的发展壮大。如果不能对这些人员进行合理的就业安排，就有可能产生不稳定因素，因此产业转型与淘汰落后产能将继续深入推进。[①]

（二）强化服务意识，全力稳定民营企业发展，增加就业岗位

民营经济占国民经济的半壁江山，更是吸纳就业的最大主体。必须毫不动摇地鼓励、支持、引导和保护好。一是要大力支持民营企业，使民营企业现有的岗位保持稳定。对于一些实行不裁员或者少裁员的中小微民营企业，可以将失业保险稳岗补贴返还标准进一步提升到企业和职工上年度交纳失业保险费的百分之百，加快落实社会保险费返还政策。对企业吸纳重点群体就业的，要重点落实税收优惠政策。二是劳动关系要稳定。对于受新冠肺炎疫情影响的民营企业应采取鼓励在岗培训、调整公示、轮岗轮休等方法，保留劳动关系。对一些打算经济性裁员的企业，应该指导它们依照法律规范制定如何安置职工的方案，引导职工和企业通过调解的方式解决劳动纠纷。三是民营企业降低成本的政策需要落实。应大力实行减费减税减支减息、残疾人就业保障金减免、小微企业普惠性税收减免等举措；同时应该对政府再担保费率和融资担保有所降低，并大力倡导市场运营主体对承租户减免租金，使得企业用电、用气、用水等成本逐步降低，可以实施灵活的还款方式，使得小微企业贷款综合融资成本比上一年度有所下降。

（三）鼓励民营企业创新发展带动就业

吉林省加强各类政策对民营企业的倾向性，对民营企业发展创新的一系列措施政策进行有效的细化、量化，使政策能有效落地。同时应该推动民营企业建立健全内部制度。现如今部分民营企业的企业制度还不规范，这其中存在很多的原因，例如企业的资金有限、人力资本短缺、体量较小等因素。有的民营企业法治意识不够浓厚，在很多方面还存在不规范的隐患，例如信

---

① 《五方面着手持续发力稳就业》，《中国证券报》2019年7月27日。

用、社保、安全、环保等诸多方面。新冠肺炎疫情的发生给民营企业带来了很大的压力和变化，民企也在不断提升自身的影响力、竞争力，通过一系列的内部深化改革举措，逐步调整发展方向。所以应该帮助有条件的民企建立完善的、规范的企业制度，合理推进股份制改造工作，使得民企的整体素质和市场竞争力有所提升，走出一条可持续发展的现代企业道路。

（四）坚持分类施策，保障民营企业接收重点群体就业

民营企业在稳就业方面的贡献较大，政府要创造条件保障民营企业吸纳各类人员的就业，对重点群体进行精准的帮扶。要坚持分类施策促进高校毕业生群体就业、加强困难群体人员兜底帮扶，保障失业人员基本生活，强化困难人员就业援助。目前吉林省已经出台《关于做好中小微企业吸纳毕业年度高校毕业生一次性就业补贴发放工作的通知》，旨在促进大学生到企业安家落户。吉林省对农民工、大学毕业生以及困难群众都有系列相关政策，在取得成效的同时也存在不足。政府政策要进一步做好农民工就业服务衔接，协调好劳务输入地以及输出地的服务管理工作。持续稳妥推进去产能职工安置转岗工作，对于有就业困难的群体要给予托底帮扶，关键是要建立起就业援助的长效机制。针对非计划内安置的退伍军人，创立就业培养基金工程，完善实际操作培训对接就业链条，改善退伍军人就业生态环境，以确保重点群体都可以实现就业。

（五）提升政府服务，完善民营企业职业培训与就业服务

在建设服务型政府的大背景下，政府对民营企业的服务职能要进一步提升，同时加强和完善民营企业职业培训与就业服务体系。

政府和企业要加强对就业的管理服务，可以采取对所登记的失业人员实施分类分级服务的制度，每月至少开展一次跟踪服务调查管理工作。在电脑端对失业登记业务实行开放制度，从而推进服务就业和申领补贴项目能够自行在网上办理。使得就业系统实现集中，建立统一的就业检测平台，加强重点群体、重点行业、重点企业、民营企业的就业检测分析。

政府和企业应进一步加强对劳动者的职业技能培训，要在数字经济、传统产业转型升级等方面积极地开展培训工作，全方位地对企业职工进行技能培训或者对转岗者进行必要的专业培训，通过培训使职工队伍更加稳定。

由政府引导加强校企合作，让高校科研力量参与到民营企业的创新发展中。可以推广政府购买项目制的做法，开展系列线上培训，并把此项内容纳入补贴范围。

参考文献

[1] 励贺林：《以企业为抓手落实稳就业目标》，《经济参考报》2020年3月3日。
[2] 陈彬：《五方面着手持续发力稳就业》，《中国证券报》2019年7月27日。
[3] 《疫情防控常态化下行业企业复工复产及复工稳就业难点建议》，《中国就业》2020年第6期。
[4] 茶洪旺：《"稳就业"的重要着力点在于提振民营经济》，《中国经济时报》2019年4月17日。
[5] 燕瑛：《"想方设法"助力民企复产达产》，《北京观察》2020年第8期。
[6] 武汉大学稳经济保就业课题组：《疫情冲击下保企业稳产业促就业的思考与建议》，《中国人口科学》2020年第3期。

B.13
吉林省疫情防控常态化下困难群体兜底保障面临的问题与对策研究

韩佳均*

摘　要： 2020年以来，吉林省委省政府始终将保民生作为重要工作来推进，综合考虑经济社会变化对困难群体基本生活的影响，坚持凡困必帮、有难必救。保障城乡群众的基本民生，通过精准施策、精准救助，不断扩大保障范围，落实相关政策，多措并举巩固兜底保障成果。随着疫情防控进入常态化，财政面临持续增长的保障压力，各项保障政策需要进一步整合和理顺，困难群体的划入和划出需要动态化管理。因此，在进一步工作中要建立健全和不断完善社会救助体系、临时救助跟踪机制以及专项和急难救助机制，同时与脱贫攻坚工作有效衔接，研究2020年后的民生保障政策。

关键词： 疫情防控常态化　困难群体　兜底保障　脱贫攻坚

疫情防控常态化是社会将在较长时期处于疫情防控的状态，这是基于疫情防控的复杂性、长期性、艰巨性而言的。[①] 疫情影响的长期化和疫情风险的常态化将持续对人们生活造成影响。因此，顺应疫情防控常态化特点，仍要继续加强对困难群体的保护，是兜底性和基础性民生建设的重要内容。困难

---

* 韩佳均，吉林省社会科学院社会学研究所助理研究员，研究方向：社会政策、社会保障。
① 徐和建，北京市新冠肺炎疫情防控工作新闻发布会，2020年4月5日。

群体由于其自身的特点,在疫情防控常态化的影响下,更容易遭受风险和困难,首先,困难群体的总体患病率高,健康水平偏低,更易受到感染;其次,困难群体由于经济条件差而抵御风险的能力低下;再次,困难群体对风险的防控意识不强、防控能力偏低,在重大疫情中容易被忽略;最后,困难群体在发生突发事件时,能够获得帮助的途径少,容易受到疫情次生灾害的影响。[1]

2020年以来,不少家庭受到新冠肺炎疫情的直接影响,收入减少再叠加物价上涨因素,加大对低收入家庭和特殊困难群体的保障力度非常重要,是"六保"的重要内容。吉林省在不遗余力地保障困难群体的基本生活的同时,确保完成决战决胜脱贫攻坚目标任务,体现了保基本民生在疫情防控和经济社会发展中的重要位置。

一 疫情防控常态化困难群体兜底保障的现状

从3月开始,吉林省针对困难群体的保障力度不断加大,发布了《关于进一步做好疫情防控期间困难群体兜底保障工作的实施方案》。在平稳度过疫情暴发期后,5月转发民政部文件《关于坚决做到应保尽保切实保障受疫情影响困难群众基本生活的通知》。9月出台了《关于进一步做好困难群体基本生活保障工作的实施意见》等文件,围绕进一步加大困难群体排查力度、强化特殊群体救助服务、简化优化社会救助程序等方面展开工作。核心内容是提标扩围,针对不同人群实施不同的保障政策,阶段性扩大保障范围,阶段性提高价格临时补贴标准,对受疫情影响遭遇暂时困难的人员做好临时救助。

(一)针对不同群体精准施策

2020年以来,受整体经济社会环境的影响,不同困难群体需要得到不同的救助和帮扶,吉林省在原有政策措施的基础上精准施策,针对一老一小、重病重残给予重点关注。在帮扶的对象中,不仅包括城乡低保人员、特

---

[1] 关信平:《重大突发事件中困难群体兜底保障体系建设思路》,《中共中央党校(国家行政学院)学报》2020年第3期,第22~28页。

殊供养人员，也包括低收入家庭、困难老年人、残疾人和各类困境儿童、精神病患者。对于困难流动人口和留守人员以及由于疫情短期或长期陷入困境的家庭和个人予以救助。

在常态化保障工作的基础上，进一步为应对突发状况将不同群体的保障政策进行细化和强化。一是针对残疾人全面落实"两项补贴"政策。在已有"两项补贴"落实的基础上，主动联系、协助符合条件但尚未申领"两项补贴"的残疾人办理相关手续，按照应补尽补、按月发放落实相关待遇。二是落实困境儿童保障政策。及时发放孤儿基本生活费，落实事实无人抚养儿童的生活保障，重点做好基本生活补贴发放工作。三是分类施保，落实低保对象保障政策。根据保障对象的年龄、困难情形和程度、健康情况、劳动能力和家庭收入等情况，细化低保家庭的分类，通过每年一次或半年一次的核查工作，进行动态分类管理。鼓励地方政府在当地最低生活保障标准的基础上，尤其针对低保家庭中的特殊人群，包括重病重残人员、70周岁以上的老人以及未成年人给予重点关注和保障，由县级民政部门根据实际情况，增发一定比例的补助金。四是落实特困人员的供养和救助服务。一方面，对需要集中供养的特困人员全部纳入集中供养机构；另一方面，对分散供养的特困人员加强照料服务，定期探访寻访，督促照料服务人员按照委托照料协议履行责任。五是针对失业困难群体开发"扶贫特岗"和公益性岗位。吉林省根据形势的变化，在2月初制定了10项针对性措施，安排1万个扶贫特岗和5000个公益性岗位[①]，优先安排不能返岗就业的贫困人口、就业困难群体的就业，给予3~6个月的临时性兜底安置，确保零就业家庭的动态清零。对能够吸纳贫困人口就业的企业给予财政贷款贴息补助的优惠奖励，促进外出贫困人口能够实现就近就地就业。

（二）救助保障范围不断扩大

吉林省在原有的救助保障范围基础上，在确保现有标准不降低、现

---

① 《吉林，打赢防疫脱贫两场仗》，《人民日报》2020年3月4日。

行救助制度平稳运行的同时，适度扩大社会救助保障的范围。一是扩大临时救助范围。根据不同情况，将有需要的家庭或个人纳入临时救助范围，做到当日审批、当日发放补贴，一事一议加大临时救助力度。其中包括因患新冠肺炎基本生活陷入困境的家庭和个人；患新冠肺炎的低保、特困人员，建档立卡贫困户以及其他生活困难的患者；有重大生活困难或家庭人员病亡的确诊新冠肺炎患者等。对因受疫情影响滞留在吉林省的外来务工人员，由于找不到工作且无法得到家庭支持，基本生活出现暂时困难人员以及流浪乞讨人员，酌情予以临时救助，或由当地救助管理机构进行救助。二是扩大低保和特困供养范围。将失业人员、困难企业职工、未就业大学毕业生、未参加失业保险且近三个月内登记失业的农民工、城市灵活就业人员、低保边缘人口等纳入低保救助范围。将符合条件的建档立卡贫困户、有返贫风险已脱贫人口以及贫困边缘人口纳入低保等救助范围。符合条件的新冠肺炎确诊患者及其家庭，因疫情生活困难的，按规定纳入低保、特困供养范围。

（三）临时补贴标准阶段性提高

2020年4月以来，吉林省政府出台《关于进一步完善社会救助和保障标准与物价上涨挂钩联动机制的通知》，密切关注市场物价变动情况，启动实施社会救助、保障标准与物价上涨挂钩联动机制。发放对象主要是优抚对象、低保对象、特困人员、领取失业保险金人员，按时足额向困难群体发放价格临时补贴，确保困难群体生活不因物价上涨而降低。吉林省平均发放标准为每人每月25元，连续6个月吉林省各地累计救助622.14万人次，其中城乡低保对象572.73万人次，特困人员49.41万人次，累计支出资金1.56亿元，有效保障了物价上涨期间困难群体的基本生活。①

强化急难社会救助功能。通过政府授权方式，将"急难型"救助标准

---

① 《吉林省向困难群众发放临时物价补贴1.56亿元》，新华网，2019年11月20日，https：//baijiahao.baidu.com。

为1000元（含）以下和"支出型"救助标准为当地城市低保6个月（含）以下的审核确认权限全部下放到乡镇（街道），具体救助额度由当地乡镇（街道）根据急难程度自行确定。截至5月底，吉林省保障城乡低保对象95.31万人，平均保障标准分别达到月人均546元和年人均4372元，分别比上年提高3.8%和8%，保障城乡特困供养对象8.4万人，城乡特困人员基本生活标准分别达到年人均8926元和6000元，分别达到上年度城乡低保标准的1.4倍和1.46倍（国家标准为不低于1.3倍）。[①]

（四）各部门联动协作，各项制度同步推进

大幅简化生活救助审核审批程序，落实省疫情防控领导小组的要求，简化申请低保、特困人员救助供养、临时救助审核审批程序，确保困难群体求助有门、受助及时，审批权限通过政府授权方式下放到乡镇（街道）。探索实施社会救助或全流程网上办理，提高为困难群体办事效率，实行一次审批、多次发放，确保临时救助的及时性和有效性。

在疫情防控常态化下困难群体的民生保障与全面脱贫攻坚衔接推进。将农村低保标准线与扶贫标准线合并一致，确保农村贫困人口收入水平不低于国家现行扶贫标准。建立乡、村两级主动巡查、日常发现机制，对由疫情导致陷入生活困境、无收入来源的城乡居民，将符合条件的家庭及时纳入最低生活保障范围。民政部门与扶贫部门协作推进工作，将救助对象与贫困对象每月至少比对一次，达到临近贫困线有预警、骤发贫困有处置、脱贫后不返贫的工作要求，将由新冠肺炎疫情导致贫困、返贫的贫困人口全部纳入救助监测范围，切实做好困难群体的兜底保障工作。

各部门协作落实各项补贴待遇及时发放。吉林省民政厅会同省发改委、省财政厅、省残联、省妇联等部门，及时足额发放各项补贴和生活保障费用。2020年1～5月，吉林省累计临时救助城乡困难群体2.13万人

[①] 《疫情防控与兜底脱贫"两不误""双促进"》，《吉林日报》2020年5月18日。

次,平均每人次救助950元①,有效保障了困难群体的基本生活。通过临时救助做到凡困必帮、有难必救,提供必要帮扶。

二 疫情防控常态化困难群体兜底保障面临的问题

疫情防控常态化下,吉林省经济发展面临着新的挑战和困难,对困难群体的兜底保障是一项长期而艰巨的任务,不仅对财政资金支持有挑战,还有政策衔接处理的问题以及如何精准动态明确困难群体等问题。

(一)吉林省财政平稳运行受到挑战

2019年中央对吉林省各项转移支付补助占全部支出来源的50.8%,吉林省对民生的投入占全部财政支出的80.2%。2020年财政收支压力较2019年更大。受疫情影响,2020年1~6月吉林省地方级收入533.25亿元,同比下降8.7%。分类别看,税收收入380.9亿元,同比下降9.7%;非税收入152.35亿元,同比下降6%。分级次看,省级129.98亿元,同比下降12.1%;市县级403.27亿元,同比下降7.5%。②

整体上,吉林省财政资金保障形势不容乐观,一方面是收入大幅下降的同时,产业转型升级、补齐民生短板等经济社会发展需求持续增加,收支矛盾持续加剧。部分市县"三保"保障压力加大,财政库款紧张,有潜在的支付风险。另一方面是各级政府债务风险不断积聚,可调控的财力逐年减少,一些市县对到期的债务本息难以足额按时偿还,给财政平稳运行和可持续发展带来巨大压力。具体来看,一是地方级收入仍处于下行区间。疫情影响仍在延续,上半年受集中落实增值税、个人所得税退税政策等多种因素综合影响,吉林省地方级收入仍处于下降区间,

---

① 《疫情防控与兜底脱贫"两不误""双促进"》,《吉林日报》2020年5月18日。
② 谢忠岩:《关于吉林省2019年决算和2020年1~6月份预算执行情况的报告》,吉林省人民代表大会常务委员会,2020年8月3日,http://www.jlrd.gov.cn。

低于预算增长预期3.7个百分点。二是收入结构亟待优化。吉林省地方级收入中，税收收入占71.4%，同比下降0.8个百分点；49个市县中有17个税收占比低于50%，8个低于40%。吉林省税收收入中，增值税等主体税种占59.4%，同比下降3.6个百分点。三是财政收支平衡压力进一步加大。在实施大规模减税降费政策有效激发市场活力、大幅减轻企业税费负担的同时，支持"六稳""六保"工作资金刚性需求不减，吉林省财政收支紧平衡状态更为明显。特别是随着地方政府债务规模不断扩大，还本付息压力持续加大，2020年吉林省安排的地方政府债券付息支出为164.1亿元，同比增长19.7%，预期增幅远高于财政支出平均水平。与此同时，部分市县还面临化解隐性债务、消化财政暂付款、解决政府部门拖欠民营企业账款等资金压力，财政平稳运行面临的形势较为严峻。

（二）政策衔接问题亟待解决

2020年3月以来，吉林省出台的一些关于困难群体兜底保障的政策和措施，在政策完成时限上，一般规定为疫情防控期间。然而随着疫情防控的常态化，疫情防控期间不断延长，为应对突如其来的疫情而制定的临时性、阶段性和应急性政策，如何与常态化政策相衔接，已经扩大的保障范围是进一步固化还是逐渐缩减回到原覆盖面，以适应对疫情的常态化防控和消减疫情对经济社会生活的长期影响，需要进一步理顺。在疫情防控常态化下，如何将防控期间对困难群体的应急措施转化为长久有序的应急机制，如何合理化解此次疫情给社会救助、低保、特困供养等带来的基金压力，如何更加全面地保障低收入群体的基本生活和切实维护特殊群体的正当权益，如何高效利用好慈善资源并激励社会各界参与的积极性，如何更好地发挥社会保障促进经济社会正常发展的积极功能，都需要进一步深入研究。

例如，2020年3月李克强总理提出加大对低收入群体特别是困难群体保障力度，从2020年3月到6月期间，提高社会救助和保障标准与物价上涨挂钩联动机制的价格临时补贴标准1倍，同时将符合条件的参保失业人员、孤儿等纳入补贴政策范围。6月之后，经济社会逐渐恢复正常，对困难群体的影响虽有缓解但仍在持续，价格临时补贴标准政策是延续执行还是终止，尚不明确。吉林省出台的《关于进一步做好困难群体基本生活保障工作的实施意见》中，将特困人员救助供养覆盖的未成年人年龄从16周岁延长至18周岁，何种情况适用于安置到儿童福利机构，何种情况适用于集中供养，如何与孤儿基本保障制度有效衔接，后期是否需要调整回原有保障水平，都需要进一步明确。

（三）新增困难群体需要进一步明确保障

疫情防控常态化下，困难群体的兜底保障不仅要加大对原有贫困人口的保障力度，同时也要考虑受到此次疫情影响，维持生计困难的群体。新增的困难群体包括以下几类：一是由疫情导致的收入中断人群，这部分人群很多存在隐性债务，需要依靠持续不断的收入维持收支—债务的平衡，一旦失去收入将面临收入负增长和家庭金融链条的中断，从而导致"断崖式"瘫痪。二是家庭主要劳动力丧失导致家庭收入来源中断的群体，当家庭主要经济支柱倒下，家庭抗风险能力降低，无论哪种家庭都将陷入生活质量大幅下降乃至贫困中。三是由疫情导致投资失利进而造成家庭收入来源中断人群，受本次疫情影响，服务业受到巨大冲击，很多餐饮、理发等个体工商户和小微企业面临破产困境，这些企业背后的家庭将难以在短期内恢复原有生活水平，要么坚持度过困难期缓慢恢复，要么彻底破产陷入贫困。如何更加稳定、更加有力地保障这部分群体平稳度过困难时期，形成有力有效的保障机制需要进一步探索。

应对重大疫情困难群体的社会保护应该是一个综合性的制度化行动体系。新增困难群体如何进一步明确，这些群体应该享受哪些保障待遇，要由什么样的特定组织来负责向困难群体提供相关的社会保护；哪些家庭或个人属于"困难群体"，应该被纳入特定的社会保护体系中；如何向新增的困难群体提供特殊社会保护；应该以何种方式向有需要的人提供相关的保障和服务，都是需要进一步考虑并加以制度化的内容。

三 疫情防控常态化完善困难群体兜底保障的建议

困难是暂时的，下一步吉林省应当以打赢脱贫攻坚战、纾困救助低收入群体和受疫情影响的困难群体为重点①，助力全体居民跨入全面小康社会。

（一）建立健全分层分类的社会救助体系

社会救助体系作为多层次社会保障体系中的重要组成部分，在疫情防控常态化下对困难群体的兜底性保障民生发挥了巨大作用。但在应对重大疫情时，也同样暴露出现有社会救助体系应对能力的不足，因此需要进一步建立健全分类分层的社会救助体系，不仅在总体上进一步强化社会救助体系的作用，而且要充分发挥社会救助制度在重大突发事件中对困难群体的兜底保障功能，进一步增强政策的连续性和稳定性，建立常态化机制与应急性机制的转换和过渡体系。通过构建综合救助格局，将各项救助制度和救助政策有效衔接起来，以基本生活救助、专项生活救助和急难社会救助为主体，辅以社会力量，增强社会救助的及时性和有效性，形成政府主导、制度完善、政策衔接、兜底有效、社会参与的综合救助格局。② 打造多层次的社会救助体系，针对低保、特困等贫困群体完善认定办法，给予低保或特困供养。针对其他低收入家庭和刚性支出较大导致生活严重困难的家庭，给予专项生活救助或其他救助。针对受突发疫情影响或因意外伤害、自然灾害而陷入困境的家庭或个人给予急难社会救助或灾害人员救助。

（二）建立临时救助跟踪机制

加强互联网、大数据等信息技术在社会救助领域的应用，加快服务管理的转型升级，建立临时救助的跟踪准入和准出机制。一方面通过各部门数据

---

① 蔡昉：《牢牢把握"六稳"到"六保"贯穿的民生主线》，《经济日报》2020年6月15日。
② 中共中央办公厅、国务院办公厅：《关于改革完善社会救助制度的意见》，《中国民政》2020年8月30日。

的共建共享，完善社会救助的信息库，实现精准救助、及时救助；另一方面，推动救助服务便捷化审批和办理，确保在疫情防控期间和结束后重点人群基本生活保障得到落实。对疫情防控期间已享受临时救助的对象继续跟踪管理，执行临时救助家庭和人员监测报告制度，通过掌握临时救助人员情况，依据困难程度、困难类型实施差别化、类别化救助，有针对性地施策。在大数据分析的基础上，构建智能化数据分析救助系统，设定分阶段分层次困难情况临界点，通过系统提示协助受助者获取可申请救助程度和要求的证明材料。特别是对困境老人和困境儿童，家中有重病重残等需要照料人群等进行阶段性跟踪管理，不仅给予物质上或资金上的救助，也给予心理上和精神上的保障，定期访视、提供服务，确保"生活有保障，弱者有照料"。

（三）健全完善专项和急难救助机制

在加强疫情防控的同时，也不能放松医疗救助、大病保险等工作，要同步做好困难群体其他疾病的救治。除基础性救助外，健全和完善专项救助机制和急难性救助机制，全面保障医疗救助、教育救助、住房保障、就业帮扶、救灾救助等其他救助帮扶。健全重特大疫情医疗救助医保支付制度，确保病有所医，实现医疗救助与其他医疗保障制度的衔接，减轻困难群体的就医压力。根据困难群体特征变化，提前谋划疫情结束后的教育救助、住房救助、就业救助等各项工作，解决好基本民生需求。健全教育救助制度，对低保、特困生根据不同教育需求提供奖助学金和学习用具保障。健全住房救助制度，结合乡村振兴和住房改造项目，优先确保城乡低收入群体住有所居，优先实施危房改造和公租房保障。健全就业救助制度，优先为社会救助对象提供就业岗位，发挥公益性岗位安置和临时性就业安置的作用，确保零就业家庭"清零"。对已就业的低保对象，核减其就业成本和家庭支出，在家庭收入超过低保线后给予适当的缓冲期，逐步退出低保体系。健全灾害救助制度，完善重特大灾害救助标准和程序，做好应急保障、过渡期生活救助等由灾导致的临时性生活困难救助。发展其他救助帮扶，做好"物质保+现金保+制度保+心理保"的组合救助帮扶，包括法律援助、司法救助、重大变故后的心理疏导等。探索取消户籍地、居住地申请的限制，由急难发生地实施临时救助。实施急难型临时救助可先行救助，后补充材料说明具体情况；实施支出型临时救助，采取"跟进救助""一次审批、分阶段救助"等方式，进一步增强临时救助时效性。① 强化政府购买社会救助服务政策的落地落实，出台政府购买社会救助服务的清单。

（四）加紧研究2020年后民生保障政策

疫情终将过去，这次疫情也启示我们，面临重大突发灾难和疫情，面临各种可预见的、不可预见的风险和灾害，如果缺少了系统有效的公共政策支持，可能会酿成重大的社会危机。有必要从整体上设计符合现代化进程的民生保障体系和社会救助制度，坚持和完善民生保障和社会治理制度改革是以习近平同志为核心的党中央推进民生为重点的社会建设的重要举措，是以民生为重点的社会领域中的制度建设。应当加紧研究设计2020年后更加全面、更加综合的新型民生保障体系，统筹各方面救助资源，为治理提供强大可靠的社会安全网。一是要增强民生保障体系的系统性和全局性，实现各项有关民生制度的有效衔接和政策联动，统筹考虑各项民生保障制度并在发展中协同推进。真正打破城乡分割、户籍分割和政策分割，实现城乡一体化发展，尽快补齐民生保障的短板，推进民生保障制度与其他制度的良性互动。二是要加快优化现有民生保障制度，促使制度更加完善、成熟和优化。三是要调动市场和社会的力量，鼓励市场主体参与民生建设，推进商业保险和慈善事业的壮大和发展，满足不同群众的多样性需求。四是做好不同群体之间、城乡之间、地区之间的保障差异，以公平为量尺，促进公共资源的公平配置，构建面向全社会弱势群体的关爱服务体系。

---

① 中共中央办公厅、国务院办公厅：《关于改革完善社会救助制度的意见》，《中国民政》2020年8月30日。

参考文献

[1] 关信平:《重大疫情中困难群体的脆弱性及相关社会保护基本法制框架建设》,《社会建设》2020年第4期,第18~21页。

[2] 鲁全:《社会保障在重大突发公共卫生事件中的功能研究》,《中共中央党校(国家行政学院)学报》2020年第3期,第36~41页。

[3] 王震:《新冠肺炎疫情冲击下的就业保护与社会保障》,《经济纵横》2020年第3期,第7~15+2页。

[4] 丁元竹:《民生保障和社会治理制度的核心要义——基于功能、历史逻辑、愿景视角》,《开放导报》2019年第6期,第64~71页。

[5] 郑功成:《中国民生保障制度:实践路径与理论逻辑》,《学术界》2019年第11期,第12~25页。

[6] 高和荣:《新时代民生保障制度的类型转向及特征》,《社会科学辑刊》2020年第3期,第104~110+209页。

[7] 何文炯:《社会保障何以增强兜底功能》,《人民论坛》2020年第23期,第81~83页。

[8] 高和荣、夏会琴:《托底型民生保障水平的测度》,《社会保障研究》2020年第5期。

[9] 林闽钢:《守住底线突出重点构建社会救助新格局》,《团结报》2020年8月27日。

[10] 关信平:《重大突发事件中困难群体兜底保障体系建设思路》,《中共中央党校(国家行政学院)学报》2020年第3期,第22~28页。

[11] 贾玉娇:《疫情防控常态化下如何保基本民生》,《前线》2020年第8期,第55~58页。

B.14 吉林省社区应急保障存在的问题与对策研究

王浩翼*

摘　要： 突如其来的新冠肺炎疫情，引发了一场前所未有的公共危机。作为处置重大突发公共事件的首要场所，基层街道社区充分发挥战斗堡垒作用，筑起居民与疫情之间的"第一道防线"，迅速有效地控制了疫情的蔓延，取得了这场战"疫"的阶段性胜利。但在疫情防控过程中，吉林省的基层社区同样暴露出诸多制约防控成效的问题。为此，需要在疫情防控常态化阶段进一步加强社区应急保障能力建设，进而实现全面提升社区应急管理能力的目标。

关键词： 新冠肺炎疫情　应急保障　社区治理

社区作为基层社会的基本单元，既是居民生活的主要场所，也是各种公共危机爆发后最先受到冲击的主要目标。通过此次新冠肺炎疫情，我们注意到常态化的社区治理体系面对突发的非常态事件很可能会出现失灵，而能否及时化解危机主要取决于社区的应急管理机制是否完善。经济社会越发展，面对的风险因素就越复杂，对社区应急管理能力的要求就越高。目前，应建立一个与吉林省社会发展需要相契合、与社区需

---

* 王浩翼，吉林省社会科学院社会学研究所助理研究员，法学博士，研究方向：基层社会治理。

求相匹配的应急管理机制，这不仅是推进社区治理体系与治理能力现代化的重要任务，更关系到全省2700万人民的健康福祉。

一 吉林省社区疫情期间的保障措施与基本经验

2003年"非典"以来，吉林省基层社区围绕应对突发公共卫生事件不断探索实践，最终建立起了一套相对完备的应急管理机制，十余年间成功应对了诸如甲型H1N1流感在内的多起社区传染性疾病。但此次新冠肺炎疫情在毫无预警的情况下暴发，仅用27天就超过了"非典"的感染总人数，常态化的社区应急管理机制受到严重挑战，广大人民群众的生命健康受到直接威胁。在这一背景下，吉林省在社区应急管理方面采取了一系列保障措施，取得了令人瞩目的进展和成就。

（一）强化组织保障，分级明确主体责任

疫情发生后，吉林省委省政府坚定落实中央"早字当先、严字当头"的防控要求，在1月25日启动突发公共卫生事件I级应急响应机制，并及时发布《关于城市社区疫情防控实行封闭式加强管理的通知》，从重点人员排查管控、公共场所管控、公共卫生管理等九个方面对全省城市社区实行封闭式管理，将高速流动的社会生产生活在极短时间内转变为相对静止状态，最大限度减少交叉感染的风险。为确保党对公共卫生应急工作的全面领导以及各项防控措施执行到位，吉林省建立起疫情管控的一整套组织体系，在全国率先制定并实行"五级书记抓疫情防控责任制"，将全省划分为大小不同的各级防控区域，自上而下明确省、市、县、街道、社区党组织书记的疫情防控责任，成立了以党支部书记为第一责任人的危机应急指挥小组，将重大决策部署贯彻到一线，逐级落实具体任务，并根据不同岗位的层级特点设立不同的考核内容，确保各项防控举措切实发挥作用，在组织上确保了疫情防控工作的顺利展开。

（二）加强体制机制保障，提升社区治理水平

作为基层应急指挥最前沿，街道社区承接了绝大部分的防控任务，为了帮助社区筑牢疫情防线，吉林省从三个方面入手为社区提供了坚强的体制机制保障。一是迅速启动多部门参与的疫情联防联控工作机制，在社区层面强化了公安、交通、卫生等多个部门的分工合作，通过联合行动，群策群力，实现了防控资源跨社区、跨部门整合，在很短时间内形成规模效应，合理高效地解决社区的突发防控问题，较好地控制了病例输入。二是贯彻执行全社会群防群控机制。针对街道社区力量不足的问题，省委组织部、宣传部、共青团省委分别发出号召，全省数十万名党员、团员干部、青年志愿者"硬核担当"，"逆行"走入基层，与社区工作者在疫情防控最前沿携手战"疫"，承担排查、统计、防治、宣传、消毒等工作，以大无畏的牺牲精神为疫情防控工作做出了突出贡献，充分发挥党员干部的战斗堡垒作用，以实际行动践行"不忘初心，牢记使命"。三是深化社区网格化治理机制。出于疫情防控需要，街道与社区在实战中将常态化的社区治理网格升级为"社区超级网格"，把党政机关的干部下沉力量和社会组织、物业公司、驻区单位等非政府力量纳入其中，实现了网格治理从静态到动态的转化，增强了社区的韧性与抗逆力。[1] 此外，一些街道社区根据自身实际情况，经过不断摸索，拓展出诸如"三长"联动机制、"六式工作法"、"社区吹哨，党员报到"机制、"楼栋—小区—网格—社区四级网格工作体系"等优秀的工作模式与方法，符合疫情客观发展情况，贴近社区防疫工作者的实际需要，取得了非常理想的效果，充分体现了吉林省政府主导、多部门联动、全社会参与机制的优越性。

（三）强化物资保障，确保生活井然有序

在疫情暴发初期，针对全省防控应急物资紧缺情况，省工信厅、商务

---

[1] 田毅鹏：《治理视域下城市社区抗击疫情体系构建》，《社会科学辑刊》2020年第1期，第19～27+2页。

厅、财政厅分别发布紧急通知，全力推动相关企业扩大产能和转产，加紧医用口罩、酒精、消毒液等防疫物资的生产、调配和运输。同时积极开辟省外防控物资引进渠道，通过对进口防疫物资给予紧急资金补助，对产生的物流费给予事后奖补的方式先后从广东、浙江和日本、韩国等地购买并调入大量防疫物资。省交通厅开辟交通绿色通道，全省准备各种应急保障车辆1062辆，在高速公路上开辟307条绿色通道，按照"三不一优先"原则，切实保障应急物资运输。省疫情防控工作领导小组下发通知，要求全省各级党政领导干部、公务员及各类公职人员一律不得购买和使用N95口罩，确保广大医务工作者与社区工作者等基层疫情防控一线的应急物资供应。为了进一步解决居民购买口罩、药品难等问题，省市场监督管理厅在1月23日发布《关于涉及防控新型肺炎疫情相关用品药品市场价格提醒告诫书》，进一步规范医药市场价格，同时省内各市陆续开辟网络预约购买口罩通道，刹住防疫物资"抢购风"。在民生物资保障方面，省政府办公厅、农业农村厅、商务厅等部门为了切实满足人民群众基本生活需要，连续发布多个保障"菜篮子"产品与生活必需品供应的通知，保证居民生活必需品的正常供应，稳定市场价格。在社区封闭期间，各社区与辖区内的超市、商店建立起合作机制，按就近配送原则确保社区内基本生活物资供应全方位覆盖。

（四）落实司法保障，推进社区"依法治疫"

新冠肺炎疫情防控阻击战打响以来，吉林省委省政府围绕贯彻落实习近平总书记关于依法防控疫情的要求，从立法到执法、司法、守法各环节全链条发力，在依法"战疫"方面推出了一系列措施，以法治的思维和法律的边界保障社区疫情防控成果。

从2020年1月25日吉林省进入"Ⅰ级应急响应"到2月26日解除"Ⅰ级应急响应"，短短一个月，省政府各部门发布各类通知、公告、指导意见、倡议书共150余项，其中关于疫情管控举措50余项，资源配置与储备保障30余项，复工生产指导意见20余项，公共卫生预警20余项，救助体系10余项。吉林省人大、吉林省人民政府及所属各厅局发布地方性法规、行政规章及规范性文件总数超过100件，平均每天发布三件以上，其中包括《吉林省人民代表大会常务委员会关于依法全力做好当前新型冠状病毒肺炎疫情防控工作的决定》《关于依法防控新型冠状病毒感染肺炎疫情切实保障人民群众生命健康安全的实施方案》《关于做好新型冠状病毒感染肺炎疫情防控监督工作的通知》《吉林省新型冠状病毒感染的肺炎疫情防控工作领导小组办公室公告（第2号）》等重要法律法规，界定了疫情防控期间具体违法犯罪行为、明确了政府责任和联防联控要求、细化了单位责任和个人义务、制定了协调防控和便民措施、完善了舆论引导和信息公开工作、强化了法律责任和惩戒措施、加大了对基层干部履职的督查力度，为基层社区的疫情防控工作提供了有力的司法保障，稳定了紧急状态下的社会秩序。

（五）创新技术保障，为社区居民保驾护航

伴随防控疫情工作的持续开展，不少社区充分利用互联网、大数据、人工智能、云计算等新一代信息技术作为数据支撑，同时引入智能化手段赋能社区疫情防控，在提升社区工作人员工作效率的同时降低了交叉感染风险，为阻止疫情在社区内传播、全面打赢疫情防控阻击战提供有力技术服务和保障。一是开发吉林省疫情防控管理平台——"吉事办"小程序，以可视化图表形式展示全省疫情发展状况，同时为广大社区居民提供包括卫生应急值守电话、定点医疗机构电话、发热门诊名单、心理咨询热线等疫情防控信息查询服务。二是及时推出吉林省的防疫健康码——"吉祥码"，对省内流动人员实行"一人一档"的登记备案管理，为社区控制外部病例的输入、确定危险人群的行动轨迹等工作提供了准确有力保障，实现了将"静态"的全面防控转向针对不同人群、不同区域的"动态"精准防控。三是利用互联网平台提供社区服务。不少社区的工作人员以微信、QQ、钉钉等互联网平台和专门为社区居民打造的便民App为抓手，建立起与居家隔离居民点对点、无接触性服务的定向工作机制，一方面及时公布社区防疫信息、稳定居民情绪，加强舆论引导，形成抗疫向心力；另一方面完成信息核查，记录体温，为社区居民提供代买生活必需品等服务，将常态化的民生保障工作融

入疫情防控工作之中，用最简单的信息牢牢把握住疫情防控的主动权，为隔离中的社区居民打造了一条可靠的"绿色通道"。

二 社区应急保障存在的问题

此次新冠肺炎疫情是新中国成立以来传播速度最快、感染范围最广、防控难度最大的一次重大突发公共卫生事件①，对基层社区的应急管理能力是一次重大考验，虽然吉林省的疫情防控成果令人满意，但在社区应急保障方面同样暴露出了诸多短板与不足，值得进一步总结与反思。

（一）应急管理机制仍不健全

从此次疫情的防控工作来看，我国的应急管理机制建设尚未完全覆盖到基层社区这一维度，社区在体制机制保障方面还存在一些亟待解决的问题。一是社区治理边界不清。随着各省的疫情防控关口逐渐下移，政府在层层压实责任的过程中赋予基层社区许多常态工作之外的要求，在这一过程中，社区带有明显的行政色彩，忽略了本身的"自治"功能，导致常态的治理边界被无限扩大，而社区的权力边界并没有随治理边界的扩大做到同步延伸，社区只能在"超界治理"过程中依靠有限的人力与物力被动应对，难以做到精细化治理，由此衍生出诸如"展示性防控""一刀切"等问题，在管理上缺乏应有的"温度"。二是部门间的横向沟通协调不够。出于疫情防控需要，基层派出所、卫生服务中心等多个外部主体通过联防联控机制被纳入社区治理框架内，而由于社区协调能力不足，疫情防控工作在跨部门、跨社区的过程中存在信息不对称、资源难共享的情况。此外，由于个别下沉到社区的企事业单位志愿者和党员干部对于如何配合社区工作没有清晰的思路，社区对其缺乏必要的约束与管理，也让具体防控工作大打折扣。三是

---

① 《毫不放松紧抓实抓细防控工作 统筹做好经济社会发展各项工作》，《光明日报》2020年2月24日。

社区"三社联动"模式受到很大考验。常规治理体系下,"三社联动"以社区为服务平台、社会组织为服务载体、专业社会工作为服务手段,通过"社区搭台,社会组织与专业社工协同唱戏"的模式开展服务,具有"项目化运作"特征。此次疫情突如其来,社区在应急管理方面缺少项目引领,导致社会组织与专业社工的介入存在一定滞后性,在疫情初期存在不同程度的缺位,没有发挥应有的协同保障作用。

(二)应急物资保障能力较为有限

一是社区公共卫生专项经费保障力度不够。我国社区的工作经费来源主要是由上级政府统一划拨,每年社区能够获得的经费额度相对有限,在保障社区正常运行之外能够投入公共卫生方面的经费非常有限,导致在应对重大突发公共卫生事件时难以在短期内调动大量经费开展工作,错过了最佳防控时机。二是社区的应急物资储备能力低下。在疫情初期,省内街道社区的医疗防疫物资始终处于紧张状态,主要表现为社区防疫物资种类不齐全,数量缺口大,防护服、医用口罩、消杀用品长期供不应求,在物资调度方面也难以做到及时、准确,成为社区疫情防控过程中的最大短板。这对于把医疗产业作为传统优势产业发展的吉林省而言是一次非常惨痛的教训,值得深刻反思。

(三)基层防控力量严重不足

作为联防联控的行政末梢和治理枢纽,基层社区在疫情防控中发挥组织、宣传、管控、服务四大功能。根据民政部的数据,我国平均每6名社区干部负责1个社区,平均每名社区干部至少要面对350名群众。[1] 吉林省的情况则更为突出,全省1.05万名社区工作人员,平均每人需要对应服务650户社区居民。[2] 尤其是在疫情初期,党政机关干部与志愿者尚未进入社区之前,街道与社区工作者更是独木难支,仅仅完成日常防控工作就已经力

---

[1] 参见2020年2月10日国务院联防联控机制新闻发布会。
[2] 乔恒:《新冠肺炎疫情防控危机下城乡社区治理能力的调研思考》,《中国民政》2020年第10期,第25~26页。

不从心，基层工作人员超负荷运转成为常态。

除此之外，专业社工人才短缺也是制约疫情防控效能的一个主要因素。统计数据显示，我国的专业社工人数占总人口比例仅为万分之三，而西方发达国家这一数字则普遍在千分之五以上，差距相当明显。[1] 从年龄与学历结构来看，吉林省社区工作人员的平均年龄在40岁上下，拥有大专以上学历的社区工作人员仅占六成，基层网格员中不善于利用网络、手机App等科技手段者大有人在。虽然工作人员参与疫情防控的热情较高，但具有实际工作经验、了解社区工作规律、熟悉社区工作方法的专业社工人才较少，加之社区应急培训体系尚未完全建立，社区工作人员对于基本的传染病防控常识与应急处理流程缺乏了解，面对突发状况既不会处置也不敢处置，制约疫情防控效能。

（四）应急预案建设相对滞后

自2003年"非典"以来，我国的应急管理围绕"一案三制"（应急预案、应急机制、体制和法制）做出了很多努力，各地区、部门乃至街道社区纷纷建立起较为系统的应急预案体系。但在此次疫情暴发初期，我们看到应急预案并没有发挥应有作用，基层街道社区在人力、物力和心理上均未做好充分准备，布置防控仍然显得手足无措。究其原因不外乎三点：一是社区工作人员对应急预案的重视程度不够，在编制应急预案时完全照搬或简单模仿上级部门或其他社区的成熟预案，没有结合本社区的实际情况进行编写，导致应急预案整体架构不合理，针对性不强，仅能作为"纸面预案"挂墙展示，不具备实战能力。二是长期使用"过期预案"。社区对于政策规定调整、社区风险变化、工作人员调整和联系方式变更等情况没有做出动态调整，忽略应急预案的时效性。三是重"演"轻"练"，长期依赖"剧本"演练，难以发现"真问题"。

---

[1] 高红：《社区社会组织与城市基层合作治理》，人民出版社，2017。

三 完善社区应急保障的对策建议

虽然吉林省目前疫情处于较平稳状态,但从全球范围来看,疫情还将持续相当一段时间,吉林省也存在疫情反复的风险。现阶段,全省既要继续保持疫情常态化防控不放松,也要着手解决在社区应急保障方面暴露出的一系列问题。

(一)建立健全社区应急物资保障机制

习近平总书记在中央全面深化改革委员会第十二次会议上强调了应急物资保障体系在疫情防控中的重要性,也为吉林省建立健全社区应急管理机制指明了方向。具体而言,一是加大社区应急资金保障力度。完善社区应急管理机制自然离不开资金的投入支持,针对应急资金不足的问题,全省有必要在社区层面设立重大公共卫生事件专项资金,明确资金使用范围,简化使用程序,并建立应急支付机制,确保"专款专用"。二是要根据社区居民人口数量、分布情况与具体需求,按照规模适当、种类齐全、供应充足的基本原则,尽快建立多个社区应急物资储备点,迅速提升应急物资储备数量。此外,要适当考虑采用市场化方式,与辖区内的超市、药店、企事业单位签订物资储备与供应合同,建立应急物资动态储备体系,保障"战时"物资供应。三是考虑到一些重大突发事件的规模与影响范围可能较大,对于应急物资的需求量很可能远远超过单一社区、街区的物资储备量,因而有必要在多个社区、街区间建立应急物资联动保障机制,以最短时间调配大量应急防控物资对高风险社区实施饱和式支援,尽最大可能减缓冲击、降低损失。四是鼓励社区居民在家中设置应急物资储备包。家庭应急物资储备包是社区应急物资储备体系中的重要组成部分,全国已有北京、上海、陕西等多个省市出台了家庭应急储备建议清单,吉林省在这方面起步稍晚,应尽快制定并发布吉林版的家庭应急物资储备建议清单,鼓励社区居民根据具体情况自行采购必要的应急物资,提升突发事件初期的自救互救能力。

（二）优化联防联控机制，实现协同治理效能

想要破除联防联控机制存在的一系列问题，就需要对这一机制进行系统优化。一是要加大主体间联动的力度和强度。联防联控机制涉及多个层级，涵盖多个政府部门、社会组织等主体，具体的工作安排甚为繁杂，主体之间的信息沟通交流渠道并不通畅，破解的关键就在于解决如何"联"的问题。在疫情防控常态化时期，参与联防联控的各主体需要对可能涉及的统筹安排、资源共享、保障措施等联动内容进行充分沟通，提升整体联动效率，实现协同治理效能。二是要厘清政府、联防单位和社区在处置突发公共卫生事件中的权利、义务与职能边界，明确社区的自身定位，协调剥离不合理的工作内容，建立健全社区工作清单制度，深入推进社区减负，同时根据不同的治理环境，建立"常规治理"与"战时治理"的弹性边界，明确社区和其他主体之间在"战时"的调度、管理与配合方式，实现科学有效参与。三是通过建章立制，把依法防疫贯彻到重大公共卫生事件的预防、应急响应、联防联控、群防群控等基础环节，明确组织机构、职责分工、处理流程、分类措施、责任要求、日常培训、善后处理、事后评估等内容。

（三）推动临时性防控措施向长期化过渡

制度体系的建立非一日可就，是一个长期建设和不断完善的过程。疫情防控常态化时期，吉林省应趁热打铁，坚持贯彻"平战结合"理念，将疫情期间总结出的"党员干部下沉社区""多部门联防联控、全社会群防群控"等措施尽快上升到制度层面，加紧制定综合性的政策文件，形成较为完善的制度框架，确保其以合法化的方式镶嵌到社会治理体系中。此外，还需要对省内各地社区的实践经验进行提炼与概括，将疫情期间各地摸索出的"三长联动"机制、"四级党建网格体系"、"社区吹哨、党员报到"等特色动员与处置措施进行系统筛选，将一些被证明行之有效的短期措施保留，并加快成果总结，在全省加以推广。

（四）推进社区应急响应队伍建设

此次疫情防控中，数万名来自各行各业的志愿者奋战在街头巷尾，有效解决了社区工作者力量不足的问题，成为社区疫情防控不可或缺的重要力量。因此，吉林省社区要充分借鉴此次应急管理经验，探索建立由政府主导、街道社区引领、专业社工辅助、全体居民参与的应急响应队伍，培植自我"造血"功能。建议从以下四个方面开展工作：一是要强化专业社工人才的支撑力度。贯彻落实习近平总书记关于"建设一支素质优良的专业化社区工作者队伍"的指示，加大对社区社工人才的培养和挖掘，将专业社工人才视为重要的资源，加快拓宽人才来源渠道，实现人尽其才、才尽其用。二是要根据社区居民数量与分布情况，组建一支人数在20人到40人的社区志愿者服务队伍。此次疫情深刻揭示出，志愿者队伍是协助社区应对危机的可靠力量，因此，应充分利用第七次全国人口普查的有利时机，详细了解辖区居民的技术特长、专业和联系方式，并鼓励引导社区内的退伍军人、消防员、医护人员、党员干部、高校学生等加入志愿者服务队伍，作为社区应急响应队伍的储备力量。三是建立社区应急培训体系。鉴于社区突发公共事件的处置需要有高度专业化的队伍作为支撑，社区应加紧建立对于应急响应队伍的培训体系，与当地的卫生健康、治安消防等部门建立密切联系，加强对社区工作人员与志愿者队伍的专业知识与技能培训，并通过不同类别的应急预案演练，全方位提升应急队伍的整体服务水平，适应社区内突发事件防范和应对工作需要。四是通过建立完善的保障与激励机制，保障应急队伍在参与应急处置行动中的合法权益，解除其后顾之忧，为强化社区应急能力提供有力支撑。

（五）优化社区应急预案

应急预案的制定要保证科学性、针对性与可操作性，必须从社区实际以及最终实践角度出发。在具体操作方面，一是社区要彻底摒弃过去编制"纸面应急预案"的做法，秉持科学的态度，聘请专业领域的专家，在听取

卫生健康部门和应急管理部门意见的基础上，从社区的实际情况出发，打造重大传染性疾病的应急预案，明确指挥协同体系与社区各主体的责任范围，提升预案的针对性、实用性与可操作性。二是及时修订完善应急预案。应急预案针对的是未来可能发生的突发事件，因此具有很强的时效性，社区应当坚持与时俱进的思路，对周边环境的风险因素进行定期评估，同时对社区组织体系的变化、应急资源的变动、工作人员的流动情况及时跟进，在此基础上对已有应急预案进行系统修订。三是重视预案日常演练。坚持贯彻平战结合理念，将预案的演练长期化、实战化与制度化，摒弃过去为了演练而演练的思想桎梏，坚持问题导向，从演练中寻找问题、解决问题，做到警钟长鸣，随时应战。

参考文献

[1] 田毅鹏：《治理视域下城市社区抗击疫情体系构建》，《社会科学辑刊》2020年第1期，第19~27+2页。

[2] 乔恒：《新冠肺炎疫情防控危机下城乡社区治理能力的调研思考》，《中国民政》2020年第10期，第25~26页。

[3] 高红：《社区社会组织与城市基层合作治理》，人民出版社，2017。

B.15 吉林省公共卫生应急管理研究

崔 巍[*]

摘　要： 新冠肺炎疫情防控是对我国公共卫生应急管理体系和能力的一次严峻的考验，习近平总书记强调要放眼长远，抓紧补短板、堵漏洞、强弱项，完善重大疫情防控体制机制，健全公共卫生应急管理体系。本报告针对吉林省在疫情防控中暴露出的财政支持力度、资源综合保障能力以及人才和科技支持等方面的突出问题，结合吉林省实际，就如何完善吉林省公共卫生应急管理体系，提出了发挥财政主体作用、加强应急基础设施建设、培育复合型应急人才、强化数字信息化建设等对策建议。

关键词： 公共卫生　应急管理　疫情防控

新冠肺炎疫情防控是对我国公共卫生应急管理体系和能力的一次严峻的考验，针对这次疫情暴露出来的短板和不足，习近平总书记强调要放眼长远，抓紧补短板、堵漏洞、强弱项，完善重大疫情防控体制机制，健全公共卫生应急管理体系。吉林省委省政府坚决贯彻习近平总书记重要讲话和重要批示指示精神，按照中央应对新型冠状病毒感染肺炎疫情工作领导小组和国务院联防联控机制的部署，坚持"外防输入、内防扩散"，超前谋划、果断决策、科学指挥，较早地实现确诊病例、疑似病例、密切接触者"三清

---

[*] 崔巍，吉林省社会科学院城市发展研究所副研究员，研究方向：区域经济、科技管理与创新。

零",并积极推动企业复工复产、达产达效,取得了疫情防控和企业复工复产快速恢复经济秩序的双胜利。"十四五"时期,我国将全面开启建设社会主义现代化国家的新征程,当今世界正经历百年未有之大变局,我国发展的内部条件和外部环境正在发生深刻复杂变化。新冠肺炎疫情境内外防控仍不容忽视。吉林省亟待进一步完善公共卫生应急管理体系,为"十四五"期间全力推动新时代吉林全面振兴、全方位振兴的征程提供坚实后防保障。

一 吉林省公共卫生应急管理体系建设成效

自2003年"非典"暴发后,吉林省对卫生体系应急管理予以高度重视,全面加强应急管理体系建设。应急管理体系在应对2009年甲型H1N1流感病毒、2013年H7N9禽流感疫情以及2020年新冠肺炎疫情中发挥了重大作用,保障了人民群众卫生安全。吉林省公共卫生应急管理体系以"一案三制"为核心内容,即预案、体制、机制和法制。吉林省制定了10余项应急预案,从微观层面规范了操作演练的执行流程,为公共卫生应急管理体系夯实了基础,不断完善体制机制,从宏观层面解决组织结构权限划分隶属关系的战略问题,决定了应急管理动力活力的战术决策,我国健全的法制为吉林省公共卫生应急管理体系的运行提供了充分依据和保障。经过几次重大疫情尤其是新冠肺炎战"疫"的洗礼,吉林省构建了比较完备的公共卫生管理体系。截至2019年,吉林省甲乙类法定报告传染病的发病率为132.5/10万,死亡率为0.62/10万,远低于全国平均水平。

(一)公共卫生应急管理体制机制逐步完善

经过10余年的发展,吉林省以"一案三制"为核心,公共卫生应急管理体制机制进一步完善。卫生应急领导小组不断调整充实,构成了上下协调、指挥有力、运转有序的公共事件卫生应急处置组织体系,形成了"政府领导、多部门合作、全社会参与"的工作格局。全省12个市州60个县市区卫生健康行政部门及疾病预防中心、省二级以上医疗机构全部设置独立的卫生应急办公室或依托相关科室负责卫生应急业务，均有专职人员负责卫生应急工作，切实做到守土有责、守土负责、守土尽责。"十三五"期间，各级卫生行政部门和医疗卫生机构在政府的统一部署下，在突发公共卫生事件应急处置中，充分发挥联防联控机制作用，协调农业、畜牧业、林业、教育、公安、工商、食药监、食安办等相关部门，及时进行信息共享，建立省重大自然灾害应对、突发公共事件军地、口岸联防联控机制。尤其是在新冠肺炎疫情的防控中，吉林省强化卫生、健康、公安、外事、民航、海关、铁路等部门协同配合，扩大监测范围，建立部门之间信息沟通和联络员制度以及信息通报机制，确保防控工作信息互通、资源共享、措施联动。

吉林省构建了突发公共卫生事件管理信息系统和传染病报告信息管理系统，并建立专项监测系统，覆盖了全省各级疾控机构和医疗机构，定期对重点传染病进行汇总分析，明确疫情概况，研判发病趋势，做好病原监测。依据《吉林省突发公共卫生事件应急预案》等文件，明确了突发公共卫生事件及传染病的预警和应急处置级别，及时启动信息报告及应急响应机制，并在全省范围内开展突发公共卫生事件信息报告管理培训。目前，全省县级及以上疾控和医疗机构疫情网络直报率达到100%。每月对各级疾控中心进行传染病网络直报质量综合评价，吉林省在全国每月网络直报工作质量综合评价中位居前列，提高了对突发公共卫生事件的监测与预警。在全省开展突发公共卫生事件月度分析及风险评估工作，同时，根据全省传染病暴发特点，加强高发传染病专题风险评估，定期组织专家完成突发公共卫生事件专题风险评估报告。通过突发公共卫生事件分析和风险评估工作，及时掌握全省突发公共卫生事件发生动态和发生风险，为传染病预防控制提供了科学依据。

吉林省构建了公共卫生应急管理与应急响应机制，极大地提高了突发公共卫生事件预警和应急处置能力，有效地预防控制了突发公共卫生事件，规范了应急处置工作，科学、合理、有效、有序地利用技术资源和物质资源，降低了工作成本，提高了工作效率，最大限度地减少了突发公共卫生事件造成的危害，保障了公众身体健康。吉林省制定了《吉林省疾病预防控制中心突发公共卫生事件应急工作规范》，完善了突发公共卫生事件应急处置组织体系，规范应急处置行动准则，指导各级疾控中心开展突发公共卫生事件应急处置工作。按照《突发事件应对法》等法律法规要求，遵循应急工作的内在规律，加强预案管理。定期分析现有应急预案类别，根据需要及时加以补充。建立和完善突发公共卫生事件应急处理机制及突发公共卫生事件应急预案，切实提高突发公共卫生事件预警和应急处置能力。

（二）公共卫生应急基础保障逐渐夯实

一是吉林省完善的交通体系为公共卫生事件的应急反应速度提供了保障。吉林省公路、铁路以长春为中心，以吉林、四平、白城、梅河口等为主要枢纽，形成连接吉林省各市、州及广大城乡的公路、铁路网。二是吉林省公共卫生医疗基础设施比较完善。吉林省现有医疗卫生机构22691家，拥有各类医院780家（其中综合性医院417家），基层医疗卫生机构21371家。吉林省公共卫生机构共406所，疾病预防控制中心66个。吉林省每千人口医疗卫生机构床位数为6.18张，其中，城市为10.19张，农村为4.61张[1]，均高于全国平均水平。三是检测技术在国内处于前列。吉林省疾控中心建有生物安全三级实验室1个、生物安全二级实验室17个、菌/毒种室4个、危险品库1个、洁净实验室2个。2014年，中心建成东北地区首个生物安全三级实验室，成为全国拥有生物安全三级实验室的6个省级疾控中心之一，为保证吉林省乃至东北地区开展高致病性病原微生物实验室检测工作提供了有力支持。四是吉林省公共卫生应急资源保障体系较为完善。为提高应急处置能力，快速启动突发公共卫生事件应急响应机制，确保应急工作有序开展，秉承"分工协作，整合资源，统一调配，有备无患"的方针，省疾控中心制定下发了《吉林省疾病预防控制中心应急储备物资管理制度》，规范疾控机构应急物资的储备与管理。在全省范围内开展全省疾控机构应急物资储备调查工作，采取调查、统计、分析的方法，对吉林省各地（市）、县（区）级疾控机构的应急物资储备状况进行调查分析，发现可能存在的问题，完善应急物资保障体

---

[1] 数据来源于《中国卫生健康统计年鉴2019》。

系建设，推动全省突发公共卫生事件应急物资储备体系的规范化、合理化、科学化建设。

（三）公共卫生应急队伍稳步壮大

吉林省公共卫生应急队伍不断壮大，以吉林省疾病控制中心为例，在编人员中，专业技术人员占比为77%，其中，本科以上学历占84%，具有高级以上资格的专业技术人员占比为47%。人力综合素质指数高于全国平均水平。人才队伍建设是突发公共卫生事件应急处置的重中之重，2013年，吉林省开展了首个现场流行病学培训项目（Field Epidemiology Training Program，FETP），在省疾控中心成立了中国现场流行病学项目吉林培训基地，吉林省是全国第13个建立国家现场流行病学培训基地的省份，同时也是东北三省首家建立省级培训基地的省份，标志着吉林省在东北三省范围内率先加入国家级流行病学和公共卫生培训网络。吉林省疾控中心也正式成为吉林省现场流行病学培训基地和吉林大学研究生培养实践基地，省级现场流行病学培训的开展，整合省、市、县三级疾控资源，培养复合型人才，有效地发挥了辐射作用、网络作用，更好地满足了吉林省疾病预防控制及突发公共卫生事件现场处置的实际需求，促进疾病预防控制事业的健康、快速发展。

（四）居民健康素养促进建设持续推进

吉林省十分重视居民健康素养水平，根据中央要求制定了《"健康吉林2030"规划纲要》，2020年度居民健康素养水平达到20%。"十三五"期间，吉林省在贫困地区开展"健康教育进学校""健康教育进乡村""健康教育进家庭"健康教育阵地建设。尤其是在新冠肺炎疫情防控中，吉林省有针对性地开展健康教育和健康促进活动，重点指导贫困人口做好个人和家庭防护。并在四平市铁西区、公主岭市推进2020~2021年健康促进县（区）建设项目，以及健康促进医院、学校等健康促进场所建设。结合"健康促进县（区）建设""贫困地区健康促进三年攻坚行动"工作，在四平市铁西区、公主岭市及吉林省贫困地区重点推进健康促进学校、机关、企业和健康社区、健康村、健康家庭建设。健康促进学校、健康促进医院、健康促进社区、健康促进企业、健康促进家庭等系列健康场所创建活动，为城乡居民健康素养提升创造了支持性环境。

省级健康科普专家库逐步充实完善，结合基本公共卫生服务健康教育项目，针对省内重点健康问题，开发健康科普材料，包括一图读懂、音视频、公益广告等，还组织专家赴学校开展科普宣传。新冠肺炎疫情防控期间，充分利用各级各类媒体平台开设新型冠状病毒科普知识专栏，发布新冠肺炎相关科普信息。在公共场所张贴宣传海报，播放科普宣传视频。制作公益广告，在省、市、县级电视台滚动播放，以省健康教育中心为主，开展"健康吉林大课堂"工作，普及健康知识。此外，吉林省设置了11个健康素养监测点，按时限要求上报监测数据，加强数据分析，并将数据统计分析结果应用于健康素养水平提升工作，有力地促进了公众健康意识、知识和技能的提升。

二 吉林省公共卫生应急管理体系存在的短板和不足

习近平总书记在2020年视察吉林时，对吉林省疫情防控工作给予充分肯定，并对吉林省做好常态化疫情防控工作提出明确要求。现阶段，吉林省与发达省份相比，与人民对美好生活的期望相比，在公共卫生应急管理体系建设中仍存在一些突出问题。

（一）财政支持力度有限

受地方财力影响，公共卫生应急管理体系财政支持力度有限。截至2020年5月，在这次新冠肺炎疫情防控中，全省各级财政累计筹措到位资金22.7亿元。其中，中央补助1.8亿元，省级投入3.9亿元，市县投入17亿元。补助资金主要用于各级医疗卫生机构、疾控机构等开展医疗救治、疫情防控人员补助、设备防控物资采购和储备等方面。与2003年应对"非典"疫情时相比，财政支持力度大幅增加。但对突发公共卫生应急事件的财政支持准备仍显不足、应对较为被动。同时，公共卫生应急支出在地方财政总支出中没有单列,而对于公共卫生应急体系的资金支持,除公共卫生财政投入外,其他重大专项投入、社会捐助等形式投入少等问题也需要引起重视。公共卫生应急管理体系的资金保障受财政能力制约较大。资金制约仍然是目前公共卫生应急管理体系充分发挥作用的最大瓶颈,现有财政支持难以充分满足公共卫生应急管理体系常规性、现代化和全方位的防范需求,在一定程度上削弱了应急管理体系作用的充分发挥。

(二)资源综合保障能力亟待夯实

一是公共卫生资源分布不均匀,存在空间错配问题。吉林省每千人口医疗卫生机构床位数为6.18张,高于全国平均值,而每千农村人口乡镇卫生院床位数为1.04张,在全国平均值之下。可见,吉林省的公共卫生资源主要集中于城市,尤其是省会和中心城市。二是疫情防控应急场所的用地和设施预留空间有限,这也是全国各地区普遍存在的问题。目前,吉林省有专科医院189家,数量高于北京、上海、天津等地,在全国位居前列,但如遇重大疫情密集暴发,类似"方舱医院"等的后备公共设施场馆的空间和设施也会暴露出预留缺失问题,以致急用时仓促上阵,没有时间做本来是必要的选址论证和环境评估等前期工作。三是专业应急装备数量不足、标准化不高,特别是应急指挥车辆、通信设施、大型和特种装备缺乏,专业培训演练基础条件欠缺,与实战需要仍存在差距。四是公共卫生应急物资储备、采购和供应体系的建设有待强化,空间上,城市公共卫生应急物资储备基地和分散区域应急物资储备点的规划和建设有待完善,应急资源分配和疫情时期人民群众生活必需品的投放或采购渠道保障不足。五是物资保障统一调度信息共享的机制尚未形成。资源整合程度低,应急资源在量上的简单累加,既浪费资源、增加管理成本,又无法保障应急物资调配的合理性,极大地影响了应急处置工作的效率。

(三)人才和科技支持有待加强

随着社会的不断发展,新的公共卫生问题不断涌现,而且重大突发公共卫生事件也在不断升级，在诸多因素影响下，突发公共卫生事件处理难度系数以及要求持续提高，对公共卫生应急人才的要求也日渐提高。相比之下，吉林省公共卫生应急队伍建设不能满足发展的需要，尤其是县级以下卫生应急队伍发展乏力，专业能力配置及管理缺乏系统规划，缺少系统的培训和学习的机会。专业人才严重不足，特别缺乏多学科交叉、多专业结合的人才。此外，卫生应急的科技支持有待提高，吉林省实验室检测技术在国内处于前列，但防疫检疫技术、新型检测试剂、检测设备、疫苗、创新药物的研发属于吉林省的短板。

（四）应急反应速度和精度不匹配

重大疫情的不可知性、快速传染性以及对医疗系统的冲击性给疫情防治带来巨大挑战。公共卫生应急反应速度和精度决定了疫情防控体系的效率和质量。自新冠肺炎疫情开始，吉林省迅速启动应急系统，遵循"四早"原则，迅速反应，速度至上，而忽略了精度。从区域精度上看，不论人口密度高低，不论风险指数高低，个别时期存在实行"一刀切"管理情况，缺乏区域划分的精准度。从时间精度上看，人员流动高、低峰时段，也未做区分处理。从财力支配精度上看，吉林省财力投入迅速，但重点并不突出。从技术上看，监测的精准度也有待提高，无人机、大数据等技术应用率不高，利用钉钉软件等进行检测的模式未得到推广。

三 进一步完善吉林省公共卫生应急管理体系的对策建议

全国各省区在突发公共卫生应急事件中，形成了各自有效的应对体系，并形成了一些可复制的经验。比如，北京创建的网格化管理有效地提高了防控的效果，浙江省首创的健康码管理在疫情防控中发挥了重要的作用。在借鉴发达省区经验的基础上，按照党中央指示精神，针对吉林省在突发公共卫生应急事件防控中暴露的短板和不足，提出以下对策建议。

（一）发挥财政主体作用，建立多渠道筹资模式

针对吉林省财政情况，借鉴发达省区经验，充分发挥财政的主体作用，进一步加强公共卫生应急管理体系的资金保障。一是优化财政投入模式，设立应急储备专项基金，建立长效投入机制。将公共卫生应急管理体系纳入政府支出专项资金支持计划中，资金设计上要注重推动建立医防结合的卫生应急服务体系。合理规划资源配置资金，强化对财政支出的管控，增加对公共卫生应急相关的科技研发和理论研究的财政资金支持，对从事相关研究的企业和科研机构给予适当资金补助，构建保障有力的财政支持体系。二是建立多渠道筹资机制，加强财政、金融、税务、国有资本等政策协同配合，拓宽资金渠道，同时鼓励银行等金融机构增加资金支持，通过社会捐赠或企业资助等多渠道筹资机制，形成公共卫生应急管理体系的雄厚资金基础。三是规范财政资金的运行，加强资金支出的审批与执行，实施特殊审计政策，在突发公共卫生事件预防和防控，应急物资分配调度，对困难群体的经济纾困救助，经济复苏以及相关科研活动开展等方面，确保支出充分发挥应有的作用，更好防控公共卫生风险，切实发挥财政支持的支撑性作用。

（二）加强应急基础设施建设，建立应急物资储备长效机制

在2020年的新冠肺炎疫情防控中，全国各省区都汲取了应急基础建设、物资储备方面的经验和教训。吉林省应进一步加强应急基础设施建设，建立应急物资储备长效机制。一是加大公共卫生应急基础项目支持力度。谋划一批与新基建相融合的公共卫生应急基础设施和医疗救治设施建设项目。二是加大公共卫生基础设施建设力度。在人口密度较高的区域，建设、改造、预留具备综合应急功能的大型公共卫生基础设施。设计全周期、标准化、预设置的工作模式和硬件模块。三是开展卫生应急指挥平台和技术操作平台的升级与互联互通。强化顶层设计，规范信息化软硬件建设标准，明确有效的运行管理模式，建立健全平台运行相关人、财、物管理制度和平台操作指南，保障平台顺畅运转。四是建立分级储备机制。为了更加精准有效调配应急物

资，提高利用效率，吉林省应构建具有省、地（市）、县三级物资储备目录和标准的分级储备体系。以地（市）级储备为重点，省级储备作为支持补充，应对日常应急工作则以县级储备为主。按照统一规划、分级储备的原则，加强应急物资储备管理、储存、调用与数字化融合，不断提高管理效率，逐步建立规范化、制度化、科学化的应急物资储备长效机制。

（三）培育复合型应急人才，打造专业应急梯队

全国各发达省区都十分重视公共卫生人才的培育，各级医疗卫生部门经常性开展各类培训，不断充实专业人才队伍，确保在突发事件发生后，有较强的应急处置能力。而且常年聘请包括美国疾病控制和预防中心、中国疾控中心、复旦大学公共卫生学院等国内外在公共卫生方面有着丰富理论和实践经验的专家进行授课和交流。吉林省也亟须打造专业的应急队伍。一是加强应急管理人才队伍建设，打造一支具备良好职业道德和勤奋敬业精神的复合型应急管理人才队伍。公共卫生应急机构的从业人员，从领导层面到技术层面，均应强化组织协调能力和应急能力并重，事件应急的基础知识和特定应急事件的专业知识相结合，既掌握现代科学技术，又能在实践中熟练应用。二是加大公共卫生机构专业技术人员的比例，加强对公共卫生管理人员的培训，建立公共卫生机构、医疗机构以及第三方服务的协同机制，合理设定考核的量化目标和指标，建立奖惩和责任追究制，推动和督促各项工作有效落实。三是加强高校公共卫生人才培养。加大支持和推进人才项目。设立高层次公共卫生技术人才培育项目，着力培养一批公共卫生领军人才、学科带头人、学科骨干等高端专业人才。四是启动公共卫生硕士博士全球联合培养计划。借助省内吉林大学公共卫生学院平台与国内外具有专业优势的知名院校合作，订单式培养全球公共卫生硕士、博士，培养一批具有国际视野的实用型公共卫生人才，提升吉林省公共卫生可持续发展能力。五是实施公共卫生高端人才引进计划。建立首席公共卫生专家制度。建立"柔性"引进机制，多种渠道、多种方式引进具有国际影响力的主管部门认定的公共卫生领军人才，实行协议工资、项目工资等灵活薪酬办法。

（四）强化数字信息化建设，加大科技支持力度

浙江、上海等地都着力加强各领域标准化建设的统筹协调，并将数字信息化优势与突发公共卫生事件应急管理紧密结合。先进的数字信息化水平为其开展各类突发公共卫生事件应急管理工作打下了坚实的数据和技术基础，在应急管理的各个环节都发挥了重要作用。吉林省应进一步强化数字信息化和科技对公共卫生应急管理体系的支撑。一是树立"智能防治"的新理念，依托大数据、云计算、5G、人工智能、无人机、医疗机器人、区块链等各种硬核科技作支撑，更新技术，提高应对重大疫情基础科研能力，深化大数据等新技术应用，打造高质量、高效率的重大疫情防控救治体系。二是推进电子病历、化验检查、药品处方、健康档案等信息集成与共享，发挥大数据、云计算、5G、AI等新技术作用，加强传染病疫情监测、病毒溯源、高风险者管理、密切接触者管理。推动各级部门与企业以及医疗卫生机构之间相关数据协同应用，建立与工信、公安等部门及电信运营商的协同机制，在重点人群追溯管理等方面强化协同共享。三是建立智慧社区综合信息服务平台。对社区居委会、物业公司、卫生服务中心、居民、商家和志愿者等各类信息进行系统归集，支持基层综合管理应用，促进基层社区工作增质提效，为疫情防控提供及时、准确、全面的数据支撑。把公共卫生应急管理信息系统延伸至社区终端。四是加强公共卫生应急管理信息沟通平台建设，整合公立医院、民办医院医疗急救、院内医疗救治、疾病控制、卫生监督、公共卫生信息组织管理机构和信息等资源，收集民间诊所信息，建立公共卫生应急管理所需的各类基础数据信息库，在信息提供方和需求方之间建立良好的沟通协调机制，以及图像信息生命急救链系统与技术平台。

B.16
吉林省深化重大公共卫生风险治理法治保障研究

刘星显*

摘　要： 吉林省委、省政府及相关部门针对突发疫情，依法统筹推进各项防控工作，取得了明显成效。进一步深化重大公共卫生风险治理法治保障，应建立决策快速补救调整机制，减少错误决策带来的损失；完善执法监督机制，防止执法过度与执法缺位；提高智慧法院运用能力，促进网络审判从非常态到常态化过渡；优化公共法律服务，加快为企业服务的法律制度供给；建立容错免责机制，激励保护干部改革创新；充分发挥各级人大立法职能，稳步推进相关地方性立法。

关键词： 重大公共卫生风险治理　法治保障　地方立法　法律监督

2020年初，吉林省委、省政府针对突发疫情，依法统筹推进各项治理防控工作，从立法到执法、司法、守法各方面各环节齐发力，取得了明显成效，同时也为深化重大公共卫生风险治理法治保障机制的建构与完善积累了宝贵经验。对此，应对吉林省深化重大公共卫生风险治理法治保障工作及时总结，提炼基本经验，全面提高吉林省依法防控、依法治理能力，进一步深化重大公共卫生风险治理法治保障。

---

* 刘星显，吉林省社会科学院法学研究所副研究员，法学博士，研究方向：法理学、地方法治。

一 吉林省深化重大公共卫生风险治理法治保障的主要举措

（一）促进有法可依，加强监督，发挥人大职能

为了保障生产生活平稳有序，落实习近平总书记关于"在法治轨道上统筹推进各项防控工作，保障防控工作顺利开展"的重要指示精神，吉林省委、省政府及所属各厅局共发布地方性法规、行政规章及规范性文件超过100件。按照省委统一部署，吉林省人大常委会充分发挥人大职能，根据《中华人民共和国传染病防治法》等有关法律法规并结合吉林省实际，于吉林省人大常委会会议上通过了相关决定，该决定是以立法的程序、以重大事项决定的方式出台的地方性法规，与安徽、河北等省同属较早出台依法治理疫情地方性法规的省份。该法规授权县级以上地方政府采取临时应急措施，全方位规定政府责任和联防联控要求，细化了单位责任和个人义务，规定协调防控和便民措施，完善舆论引导和信息公开工作，强化法律责任和惩戒措施，强化人大监督和司法保障作用。这项地方性法规的出台为此后的重大公共卫生风险治理工作提供了法律依据。

法律监督确保在治理防控期间政府各权力部门依法正确行使权力，切实保障出台的各项治理防控法律措施有效实施。吉林省第十三届人民代表大会常务委员会第十九次会议同时下发了关于法律监督的函，发动全省各级人大依据中央和省委工作部署，依法开展法律监督工作。该函加强了疫情防控和应急处置政策文件、配套制度的法治监督，明确要求各级人大针对法律法规落实情况、治理防控过程中的犯罪行为、扰乱市场秩序的违法行为等实施全方位的监督。全省各级人大直接深入治理防控一线明察暗访，针对相关法律法规贯彻、实施情况开展了执法检查；形成各级人大治理防控工作情况报送常态化机制；结合复工复产和项目建设情况开展《吉林省优化营商环境条例》执法检查；并将听取和审议各级政府治理防控工作情况的报告列入年度监督计划，同时开展专题询问。

（二）人性化司法执行，提供有力司法保障

吉林省高级人民法院印发了《关于充分发挥审判职能作用为依法治理防控重大公共卫生事件提供有力司法保障的意见》，就深入学习贯彻习近平总书记重要指示精神、依法保障防控工作做出六个方面的具体部署，主要包括依法打击各类刑事犯罪、助力中小微企业发展、及时化解各类矛盾纠纷、加大线上司法服务及加强法治宣传和舆论引导等。

首先，借助智慧法院建设成果，保障治理防控期间诉讼权利。吉林省各级法院运用智慧法院建设成果，提早做好了治理防控期间开庭、接待、诉讼服务、执行等工作，以智慧法院平台为抓手，引导诉讼当事人依法通过网上立案、网上缴费、网上调解、网上审判等线上方式办理诉讼事项，并提供有力司法服务和保障。其次，人性化司法执行，尽力消除疫情对营商环境带来的消极影响。吉林省法院系统主动采取积极措施，在维护申请人权益不受侵犯的前提下，尽量避免对受疫情影响不能开工生产的被执行企业进行冻结企业账户、拍卖生产设备、强制破产等执行程序，帮助企业度过严冬，遏制和消除疫情对营商环境带来的消极影响，助推经济持续发展。最后，加大网上立案宣传力度，注重对企业输出相关司法服务。在不影响正常工作开展的前提下，吉林省各级法院通过多种形式积极引导诉讼案件当事人利用移动微法院平台，通过跨域立案、电子缴费、网上开庭、网络查控等方式办理立案、执行、信访业务。吉林省多数旅游企业的经营正面临困境，春节订单的大量退款已经冲击了企业的现金流，针对消费者出行意愿呈显著下降趋势，旅游业基本没有收入，企业的人工、房租、运营支出仍在延续的情况，吉林省各级法院行动在前，在问题出现之前就走入企业，为企业做好法律梳理工作，消除隐患，并对企业融资、贷款等可能涉及的法律问题做出详细的讲解，避免相关纠纷集中爆发，影响企业发展。

（三）依法惩治违法犯罪行为，加大对基层干部履职督查力度

吉林省公安机关认真贯彻落实习近平总书记关于全力做好防控工作的系

列重要指示精神，按照省委、省政府和公安部要求，充分发挥公安机关职能作用，依法打击处理了一批涉及疫情的违法犯罪案件，有力地保障了全省公共卫生服务工作。严厉打击各类违法犯罪行为，有效维护了治理防控工作大局。及时查处囤积防护物资及哄抬物价等违法犯罪案件，治理防控期间，吉林省各级市场监管部门坚决依法从严从重从快打击各类扰乱市场秩序的违法行为。实行严格问责，多起基层干部履职不力事件被查处，基本上实现了政治效果、纪法效果与社会效果有机统一，推动治理防控各项措施落实到位。吉林省纪委监委下发了监督工作通知，各级纪检监察机关加大对基层干部履职的督查力度，推动各地治理防控工作落到实处。对失职失责、履职不力行为严肃问责精准开展监督，严肃执纪问责，坚决依纪依法调查处理防控工作中违纪违法问题，对扰乱防控工作的干部进行严厉处分。

二 吉林省深化重大公共卫生风险治理法治保障的基本经验

根据习近平总书记在中央全面依法治国委员会第三次会议上的讲话精神，吉林省对在法治轨道上统筹推进防控工作进行了安排部署。从立法、执法、司法、守法等各个环节提出了要求，如对防控重大突发公共卫生事件的立法需求、立法项目优先安排，从法治上为解决公共卫生、应急处置、社会管控等实际问题提供制度化方案，各级党员干部特别是领导干部要强化法治意识等。

（一）依法治理，保证治理防控工作的合法、科学、规范、有序

非常之时当有非常之为。紧急立法有利于明确治理防控各方的权利和义务，吉林省围绕重大公共卫生风险治理防控颁布的地方性法规在实践中发挥了实施性、探索性以及补充性的功能，为打好防控阻击战提供了应急、及时、有力、有效的法治保障。吉林省人大常委会在特殊时期通过防控紧急立法，结合本地治理实际，及时出台了顺应形势、符合法定程序、具有法律效应的立法措施，增强了依法防控的针对性与有效性。吉林省各地陆续出台的

一系列地方规范性文件，有效加强了制度供给，厘清了诸多模糊地带，保证各种管控措施能够在法治轨道上有序运行，降低了防控成本，提升了相关制度规范的可执行性、可操作性，为构建科学规范、运行有效的防控地方性法规规章体系奠定了坚实的基础。这些规定的颁布施行，一方面对各级地方政府采取有效举措应对、防控给予了有力支持，有效约束了违法行为，并对公民及时发现、上报相关情况给予了保护；另一方面，在现有法律框架内通过地方紧急立法的方式对一些法律法规予以细化、强化与完善，使开展重大公共卫生治理工作有法可依，有效地打击违法、保护守法。吉林省人大常委会调整了年度工作计划，紧紧围绕重大公共卫生风险治理的法治需要，将公共卫生安全、传染病防治、应急管理等方面立法纳入立法计划，将加强治理防控地方立法摆在更加突出、显著与紧迫的位置上。同时，吉林省加大治理防控执法力度，推动法律法规贯彻实施，确保各项措施及应急处理措施得到依法实施、有力贯彻。要求切实规范执法行为，做到合法、合规、合理，既严厉打击各类违法犯罪行为，又为企业复工复产、重点项目开工建设提供有力支持；织密社会治安防控网络，加快突出问题整治，提升护航发展能力。

（二）能动司法，保证诉前、诉中、执行工作顺应工作大局

法院直接担负联防联控的重要职责，在治理防控的关键时期，法院在社会管理中的角色凸显出来，不仅要履行传统的解决纠纷职能，而且要调控社会秩序、实施权力制约、规制社会政策，在实现"解决矛盾纠纷，维护社会稳定"直接功能的基础上，强化"为大局服务、为人民司法"的能动司法功能。吉林省各级人民法院立足于服务和保障治理防控工作的大局，在全面加强治理防控的同时，依法履行司法职能，能动司法，发挥审判职能作用，努力将国家治理的制度优势转化为重大公共卫生风险的治理效能。在诉前的能动司法方面，吉林省各级法院以强化指导诉前调解为重点，整合各类调解资源，筑牢了化解矛盾纠纷的第一道防线，在治理防控的关键时期，为人民群众提供多元便捷的诉讼服务，发挥诉调对接工作机制优势，及时化解矛盾，止纷息诉。在诉中的能动司法方面，吉林省法院建立涉及公共卫生安

全犯罪案件快速办理机制，对相关的犯罪案件，在党委政法委的领导下，依法与公安部门、检察院衔接，在准确把握事实和证据的基础上，做到快审快判；对被告人认罪认罚、案件事实清楚、证据确实充分的，加快办案速度、缩短办案时限，即诉即判，形成了有力震慑。在能动执行方面，在不影响治理防控的前提下，采取尽量不接触当事人的方式，利用网络开展执行工作，努力做到隔离但不隔离执行工作，不延迟胜诉人权益的实现。

（三）精准监督，强化治理防控责任担当

法律的生命在于实施，法律实施的关键在于监督。吉林省各级党委、人大、政府和党员干部群众迅速行动、狠抓落实，形成了全民动员、科学应对、分级负责、联防联控的强大声势，推动全省治理防控工作取得了一定成效。吉林省各级人大实行事前与事后监督并举，为统筹推进治理防控工作提供法治保障。吉林省人大常委会在治理防控工作中及时跟进，将听取和审议省政府关于全省治理防控工作情况的报告列入年度监督计划，着力建立与治理防控相适应的执法监督工作模式，对充分发挥人大的法治保障作用具有重要意义。全省各市（州）人大常委会要求本级政府相关部门制定的涉及疫情的规范性文件及时报备审查，有效监督政府治理防控工作合法有序，确保治理防控工作中法律法规的贯彻实施。吉林省政府注重治理防控责任落实，督促卫生健康、交通、市场监管、药监等部门履行行业监管职责，将加强监督和正向激励相结合，紧紧围绕市场供应、复工复产、重大项目开工建设、落实减税降费政策等重点领域，加强监督执纪问责，为治理防控提供了有力的监督保障。治理防控期间，吉林省实行严格问责，对多起基层干部履职不力事件进行了查处，推动治理防控各项措施落实到位。针对在治理防控阻击战中有少数党员干部工作不力、落实责任不到位、法治观念淡薄等问题，吉林省加大了对治理防控中违纪违法行为的打击力度，纪委监委、公安等部门迅速行动，坚决给予严厉打击，对失职失责者严肃问责，对渎职犯罪者严厉追责，对违犯党纪政纪者严格执纪，基本上实现了政治效果、纪法效果与社会效果有机统一。

（四）打击犯罪，依法稳定紧急状态下的社会秩序

唯有在法治的轨道上统筹推进各项治理防控工作，才能确保管理秩序不乱、防控有序、社会秩序稳定。吉林省依法惩处、打击犯罪行为，引导人们遵守法律，维护了特定时期的社会管理秩序。吉林省各级公安机关依法严厉打击涉及疫情违法犯罪行为，维护全省社会治安大局稳定。根据吉林省治理防控疫情的要求，引导群众尽量少外出、不聚集，工作领导小组重申了十一项治理防控期间具体违法犯罪行为，并对在治理防控期间违反规定的各项行为依法给予查处。吉林省法院系统在特殊时期借助互联网技术在一定程度上实现了非接触式司法活动，解决了部分当事人由无法出行导致的诉讼难，降低了人员流动和聚集所带来的传播与感染风险，缓解了案件积压传导给法官的办案压力，让公平正义的实现更加迅捷。在治理防控的关键时期，及时惩处违法犯罪行为，确保社会秩序稳定，有力助推治理防控战取得胜利。

三 吉林省深化重大公共卫生风险治理法治保障应注意的问题

（一）要加强应急性举措纠偏能力

吉林省各地方政府为了有效治理防控密集出台了一系列具有应急性质的政策措施，个别决策在实施过程中显示出不合理性，却未能及时纠正，反映出吉林省行政决策补救调整机制尚待完善。地方规范性文件合法性审查应该着重审查越权、违法行政，对有问题的规范性文件应当及时予以修改或清理。

（二）要加大行政执法监督力度

根据《突发事件应对法》《突发公共卫生事件应急条例》，基层政府作为紧急行政权的行使主体，有权发布及实施治理防控措施，但是各级地方政府在实施强制控制措施过程中的自由裁量行为必须受到法律控制。一些行政执法机关在执法过程中受执法人员身份及执法能力等因素影响执法力量不足，对行政执法的监督停留在各自为政的分散化状态，没有形成监督合力，使监督效果打了折扣。

（三）要充分发挥智慧法院优势

《最高人民法院关于互联网法院审理案件若干问题的规定》颁布施行以来，网络审判作为一种新型的庭审模式在司法实践中开始运用，但实际上网上开庭、线上审判方式在各地方法院司法实践中适用并不广泛，仍然处于摸索阶段。很多地方法院在疫情的影响下首次使用网络审判，很多因素导致网络审判的适用范围仍然有限，如技术保障问题，网络审判毕竟是新生事物，很多系统和设备的调试等技术支持问题仍然需要解决，同时法官对设备应用的熟练程度等都存在一定问题。

（四）要提升法律政策制定创新度

吉林省陆续跟进颁布了多项有关重大公共卫生风险治理的法律政策，各级有权立法部门也密集出台了大量法律政策。从与其他省份的比较情况看，吉林省制定出台相关政策措施的创新性相对不足，刻板复制中央的一些政策规定，对本地区本领域实际情况研究不够，因地制宜施策不足，这导致部分法律政策在执行中僵化、教条化，相关法律政策执行效果不佳，党员干部在治理防控工作中怕担责怕出错、不敢试不敢为的问题比较突出。

四 吉林省深化重大公共卫生风险治理法治保障的对策建议

（一）完善执法监督机制，防止执法过度与执法缺位

执法监督有两个维度，既要防止不作为，也要防止不当作为，执法过度或执法缺位，有损于政府公信力，继而对治理防控带来负面影响。在严厉打

击涉及重大公共安全违法行为的同时，也要慎重执法。一是要落实区域分级分类调控的总思路，充分估计疫情造成的社会危害的性质、程度和范围，与时俱进出台相应的执法规章、行为准则和指导手册，严格规范公正文明执法，严禁过度执法、粗暴执法。二是加大对违纪违法行为的打击力度与追责问责力度，各级纪检监察组织和各级公安、执法等部门要进一步强化依法监督。一方面要建立健全外部监督机制，深入推行政务公开，向全社会公布执法依据、执法程序、投诉举报电话，接受主管部门和其他上级部门的监督，直至公开曝光，施加舆论压力；另一方面要完善内部监督机制，将行政执法责任明晰化，既杜绝违法性执法，又要避免职责交叉重叠导致的监管盲点和各种不作为现象。三是对决策部署落实不实、落实防控措施不力等问题及时受理、快速查处，依法保护举报人个人信息和合法权益。

（二）建立决策快速补救调整机制，减少错误决策带来的损失

决策补救调整机制作为决策失误后的补救性机制，能有效防止或减少决策失误造成的损失和负面影响，适时调整和完善有关决策，及时采取补救措施或停止执行错误决策，可以最大限度地减少损失。应强化各地政府出台文件、政策和措施的合法性与理性审查工作。围绕应急状态下的一些临时措施的合法性和合理性建立实时反馈信息专门统一的渠道和及时的补救调整机制，畅通群众意见反馈专门渠道，实时收集基层工作人员在实施重大公共卫生治理防控措施过程中的意见，由专人负责整理并提交，以便及时对相关措施进行不断修正，确保各项决策因地制宜和与时俱进。进一步整合协调力量，强化对突发疫情导致的各类经济社会风险的系统性、深入性分析研判，及时反馈治理防控反映出的或潜在的问题与法律风险。

（三）提高智慧法院运用能力，促进网络审判从非常态到常态化过渡

法院的审判工作关乎民生福祉和社会和谐稳定，需始终保持良好有序运行的状态，应该充分运用智慧法院建设成果。吉林省法院系统应不断补短板

强弱项，积极推动司法系统网络审判的适用性调整，提高智慧法院运用能力和水平，使之尽快从非常态转为常态下的新型审判方式。首先，应加大技术支持，调试设备和指导操作，扩大"互联网+司法"办案的覆盖面，实现一线法官、法官助理、司法辅助人员的全面、全程能用、会用、熟用，促使运用智慧信息技术办案及办公的常态化。其次，针对案情简单、当事人少的案件尽快组织网上审判，运用网络审判加速一些案情简单、证据充分的案件的审结。最后，完善法院内部各部门的沟通协调机制，畅通立案与审判、审判与执行、文档与审判执行及信访等的链接，形成法院内部各部门全方位的网络化管理，实现办案的加速度和现代化。

（四）优化公共法律服务，加大为企业服务的法律制度供给

良好的法治环境的形成重在建设，特别是政府对公共法律服务的供给力度，直接影响着法治化进程和法治成果的共享。通过对公共法律服务供给机制进行创新，整合社会法律服务资源，引入和建立多元化的公共法律服务供给机制，能够充分发挥法律服务职业共同体在社会治理体制中的积极作用，促进公共法律服务社会组织的发展。应加强对企业的法律保障力度，运用法治思维和法治方式为企业提供法律服务，做到治理防控和生产经营"两手抓"。应建立包括司法局、发改委、工商联、工会、人社等部门的协调机制，及时掌握企业和劳动者的法律服务需求，切实把公共法律服务送到企业和劳动者身边，进一步发挥商事纠纷人民调解委员会作用，重点做好由交通管制、误工等引发的合同纠纷、劳资纠纷等的排查调处工作，及时介入调解疏导，防止矛盾纠纷交织叠加、激化升级，积极引导当事人通过非诉讼方式化解矛盾纠纷。应及时组建法律顾问团，加强公共法律服务体系建设，整合律师、公证、司法鉴定、法律援助等线上线下法律服务资源，对企业开展咨询服务、设计法律服务方案、提供法律帮助，加大法律服务供给，主动对接企业需求，为企业提供防范疫情法律合规风险指引，指导帮助企业制定有针对性的法律风险防范措施和预案，提升法律服务的整体效能。

（五）完善容错免责机制，激励保护干部改革创新

在现代民主政治和法治国家的背景下，对公职人员履职过程中出现的错误和造成的损失如何进行责任的合理认定和界定，值得深入探讨。容错免责机制涉及公权力运行过程中可能导致的错误现象，对其进行适度包容和合理纠偏，以恢复公权力的权威性并提升其效能。为支持引导广大党员干部敢于担当、全力作为，应研究出台专门针对重大公共卫生治理工作的容错免责机制，结合工作实际，明确容错制度的决策依据、实施条件、执行标准、认定程序等，建立健全包括评估、申诉、澄清、保护、激励、保障等在内的容错救济体系。容错免责机制旨在建立激励干部改革创新的保险机制，对于干部改革创新中的失误或错误，要根据具体情况区别处理，既要区分不同性质和种类的错误，又要将错误与犯错误的人区别开，同时对犯错误人依据不同情形区别对待。容错免责应限定在权力清单、决策程序、监督机制构筑的范围内，对尽到审慎义务的改革决策者，才可以适当减责或免责，考虑到治理防控特殊时期，对补救及时、没有产生严重后果的行为少用慎用追责的原则，防止和纠正问责泛化、简单化问题，建立完善激励干部改革创新的保险机制。

（六）充分发挥各级人大立法职能，稳步推进相关地方性立法

地方性立法担负着保障宪法和法律法规在本行政区域内有效实施和推进本地区经济和社会发展的重要职能，从历史的角度看，吉林省地方立法与时代同步，发挥了实施性、补充性、探索性功能，为经济社会发展提供了有力的法治保障。各级人大在做好"加法"的同时，也应做好"减法"，及时废修不适宜之法。吉林省各级有权立法部门应及时总结重大公共卫生风险治理的经验与教训，吸收国外先进立法成果，进一步完善突发疫情应对等方面的地方性法规，完善其中有关危机的预防、准备、宣告的立法内容，关注现行规范之间相互冲突的问题，以平衡社会公共利益与个人权利保障之间的关系。地方立法的最大优势在于"接地气"，应针对《突发事件应对法》等法

律法规内容模糊、界限规定不清以及容易导致措施过界之处，根据吉林省社会经济发展的总体情况，充分发挥地方性立法先行先试的特点，制定相关的地方性法规及细则，保证公权力在进入紧急状态后有序运行，不仅有利于社会公众对政府应急响应政策的有效监督，更有利于维护法治的权威。

参考文献

［1］李广德：《我国公共卫生法治的理论坐标与制度构建》，《中国法学》2020年第5期。

［2］黄学贤：《突发公共卫生事件中的法治社会建设论纲》，《苏州大学学报》（法学版）2020年第3期。

［3］周冉：《健全突发公共卫生事件应对的法治保障研究》，《中共成都市委党校学报》2020年第3期。

［4］张守文：《公共卫生治理现代化：发展法学的视角》，《中外法学》2020年第3期。

开放合作篇
Opening-up and Cooperation

B.17
长春—公主岭同城化路径创新研究

刘 恋[*]

摘 要： 2020年6月19日，经国务院批复，原四平市代管的县级市公主岭市改为由省会长春市代为管理，这标志着长春—公主岭同城化协同发展取得了新的突破性进展。变更公主岭市代管关系是贯彻落实东北全面振兴全方位振兴工作的关键举措，也是统筹推动中东西"三大板块"建设的重要环节，对于加快建设长春现代化都市圈、推进中部城市群崛起具有重大意义。因此，了解长春—公主岭同城化发展路径，并及时发现存在的问题，以期提出相应的对策及建议，这对于提升长春市乃至吉林省整体竞争力至关重要。

关键词： 长春—公主岭同城化 城市群 区域经济一体化

---

[*] 刘恋，吉林省社会科学院城市发展研究所助理研究员，研究方向：智慧城市发展、创新创业发展。

习近平总书记就东北振兴发展提出了发展现代化都市圈的战略指导思想，长春—公主岭同城化协同发展正是贯彻了习总书记的这一指示精神，打造长春现代化都市圈，促进长春市中部城市群和中部创新转型核心区发展，为实现新时代吉林全面振兴全方位振兴注入新的强大动能。

一　长春—公主岭同城化取得突破性进展

区域经济一体化是各区域之间相互利用对方的区位优势并综合自身优势实现协同发展，以达到互利共赢的最终目标。随着城市化进程的不断加快，城市与城市之间的紧密合作愈加重要，同城化成为提升区域竞争实力、增加城市发展动能的关键路径。

长春市在国家相关政策的支持下，先后将双阳、九台改为长春市市辖区。但相较于其他省会城市而言，长春市的综合实力依然较弱，如何能够提高长春的综合实力，打造"大长春"迫在眉睫。实践证明中心城市具有极核效应，能够广泛吸纳优质的资源要素，同时还能辐射并带动周边地区的经济发展。因此，加快推进长春—公主岭同城化进程既能够拓宽长春的发展空间，又能够增强长春的核心竞争力，提高长春的经济发展质量。就长春—公主岭同城化发展的基础条件来看，长春市南部地区与公主岭地区紧密相连，公主岭地区拥有融入长春的独特地理优势。同时，公主岭地区紧邻长春西南部的汽车经济技术开发区，与长春汽车产业具有上下游配套的产业优势。这些特点无疑可以为长春提高城市综合实力增添光彩。

长春与公主岭同城化发展起源较早，在2005年2月，为适应城市的不断壮大与发展，长春市政府首次提出将公主岭部分地区划入长春市，同年省政府正式批准将隶属公主岭地区的方正村、泡子沿村以及盛家村划分至长春市管辖范围内。2013年11月，为响应中共十八届三中全会提议，吉林省正式在公主岭市开展深化扩权强县改革试点，使其享有地级市的管理权限，以此来激发城市发展活力并进一步开拓城市发展空间。2016年10月，省政府提出要加快实现长春"半小时经济圈"以推动哈长城市群协同发展，方案中指出形成覆盖包含公主岭市的经济圈，为日后的长春—公主岭同城化奠定了坚实的基础。2017年4月，公主岭市政府提出要开展一系列融入长春的项目，实现与长春区域一体化发展。2018年8月，长春—公主岭同城化正式作为吉林省发展战略之一。2019年1月，省政府正式发布了关于长春—公主岭同城化发展的相关规划与方案，加快协同发展的步伐，尽快实现互惠互利共享的发展模式，以提升长春市的综合竞争实力。2020年6月，国务院正式批复同意原四平市代管的县级市公主岭市改为由省会长春市代为管理，这标志着长春—公主岭同城化协同发展取得了新的突破性进展。

公主岭由长春市代管后，长春的城市面积由原来的20604平方公里增至24662平方公里，跃居全国省会城市中面积第三大城市，人口由原来的751万人增至近850万人，城市发展动能大大提升，核心竞争力进一步得到加强，长春—公主岭同城一体化发展是长春建设现代化都市圈的重要举措，对于新时代吉林振兴发展具有重大而深远的意义。

二　长春—公主岭同城化发展现状

随着我国城镇化发展的速度越来越快，国内已有多个地区开展了区域同城化协同发展，长春—公主岭同城化发展在总结借鉴其他地区同城化经验的基础上，根据自身特点采取了"双先行、双对接、一主题"的创新模式，加速推进。

（一）长春—公主岭协同发展规划出台

推动长春—公主岭协同发展是贯彻落实东北全面振兴全方位振兴工作的关键举措，是加快培育现代化都市圈、创新体制的重要抓手，也是顺应社会发展趋势的必由之路。将公主岭市划为长春市代管仅仅是完成同城化协同发展的第一步，接下来关于各项部门对接工作以及融合两地区资源要素等都需要进行深入策划。随着长春—公主岭协同发展规划的出台，两市在执行过程中应紧密结合"十四五"发展规划，从自身实际情况出发，改革并创新相关体制机制，对两地之间的资源要素进行最优化配置，保证各项公共服务能够实现一致化，打破原有的行政壁垒，促进长春—公主岭同城路径的创新，从真正意义上构建同城化发展的新格局。在整体空间布局方面，促进各个经济开发区之间的分工合作，力争打造出符合同城化协同发展的先行区。在产业发展融合方面，注重汽车行业、农产品加工以及新兴产业等协同发展，制定细致周密的发展规划，在此基础上引领吉林省经济高质量发展。在基础设施互联互通方面，应加大力度推进两地间实现各项基础设施共建共享，构建同城化协同治理的新机制。

（二）汽车产业发展势头良好，国际汽车城建设工作稳步推进助力同城化发展

国际汽车城的建设作为吉林省"一主六双"重大规划中的支撑部分，在推动长春—公主岭同城化发展中起到关键作用。公主岭市具有独特的发展优势，首先，公主岭地区紧邻长春西南部的汽车经济技术开发区，与长春汽车产业具有上下游配套的产业优势；其次，公主岭市的大岭汽车物流园区承载着一汽大众、丰越公司的整车物流功能。因此，建设国际汽车城以实现打造世界级汽车产业基地的宏伟目标就离不开长春—公主岭同城化的建设。在两地同城化协同发展过程中，要进一步强化协调工作并加强各部门之间的沟通，认真落实政府部门的相关政策建议及工作任务，根据专项小组的具体要求，积极为建设国际汽车城谋篇布局，以达到提升吉林省经济质量的目的。目前，关于建设国际汽车城的各项工作正在稳步推动，东风大街作为国际汽车城的中心路线，其道路两旁基础设施的建设至关重要。5G基站、智能网联汽车测试设备的建设均已陆续开展，其他战略性项目如汽车城腹地、整车物流等建造及扩建也在快速推动中。长春—公主岭共同打造国际汽车城，深入贯彻"一主六双"发展战略势在必行。

（三）长春—公主岭两地部门积极对接推进同城化进程

关于长春—公主岭同城化建设的对接工作，长春市从自身的实际发展

状况出发，做出因地制宜的发展规划，将长春市的资源优势与公主岭地区的区位优势有效融合，最大限度地获得区域一体化所带来的红利。同时，设立专项工作组以便有序开展并推动后续相关对接工作，加快民生保障、公共事业等业务的调整步伐，进而推动长春—公主岭的同城化发展，以实现吉林省全面振兴及全方位振兴的目标。2020年6月20日，长春市与公主岭市民政局举办工作对接座谈会，对接工作主要包括社区建设、社会救助等；6月21日，长春市与公主岭市应急局进行工作交接，进一步落实相关战略部署任务以及建设应急工作体制等，稳步推进长春—公主岭同城化建设；6月22日，公主岭市公安局指出尽快适应长春市公安局的警务模式，了解长春市公安局的工作理念，加快实现顺利对接的步伐，同日统计局、交通运输局、医疗保障局等各部门召开了对接工作会议，推动相关对接工作的顺利开展。

（四）长春—公主岭两地道路交通基础设施建设进展顺利

关于交通对接方面，长春市与公主岭市在开展对接工作前就已有较好的合作基础，城乡客运一体化建设已在省内引起了不错的反响。长春市与公主岭市交通运输局于2020年6月22日完成首次对接工作。为实现长春—公主岭同城化发展战略，长春市正在加快打通两市之间的道路建设，规划开通五条主干道实现两市的贯通，现阶段除硅谷大街、前进大街仍在建设中外，其余三条干线已实现通车。国道饶盖公路项目的实施能够充分利用沿线道路的土地资源，在解决沿线居民出行困难等现实问题的同时，加快配套的基础设施建设，拉动相关产业发展，还能起到增加就业机会的作用。在轨道建设方面，正在施工的五号线、七号线均延伸至公主岭地区，助力长春经济圈环线建设。此外，长春交通大环线的建设已于2018年开工，分三期工程进行，是长春市高速公路网的重要支撑项目，使长春市与公主岭市之间紧密相连，为两地居民提供交通便利，能够为加快长春—公主岭同城化协同发展做出积极贡献。

（五）长春助力推进公主岭申报国家农高区打造吉林省农业新标杆

自 2020 年 6 月 19 日长春市代管公主岭市关系被正式批复后，长春市推进公主岭科技园区升级为国家农高区，全力打造以公主岭为核心的国家粮食安全产业带。通过公主岭申报国家农高区，能够做到将农业与科技相互结合，落实相关政策指导；同时申建农高区可以提升生产水平，实现粮食产量的增加，起到维护国家粮食安全的重要作用。另外，公主岭申报国家农高区前期的基础条件雄厚，发展优势明显。公主岭科技园区是国家首批农业园区之一，产业基础扎实，玉米产业集群效果良好。此外，吉林省多所高校及科研机构为园区的科研储备力量做支撑。园区地处东北亚几何中心，同时也是哈大经济线的重要节点，占据有利地理位置，交通十分便利，土地资源丰富，发展农业具有得天独厚的优势。目前，关于农高区的建设还需要给予配套设施及财政补助等支持工作，以便于更好地将科技与农业相互融合，推动构建高质高效玉米产业体系，实现国家农高区的园区升级调整，促进吉林省农业的高质量发展。

三 长春—公主岭同城化面临的问题

（一）同城化协同管理初期体制创新力不够

目前，由于长春—公主岭同城化协同管理属于较为初级阶段，相关制度方面仍然存在一些欠缺，构建体制机制的创新力不足。在产业空间布局以及产业调整融合方面缺乏有效的管理手段及相应的调控机制，因此在实现统一领导规划、统一产业定位上还有很大的进步空间。究其原因，主要是公主岭市原有的行政管理体系以及社会保障机制业已形成，客观上会对创新改革产生一定的阻碍作用，行政壁垒难以被打破，因此在同城化协同发展中存在滞后性。同时，同城化的核心是协同发展、共享合作，诸如基础设施建设方面

就具有公共物品的属性，两地政府可能存在"搭便车"的心理，缺乏协同管理的创新动力。对此，建立有效的监管机制是必不可少的，还需要省级部门对相关制度安排进行协调管理，将责任边界划分清晰，具体工作任务需落实到各个责任单位，健全完善的管理机制与管理制度，增加同城化协同管理体制的创新动力，以达到进一步全面推动吉林省经济高质量发展的目的。

（二）城市之间的定位尚有差别

尽管经济发展水平与层次差距是实现区域同城化的必要前提，但如果两地之间差距很大，在实施同城化建设中不可避免地会存在难以协调的问题，就会对同城化协同发展产生阻碍作用。首先，长春与公主岭两地的城乡人口比例差距较大。2019年《吉林统计年鉴》相关数据显示，2018年长春市的乡村人口数为380.09万人，城镇人口数为371.20万人，总计751.29万人，城乡人口比例约为0.98；而2018年公主岭市的乡村人口数为78.30万人，城镇人口数为24.82万人，合计103.12万人，城镇人口与乡村人口之比为0.32，能够充分发现两地城乡人口比例具有较大的不同，会造成人口素质存在差距。其次，两地的企业规模也存在较大差距，这就会造成经济发展水平的不平衡。长春市规模以上工业企业共有1632家，利润总额高达672.46亿元，反观公主岭市，2018年规模以上工业企业仅有203家，利润总额为5.25亿元，长春市的规模以上工业企业数量为公主岭市的八倍之多，利润总额双方差距更大，公主岭市经济发展水平较为落后。同时，公主岭市的发展目前仍以发展传统服务业为主，产业发展存在失衡的现象，如果在产业布局与定位上不能实现优质化设置，无疑会对同城化协同发展产生负面影响。

（三）城市之间经济利益分配存在问题

由于同城化发展需要两市在建设基础设施以及配置公共服务资源等方面共同配合，而协同工作的任务就会涉及多个参与主体，包括进行统筹规划的两地政府部门、参与推动长春—公主岭同城发展的两地企业以及享受同城化红利的两地公众等，如何将经济利益在这些参与主体之间合理分配，直接影响到同城化实施的顺利与否。是否能够达到经济利益目标相一致，一方面取决于两地各部门的相互利益博弈，由于各地方部门往往追求的是自身利益最大化而非整个区域整体利益最大化，然而在共同经济利益分配过程中却通常渴望获取更多；另一方面取决于能否形成新的管理制度，由于行政区域划分具有刚性，原有的区域结构与模式在短时间内很难被打破，而新的体系机制建立需要一段时间，如若不能尽快形成新的管理制度就会有产生"霍布斯丛林"的可能。同时，长春—公主岭同城化发展并非对称性合作，长春市的经济综合实力要远强于公主岭市，在同城化协同发展的过程中利用处于弱势地位的公主岭市资源时一旦缺乏对其进行利益补偿，也就是说两者经济利益分配有失公允，那么公主岭市参与同城化的动力就会被大大削减。

（四）公共服务存在不均衡问题

当下，公主岭市现已成为长春市直属管辖范围，但由于历史行政区域划分问题，在短时间内难以改变原有的刚性行政区域模式，在被长春市代为管理后如何平稳续接相关政策规划成为如今需要重点关注的问题。关于公共服务的问题，我国目前各地区的公共服务资源配置依然不均等，公共服务统一化管理难题仍未得到有效解决。具体而言，长春市与公主岭市由于两地人口结构比例、经济发展水平差距较大，在社会保障方面两地之间存在待遇不同的问题，养老金的发放标准、住房公积金的政策调整以及就业服务体系的机制建立等均会存在两地发展不均衡的状况，这就造成两地之间存在发展矛盾，而解决发展过程中存在矛盾的部分势必会影响同城化路径的顺利实施。同时，在公共服务制度设计上也存在差距，公主岭市的乡村人口占比较大，城乡间公共服务供给具有较大区别，因此统一区域内的基本公共服务标准，完善两地间公共服务制度设计是解决长春—公主岭同城化路径中公共服务统一性难题的必然选择。

（五）人才偏流问题

长春—公主岭同城化协调发展面临的问题还表现在劳动力市场上。由于

公主岭市的劳动力市场受环境等因素的制约，人工费用较低，同城化发展会造成低成本劳动力向价格高、待遇好的劳动力市场流入，对原有市场产生挤压作用。同时，公主岭市吸引人才的政策、公共资源以及服务水平相较于长春市仍然有较大的差距，在教育、医疗等福利待遇方面上存在短板，各种高质量人才大多会偏流到长春市，两地的人才优势无法实现互补。另外，在人才共享机制的建立上，由于长春—公主岭同城化战略实施还处在初级阶段，两地之间的人才合作还缺乏统一的管理，人才的相关引进政策还需要进一步设计与完善，两地政府部门关于人才偏流问题的协调功能仍然有限，有待开发。为此，地方政府及省政府各部门应对两地开展各项人才引进活动予以支持，鼓励两地间人才进行互动交流。同时，吸引外来复合型人才帮助长春—公主岭实现同城化建设，共同推进同城化发展，进而提升吉林省的经济发展质量。

四 长春—公主岭同城化路径研究

（一）加快体制创新，推进同城化

长春—公主岭同城化发展的推进离不开体制机制的创新，这就需要打破原有的体制机制壁垒，紧紧抓住同城化发展的规划要领。长春市与公主岭市都应该积极探索创新更高效的管理体制机制，所构建的体制机制要求具备联动现行管理制度且符合市场经济发展规律的特点，这就可以实现行政效率的提高以及公共服务水平的提升，对于加快现代化经济圈建设起到了关键作用。在同城化发展过程中，要将体制机制创新摆在首要位置，明确任务目标，做好前期的准备工作，充分发挥长春市作为中心城市的极核效应。同时，为尽快实现在资源要素配置、社会保障体制等方面的均等化，仍然需要同城化发展的体制创新。努力突破原有的行政区域划分刚性限制，两地加强工作联系，积极协调合作，为实现推进同城化的共同目标而奋斗。

（二）推进产业集群战略，促进产业协同发展

推进产业集群战略能够将区域内的产业高度集中化，使产业中各资源要素得到充分整合与汇聚，以便最大限度地发挥规模经济的优势，同时还能使区域内的产业之间具有竞争性，促进产业集群的快速协同发展。各产业集群要切实考虑到自身的实际情况，充分挖掘自身的优势特点，建立相对完整的产业经济体系。制定有吸引力的招商引资政策，营造良好的经营发展氛围，促进产业集聚战略的顺利实施。在产业集聚体系中，各个企业之间应该分工合作、协调发展，形成核心竞争力并建立恰当的产业集聚模式。在制定产业集聚发展战略时，政府部门应该考虑到长春市与公主岭市的实际情况以及外部政策环境，对于要素资源流动限制的遗留问题予以彻底解决，使其切实发挥引导和扶持相关产业发展的作用。还需要注意的是，在推进产业集聚战略时，应尽量摆脱传统的发展路径，大力发展科技创新，创新发展体制机制，培育出具有长远战略意义的产业集聚区，保证实现产业协同发展的目标，对于推进同城化路径的实施也具有重要意义。

（三）完善基金管理制度

由于在同城化发展过程中需要大量的资金投入，难免会出现资金制约发展的状况。因此，如何对资金进行合理分配也是同城化发展中需要重点考虑的问题。设立同城化发展专项基金是缓解资金压力的有效手段之一，资金来源主要是国家政策补贴，同时辅以吉林省、长春市以及公主岭市三方共同出资。基金的用途主要集中在促进项目投融资发展上，只有在同城化路径实施中保障资金的充足，才能加快同城化协同发展目标的实现。关于共同基金的管理，三方应各分派一定比例的管理人员设立专项基金运营管理部门对具体使用状况进行监督。同时，对于好的发展项目应予以奖励，实行相应的经济激励政策。专项小组应对推行的同城化项目进行考察与评估，对于评估质量较好的项目予以经济激励。另外，税收优惠、费用减免等相关扶持政策应加快落实，以便促进同城化的快速协同发展。

（四）政府有效推进

针对目前长春—公主岭同城化路径实施中难以落实与解决的问题，需要政府部门的介入，从更高层面协调规划同城化发展中存在的矛盾。为此，建立同城化发展专项小组，是推进同城化建设的有效手段。具体来说，政府专项小组应根据长春—公主岭同城化发展规划制定阶段性计划，在每个阶段性计划的实施过程中进行监督管理，在项目末尾验收实施效果，加快同城化建设的发展步伐。同时，政府积极举办各种同城化发展论坛，使两地区各部门之间对于如何实现共赢目标进行有效的沟通交流与研究讨论。政府部门的有效推进及高度重视能够充分发挥两地区的资源优势，有利于推进同城化的产业集聚建设以及公共服务合作，并且能够为长春—公主岭同城化路径的创新提供有力的支撑。

B.18 "一带一路"背景下中韩（长春）国际合作示范区建设思考与探索

谭红梅 杨晨*

摘　要： 2020年4月，吉林省获批设立全国唯一的中韩（长春）国际合作示范区。示范区承载着不同于山东烟台、江苏盐城、广东惠州这三个中韩产业园的使命。吉林省自"一带一路"倡议提出以来采取一系列措施积极融入，现已具备建设示范区的现实基础，同时也存在一些问题。吉林省应把握示范区获批新契机，充分利用自身独有资源优势，错位推进差异化发展，开拓中韩合作新途径。

关键词： "一带一路"　中韩（长春）国际合作示范区　对韩贸易　吉林省

2020年4月27日《国务院关于中韩（长春）国际合作示范区总体方案的批复》发布，5月12日国家发改委下发通知并制定具体配套政策，要求确保《方案》目标如期实现。这标志着中韩（长春）国际合作示范区（以下简称"示范区"）升级为"国家战略"，其规划工作将全面启动、展开。示范区建设不仅是长春高质量发展"四大板块"之一，同时也是吉林省扩大对外开发开放、深度融入"一带一路"倡议的重要环节，对吉林省对外开放和经济发展具有里程碑意义。

---

* 谭红梅，吉林省社会科学院朝鲜·韩国研究所所长、研究员，研究方向：朝鲜半岛问题；杨晨，吉林省社会科学院朝鲜·韩国研究所助理研究员，研究方向：经济学。

一 "一带一路"背景下示范区承载的使命

时隔近3年,继2017年末山东烟台、江苏盐城、广东惠州设立中韩产业园之后,吉林省获批设立全国唯一的中韩(长春)国际合作示范区。三个产业园布局在我国GDP前三强的省域,且分别依托环渤海、长三角、大湾区经济发达区域,其承载着"为国家试制度、为开放探路径、为转型作示范、为未来谋发展"的战略使命。[①] 示范区所在地吉林省虽非发达省份,但地处东北亚地理几何中心,是我国与东北亚五国发展战略对接的核心区,是东北地区向北开放的战略腹地,是中蒙俄经济走廊的重要节点,是东北亚各国战略对接的核心功能区。不同于上述三个产业园,示范区发展定位是成为推动中国"一带一路"倡议与韩国"新北方政策"对接的实践平台,成为推动中韩合作再上新台阶的承载高地,以中韩合作先行带动整个东北亚区域的经济合作。中韩双方合作深化,将为东北亚地区的多边合作带来新的机遇,促进东北亚地区相互合作与共同繁荣,携手打造东北亚命运共同体。

作为韩国第一大出口市场,中国是韩国的经济伙伴,参与中国提出的"一带一路"倡议,会对拓宽韩国经济领域产生积极作用。[②] 韩国为参与"一带一路"建设,也采取了积极行动。2015年3月,韩国宣布正式加入亚洲基础设施投资银行(AIIB),12月亚洲基础设施投资银行正式成立,韩国是其创始成员国之一,注册资本排在第五位。2017年5月,文在寅出席在北京召开的"一带一路"国际合作峰会。同年11月,在越南举行的亚太经合组织(APEC)首脑会谈上,他表示愿意支持并积极参与中国"一带一

---

① 陈洪全:《中韩(盐城)产业园特色发展研究》,《盐城师范学院学报》2019年第7期,第72页。
② 中韩两国在地理上紧密相连,形成一道水带,具有得天独厚的地域和自然优势。韩国借"一带一路"平台增加通往欧洲的新选择。据韩国《中央日报》和韩国贸易协会的联合调查结果,目前有相当一部分韩国商品在中亚流通,希望通过中国新亚欧大陆桥铁路实现运输。要依托中韩沿海共同推进能源管网、铁路、码头设施和物流枢纽等网络基础设施建设。这样打造中韩国际大通道对韩国经济发展具有重要的现实意义。

路"建设。12月，在中韩首脑会谈上，两国首脑对中国"一带一路"与韩国发展战略相对接达成共识。随后，在中韩联合进军第三国产业合作论坛上，文在寅公布了将新北方、新南方政策同中国"一带一路"对接的四大合作方案。① 为使合作方案更加具体化，于2018年2月2日在北京举行的第15次中韩经济部长会议上，中韩两国决定将"一带一路"和"新北方政策"进行对接，同时，还决定制定"新北方政策"与"一带一路"对接的东北地区相关的各节点合作方案，即在"新北方政策"和"一带一路"的主要节点建立中韩经济合作示范区，加强地方政府间合作。2020年1月17日，韩国总统文在寅在青瓦台听取了北方经济合作委员会委员长权九勋关于"2020新北方政策战略"的报告。权九勋在当天的报告中表示，决定将2020年视为"新北方合作年"，同时还表示，将使2020年成为创造并扩大北方经济合作实际成果的一年。

吉林省是"一带一路"向北开放窗口，也是韩国新北方政策核心合作区。吉林省省会长春市作为东北亚自由贸易的重点城市，地处松辽平原，是东北地区天然地理中心，东北亚几何中心，东北亚十字经济走廊核心。② 在此设立全国唯一的中韩国际合作示范区，既是新时期国家对外开放战略布局的重要组成部分，又是吉林主动服务和融入国家"一带一路"建设的重大机遇，赋予吉林在改革开放新征程中的历史使命。一方面，实现国家战略赋予吉林新的责任担当，表明其在东北对外开放新格局中要发挥更重要的作用。具体而言，将吉林省经济发展置于东北亚区域经济合作中，一是为东北亚各国对外联系提供便利，利用中韩共同建设的交通基础设施，深化东北亚六国相互联系。二是为东北亚各国提供流动性强、沟通活跃、交流更为便捷、发展空间更广阔的合作平台，进一步促进区域经济一体化。三是面对不

---

① 一是除中韩两国外，还要强化与蒙古国、俄罗斯等区域内其他国家间的联系性。二是强化在培养清洁能源产业、构筑"超级电网"等能源领域的相互合作，同时构筑利用IT技术的"数字丝路"。三是将中韩企业优势结合，对共同开发第三国市场给予积极支持。四是为确保贸易畅通，强化中韩两国以及区域国家间的贸易与投资合作。
② 白士彦：《构建吉林省中韩自贸试验区经济效应分析》，《经济观察》2019年第3期，第33页。

断变化的新形势,优先考虑地区内共同利益,增强各国创新能力,实现各国利益最大化,促进东北亚地区共同发展。另一方面,作为全国唯一的中韩国际合作示范区,按照体现特色的"吉林味"科学定位,发挥地处东北亚核心、毗邻朝鲜半岛的地缘优势,加大改革试点和政策创新,深化吉韩全产业链、全市域、全方位合作,提升产业合作层次,开创吉林开放发展的新格局。这不仅在东北振兴中起到重要推动作用,而且也将对深化东北亚区域经济合作产生深刻影响。①

二 "一带一路"背景下建设示范区的现实基础

"一带一路"倡议提出以来,吉林省采取一系列措施积极融入,在面向东北亚国际合作方面取得了成效。一是公路、铁路、港口、航线、口岸等对外通道建设取得突破,与周边国家互联互通、良性互动的效果正逐步显现,为打造东北亚地区国际物流枢纽奠定了坚实基础。二是开发开放平台建设扎实推进,空间布局不断优化,平台功能逐步完备,产业集聚和外联作用得到有效发挥。三是经贸合作逐步深化。充分利用区位、平台及政策优势,加快"走出去"步伐,与东北亚各国在资源开发、旅游合作等领域的交流合作不断深入。四是充分利用国家赋予的政策优势,在促进经贸人员往来、外贸、加工、物流、旅游、金融创新等方面积极开展先行先试。尤其是自2013年中国提出"一带一路"倡议以来,吉林省利用自身地理优势,不断加强与韩国等东北亚国家之间的经济交流与合作,"一带一路"为吉林与东北亚各国经贸往来提供了重要窗口。在过去八年里,吉林积累了不少与东北亚各国国际经贸合作的实践经验,这不仅为中韩双方合作奠定了坚实基础,同时也提供了有益借鉴。

---

① 也就是说,既能为东北地区发展提供新动能,更能为东北地区对外开放和国内各地参与东北亚合作提供高能级平台,从而使东北地区发展成为东北亚合作的枢纽。

"一带一路"背景下中韩(长春)国际合作示范区建设思考与探索

近年来,吉林省经济已经发生了很多积极的变化,吉林正稳中求进。随着新一轮东北振兴战略的深入实施,包括吉林经济在内的东北地区发展已展露出逐步企稳回升的迹象。2018年,吉林省地区生产总值全年增长4.5%。[1] 2019年继续保持经济稳中有进的发展势头。同时,吉林在优化营商环境方面已迈出实质性步伐,组建了省属营商环境建设部门,2019年,正式颁布实施《吉林省优化营商环境条例》[2],全力打造"办事不求人"的吉林名片[3]。值得一提的是,中国已将"东北振兴战略"纳入"丝绸之路经济带"的整体发展框架当中,这将为中韩双方的全方位合作提供广阔的市场和空间。[4] 示范区落户的长春市位于东北亚经济圈的中心,是中国东北地区重要的中心城市之一,近年来经济平稳增长。2019年,长春地区生产总值为5904.1亿元,同比增长3.0%,占全省的50.34%,各产业结构持续优化,其中,第一产业、第二产业、第三产业增加值分别为348.1亿元、2495.4亿元、3060.6亿元,分别增长2.1%、5.3%、1.0%。吉林省主要城市的可持续竞争力[5]指数长春市最高(0.511),在全国294个主要城市中排名第37位。[6]

---

[1] 《吉林省2018年国民经济和社会发展统计公报》,吉林省统计局,2019年4月30日,http://tjj.jl.gov.cn/tjsj/tjgb/ndgb/201904/t20190430_5832413.html。

[2] 该条例充分体现了"加强服务保障,推动高质量发展"的立法理念,彰显了优化营商环境的坚定信心与决心,并向市场主体释放出极强的利好信号,在营造宽松有序、诚实守信的市场环境方面,推动减轻企业税费负担,规定了两个"下限标准";在营造便捷高效、公开透明的政务环境方面,进一步深化"互联网政务服务",加快推进政务服务"一网、一门、一次"改革,让政府权力运行阳光透明、廉洁高效;在营造公平公正的良好法治环境方面,实行公平竞争审查制度,对妨碍市场公平竞争、侵害市场主体合法权益的,开展备案审查和评估清理,等等。

[3] 吉林省企业开办时间由11天压缩至3天。

[4] 朴光海:《"一带一路"与韩国"两新"政策能否对接》,《世界知识》2018年第21期,第20页。

[5] 经济可持续竞争力是综合反映一个地区的经济发展潜力的量化标准,它综合反映了该地区经济发展环境及发展潜力等要素。

[6] 孙绪等:《"一带一路"发展战略下吉林省在我国经济发展中的战略地位与竞争力研究》,《市场论坛》2019年第3期,第25页。

三 "一带一路"背景下建设示范区面临的问题

《中韩（长春）国际合作示范区总体方案》（以下简称《方案》）要求，到2025年，推进示范区与韩国经济交流，优化合作营商环境，达到与国际一流水平对接，初步建成高质量发展的国际开放合作平台；到2035年，提高集聚高端产业功能，取得显著成果，实现产业城乡协同发展，打造东北亚竞争力强、影响力大的国际合作示范区。但是，目前吉林省在实现上述目标方面，存在如下几个问题。

（一）吉林省对外开放程度仍然不足，影响高质量发展国际开放合作平台建设

吉林省对外开放程度随着保税区、自贸区等运行进一步提升，但与国际化和高水平营商环境比较尚存在一定差距。从贸易依存度看，东北地区内部，吉林省对外贸易依存度为辽宁省一半左右，且远低于黑龙江省。从全国来看，包括吉林省在内的东北地区对外贸易依存度低于全国平均水平28.2个百分点，仅为19.8%（广东、浙江等地甚至超过100%），这与《方案》所要求的"高质量发展的国际开放合作平台"还存在很大差距。如何从环境、制度及文化等方面努力提升吸引力，缩小差距，任务艰巨。

（二）吉林省对韩贸易规模整体较小，在推进示范区与韩国经济交流方面受到限制

近年来，吉林省对外贸易增势强劲、成绩突出。2019年，高新技术产品进出口额增长13.2%，实际利用外资额增长21.2%，增速高于全国18.6个百分点，对外直接投资增长125.50%，增速居全国第1位。2020年1~4月外贸持续增长，货物贸易进出口总值为425.5亿元，比上年同期增长1.6%，增速高于同期全国进出口增速6.5个百分点，居东北三省首位。但是，吉林省对韩贸易增长规模、所占份额都相对较小。从国际合作位次来

看，欧盟、日本、东盟分别占据吉林省对外贸易伙伴的前三位。从贸易额度来看，欧盟、日本、东盟分别为218亿元、49亿元、23.5亿元，占据吉林省对外贸易总额的51.2%、11.5%、5.5%。而韩国仅居第4位，总额为22.8亿元，占吉林省进出口总额的5.3%。

（三）吉林省对韩贸易发展增速缓慢，对推动运营技术管理水平与国际接轨构成限制

2020年1~4月，吉林省对外贸易伙伴国对吉进出口增长势头强劲。其中，墨西哥作为后起之秀涨幅达到30.9%，位居榜首。其后依次为日本增长28.9%、东盟增长8.3%等，而韩国仅增长了0.8%。事实上，近年来吉林省对韩进出口额占整体进出口总额的比重持续下降。在2005年以前，其所占比重除2004年为6.98%以外，其他年度尚可保持在两位数水平。但是，从2006年开始，吉林省对韩进出口额占比开始降至个位数，此后逐年连续降低，甚至在多个年度仅能维持在2%以上的水平。目前，吉林省对韩外贸增长速度已经无法跟上吉林省整体对外贸易的平均增速，2020年1~4月，吉林省进出口较同期增长1.6%，而对韩进出口仅增长了0.8%。

（四）吉林省对韩贸易在传统领域具有"出口附加值低、进口附加值高"的显著特点，不利于示范区协调发展

通过对吉林省对韩贸易产品结构分析发现，出口以低附加值产品为主，如海产品、纺织制品、谷物蔬菜等；而进口多为高附加值产品，如腈基化合物、自动控制装置、金属机床等。上述结构导致吉林省对韩贸易存在长期贸易顺差风险。事实上，在吉林省主要贸易伙伴中，只有韩国出口大于进口，实现了贸易顺差。伴随示范区建设，对韩贸易的顺差状况将不断扩大。但是，对外贸易的最优状态是贸易平衡，贸易顺差越大，并不意味着越有利，它不仅容易招致贸易摩擦，而且外汇盈余也将导致本币投放量扩大，引发通货膨胀压力，带来巨大潜在市场风险和金融风险，严重影响示范区及省内国民经济持续、健康发展。

总之，发展现代农业，工业升级换代，提升第三产业比例，改善三次产业结构是吉林省经济持续发展面临的首要问题。

四 "一带一路"背景下建设示范区的思考建议

示范区落户长春市，是吉林省重大发展机遇。在此契机下，吉林省应充分利用自身独有的资源优势，夯实硬实力，培育软实力，全面启动规划。"人无我有，人有我新"，错位推进，差异化发展，开拓中韩合作新途径，努力建设立足东北亚、辐射"一带一路"、面向全球的开放合作新高地。

（一）利用中医药资源优势，创建中医药区域品牌

吉林省中医药资源极为丰富，是全国中药材重点产区之一，特别是以长白山为中心产地的各类天然药物资源在国内素有"北药"之称。[①] 吉林省所独有的道地药材有人参、鹿茸、关防风、辽细辛、北五味子、关木通、刺五加、关黄柏、关龙胆等。所产人参产量占全国人参总产量的85%[②]，具有良好的产业发展基础。目前，吉林省中医药资源优势尚未得到充分利用，中医药优秀文化的生产力和影响力也远未充分发挥出来。示范区可集聚全省资源建设，与韩国进行交流与合作，优势互补，联合开展研发。具体可统筹规划全省中草药成药制剂产业，发挥长春、通化医药加工科技优势，运用辽源东风鹿业、东部四市州人参、长白山中药用植物等受韩国人欢迎的中草药原料，打造中韩合作中药制剂品牌，并发展成带动区域经济发展的成熟品牌。同时，坚持发展模式创新，做强、做大医疗服务产业，弥补目前特需及高端医疗服务的市场供给不足。此外，中医药健康旅游作为一种新兴产业，吉林省具有独特的优势，可积极借鉴韩国中医药健康旅游发展经验，建立中韩吉

---

① 周越辉：《长白山"北药"旅游文化资源的分析》，《商业现代化》2012年第11期，第142页。
② 朱欣欣等：《供给侧结构性改革背景下的吉林省中医药发展分析》，《医学综述》2018年第18期，第217页。

林省中医药健康旅游研究基地和发展基地,坚持中医药健康旅游的"走出去"和"引进来",实现共赢。

(二)利用农业资源优势,重点发展绿色生态农业

当前,我国经济进入高质量发展阶段,消费者对有机食品、绿色食品的需求越来越大。吉林省是我国农业大省,有着丰富的农业资源。但目前,吉林省农业仍处于传统农业向现代农业转变进程中,虽然农产品供给数量得到了极大的提升,但是总体质量不高。韩国农业自然禀赋虽不及我国,但率先实现农业现代化。韩国早在20世纪60年代就开始进行农业成规模的海外投资,将农产品加工和物流作为投资重点。尤其是近年来韩国重视亲环境农业[1]的发展,通过多年实践已取得实效[2],积累了丰富的发展旅游农业经济的经验。示范区可将吉林省农业资源与韩国资金、技术、管理等相结合,着力发展绿色生态农业、休闲观光农业[3],建立总部研发基地,锁定"吉字号"优势特色领域,做成现代化农业示范项目。同时,借鉴韩国具有世界领先水平的绿色食品产业经验,将农产品精深加工产业做大做强,实现原材料就地精深加工,培育龙头企业,打造吉林品牌,优化农产品出口结构,将出口市场拓展至经济发达国家。

(三)利用文化资源优势,开拓中韩文化贸易新途径

合作区规划发展影视动漫产业,吉林省以长影为龙头发展文化产业的确有优势,但文化产业不能形成贸易将难以持续。文化贸易是近十几年新发展

---

[1] 韩国亲环境农业与中国所提的生态循环农业、绿色农业较为相似,主要目的都是寻求人与自然环境之间的亲和,实现可持续发展的农业生产、环境保护、农产品质量安全和农民增收。

[2] 一方面提升了农产品质量、保障了韩国粮食供应、缓解了产能过剩,另一方面减少了对土壤和水资源环境的污染,农业可持续生产能力明显提升,实现了农业可持续发展和环境的改善,经济、社会、生态效益显著提升。

[3] 加强农业与教育培训、文化分享、创意体验、保健养生等产业深度融合,开发一批有特色、高品位的特色小镇或休闲观光农场,带动全产业链融合创新发展。

形成的国际贸易方式，文化贸易的前提是文化认同与共鸣，东北亚区域因其历史文化积淀是适于开展文化贸易的区域。韩国的影视制作、游戏开发、动漫设计等有独到之处，处于世界先进水平，示范区可以通过合作打造中韩文化交流主题集聚区。同时，示范区可充分发挥中韩在理念、创意、资本、技术等方面的优势，通过引导中韩文化企业合力攻关，在电影、电视剧、动画、娱乐、视频、游戏、美容、医疗、旅游等方面实现多文化创造与融合，形成东北、东北亚特色。

（四）发挥气候优势，谋划冰雪产业园区

吉林省冰雪产业具有得天独厚的优势。吉林省以雾凇岛作为冰雪文化游的代表性景观，号称"吉林雾凇天下奇"，长白山的天池和温泉资源同样成为游客出行的重要选择。示范区可谋划冰雪产业园区，通过深入挖掘冰雪文化资源的优势，营造独具地方特色的冰雪文化氛围，从而提高冰雪旅游目的地在国内和国际的影响力，使冰天雪地变为金山银山，成为振兴东北的强动力。

（五）利用区位优势，争做投资纽带

世界经济发展中，"双向投资"已是国际惯例。吉林应主动上门招商，邀请对韩投资企业入园，用区位优势"请进来""走出去"，做"中转站""返销点"。与韩国战略投资者联动，成为韩国跨国公司的东北区域合作支点。与韩国企业合作需强化与韩"四大商会"对接。韩国商工会议所、贸易协会、中小企业工商会深耕中国，一直是吉林省主要联系伙伴商会，但吉林省多为中小企业，投资数额小，经济纠纷多。而韩国全国经济人联合会不足百户的会员企业，都是韩国产业巨头，世界500强和前世界500强居多，是真正的跨国公司、战略投资者。合作区应千方百计吸引其布局长春、联通东北。

（六）加强环保合作，建立绿色产业体系

经济飞速发展也产生负面影响，各种污染给环境带来极大破坏。随着人们环保意识不断增强，环保产业成为当前的朝阳产业。韩国的环保产业发展

30余年，积累了丰富的发展经验。韩国政府制定了第三期环境技术与环保产业发展规划（2013~2017），韩国环境部通过建立技术开发中心、启动商业化运作模式、吸引外资、产品海外推广等举措，积极促进环保产业的发展。韩国在环境污染后处理技术领域已达到发达国家水平，在我国提出加快建立绿色产业体系，改造和提升传统环保产业的今天，中韩两国的合作存在极大的发展空间，如余热回收、绿色照明、垃圾回收利用等。努力促使韩国环保产品生产企业中技术含量高的企业进入示范区。

（七）持续加强软环境建设，发挥示范优势

与国际先进营商环境进行对标，使吉林省制度环境得到全面提升，进一步从根本上补齐招商引资存在的短板，解决软环境方面的问题，并注意动态跟进与及时调整。同时，做好"长春经济圈"规划和建设，通过打造人才培养合作平台和金融合作平台，努力提升经济辐射带动能力。

B.19
吉林省加快发展海洋经济的对策研究

任鹏 侯玲[*]

摘 要： 党的十八大提出了建设"海洋强国"，将发展海洋经济提升到战略高度。吉林省历史上就是沿海省份，珲春市曾经是日本海航线上的重要枢纽，也是历史上东方自由贸易重要节点城市。近年来，随着大图们江区域合作开发进程加快，中国、俄罗斯、朝鲜、韩国、日本等各国经贸合作不断深化，为吉林省进一步融入海洋、参与海洋合作提供了重要机遇。大力发展海洋经济，支持珲春建设海洋经济创新发展示范城市及海洋经济合作示范区，可有效弥补我国东北亚区域海洋经济发展城市布局的空白点，深化延展中国长吉图战略，培育新的重要增长极，实现兴边富民。

关键词： 海洋经济 大图们江区域合作 海洋经济合作示范区

当今时代，随着人口增长、陆地资源紧张和生态环境污染等世界性问题的日益突出，海洋在维护国家主权安全和发展利益方面扮演着更加重要的角色，各国竞相通过经略海洋来增强其综合国力。新冠肺炎疫情后，海洋产业、海洋产品将会出现新的发展态势，抢抓新一轮海洋经济发展战略，对"十四五"时期各地区经济社会发展将产生深远影响。

---

[*] 任鹏，吉林农业大学经济管理学院农村发展专业2020级硕士研究生，研究方向：农业经济；侯玲，吉林省政府研究室处长，研究方向：产业经济。

一 吉林发展海洋经济意义重大

(一)我国全面实施"经略海洋"战略的重要组成部分

海洋是我国经济社会发展的重要增长极,开创一条有中国特色的依海富国、以海强国、人海和谐、合作共赢的发展道路,是实现"两个一百年"奋斗目标和伟大复兴中国梦的必然选择。吉林省是我国向北开放的重要节点,国家已经将其纳入"国家海洋省"工作体系,要求以产业发展带动出海,坚持经贸互惠、航道共享、发展互利,扩大中朝俄三国利益交汇点。因此,加快吉林省发展海洋经济,有利于推动东北北部地区由"借港出海"向"沿边通海"转变,有效促进开发北极航线工作,维护我国图们江出海权益,拓展我国海洋战略利益。吉林省在中俄毗邻区域战略对接中,特别是在解决陆海联运通道问题上,发挥着重要作用。一方面,吉林省可以凭借西连内蒙古、北连黑龙江、南接辽宁的区位中心优势,集聚物流资源,形成对各方均有利的最佳对俄合作集结路线;另一方面,吉林省以通海优势,加强对俄海上合作,提供一条"海运出境"的物流捷径,有效带动我国东北大部分地区与俄罗斯远东的海运、经贸、旅游和投资等合作。

(二)东北亚区域合作向纵深发展的关键环节

图们江区域合作开发的初衷是依托日本海的桥梁作用,通过发展海洋经济将中日韩俄朝蒙六国紧密联结。多年来,由于我国图们江区域通海未完全实现,致使蒙古国参与图们江机制、谋求出海通道的愿望无法实现。因此,吉林省发展海洋战略,积极"融入"日本海,形成长期稳定、可持续发展的海洋通道,将深化我国与俄罗斯和朝鲜的近海区域海洋经济合作,极大推动蒙古国参与东北亚深层次合作,推动新时期东北亚地区海洋经济合作,真正实现东北亚区域合作向纵深方向发展。

（三）吉林省实现"边疆近海"向"沿边通海"的跨越

新的国际区域形势和我国强化国际海洋合作战略实施，以及图们江区域合作基础，为吉林省沿边通海奠定了基础。近年来，吉林省利用兄弟省区的满洲里、绥芬河内陆口岸，租用大连港，扩建大安老坎儿水运码头，积极筹划联结南北大通道，利用营口鲅鱼圈港，借用朝鲜铁路和清津东港，开辟珲春长岭子对俄贸易口岸等，为吉林省实行全方位开放奠定一定基础。但在相当程度上受到国内和国际诸多因素制约，给吉林省的对外贸易发展带来不确定性。如果能够打开图们江出海口，实现对外通海航行，建立内河或沿海港口，将会使吉林省独立开辟近海与远洋航线，进入日本海，远涉太平洋，推进国际海洋合作，使吉林省真正实现"边疆近海"向"沿边通海"的历史性跨越。

二 发展基础与特点

区域性海洋经济发展日益成为区域发展战略的重要组成部分。吉林省有着独特的地理空间资源，发展海洋经济基础良好，势在必行。

（一）区位优势

吉林省在区位上有发展海洋经济的先天优势。其与朝俄两国接壤地紧邻日本海，最近处离日本海只有4.5公里，顺图们江而下15公里便可进入日本海。珲春毗邻俄罗斯滨海边疆区和朝鲜罗先特别市，是吉林省东联东北亚各国的地理核心，也是东北地区陆海运输地理要冲以及我国"一带一路""冰上丝绸之路"，蒙古国"草原之路"等交会区域。在距珲春市200公里内，分布着海参崴、扎鲁比诺港、波谢特港、斯拉夫扬卡港、东方港、纳霍德卡港、罗津港、雄尚港及先锋港等俄、朝10余个优良港口，是我国由水路到俄朝韩东海岸、日本西海岸及经北极航线到达欧美的最近点。

（二）人文优势

我国原是日本海沿海国，吉林省图们江流域及所处东北地区是日本海濒海沿岸区。东北人民对图们江和日本海的开发利用有着悠久的历史。各族先民很早就利用自己的聪明才智开发东北，利用日本海，发展与东北亚各地的交往。历史上，珲春市是与日本海沿岸国家开展海洋产业合作的重要通商口岸城市，海上贸易十分活跃。改革开放以来，经过40多年参与图们江国际区域合作开发，吉林不仅与朝俄两国港口进行了密切合作，也与毗邻区域建立了友好关系。

（三）产业优势

经过多年的发展，吉林省已经有54家海产品加工企业、94家海产品贸易企业和20余个涉海产业项目，初步形成了海产品加工贸易、海洋旅游和海洋运输三大产业集群。据统计，在该区域有海产品加工和贸易企业200余家。珲春毗邻海域是世界性渔业高产区，年捕捞量约550万吨，渔业资源量约5200万吨。

（四）制度优势

改革开放以来，国家赋予吉林省和珲春市一系列开放政策，为海洋经济发展提供了重要的政策支撑保障。1992年，国务院批设珲春为进一步对外开放沿边城市；2009年，国务院将长吉图开发开放先导区上升为国家战略，将珲春定位为长吉图先导区"窗口"；2012年，国家将珲春市确定为国际合作示范区；2018年，国家又将珲春出口加工区升级为综合保税区；2020年，珲春海洋经济示范区正式揭牌，一系列的政策红利为吉林省发展海洋经济提供了平台支撑。"十四五"时期是贯彻党中央国务院关于吉林新一轮振兴战略的重要历史时期，更多的政策制度效应将持续显现，为吉林省海洋经济的创新发展提供了必要的制度保障。

（五）物流优势

目前，吉林省距离图们江出海口最近的珲春、图们、龙井、和龙、延吉5个城市都有海洋产业，主要以海产品贸易与加工、滨海旅游、海上运输为主，面向日本海呈弧形带状分布。"延边海鲜"国际知名度较高，形成集加工、物流、进出口贸易、冷链仓储、配套加工于一体的分工合作、紧密关联的海洋产业跨国产业带。珲春拥有4个国家级一类口岸，跻身陆上边境口岸型国家物流枢纽承载城市，特别是吉珲高铁客运专线、长珲高速公路、中俄珲马铁路、"长珲欧"货运班列、陆海联运和铁海联运航线以及龙嘉和朝阳川空港等，交通物流通达顺畅，构成了我国经珲春进入日本海的出海大通道，为经贸往来提供了便捷的跨境物流通道。

三 重点领域

当前，吉林省应抓住国家构建"以国内大循环为主体、国内国际双循环相互促进"的新发展格局和"一带一路"建设的重要机遇期，加快融入国家海洋经济发展战略全局，形成集海洋产业、海洋运输、海产品捕捞、仓储、加工、销售于一体的跨境合作产业链。

（一）加快构建国家级海洋产业发展平台

积极争取国家海洋局与吉林省共同创建国家级海洋产业发展载体。一是加快建设珲春海洋经济示范区。利用吉林省与浙江省对口合作的契机，学习借鉴宁波向海经济的成功经验，发挥宁波海洋产业集聚优势，共同开展海洋产业链项目谋划和招商合作。推动舟山港集团参与珲春市港口、航线和通道建设，使珲春海洋经济示范区成为东北亚地区集过货、存储、保鲜、研发、加工、出口贸易于一体的海产品深加工出口集散地。二是在和龙、龙井、延吉建设明太鱼晾晒及深加工产业园区。重点在开发海洋生物保健品、海洋药物等高附加值产品方面取得新突破。三是建设水产品批发集散中心。建设海产品期货交易市场，促进冷链物流标准化、专业化、现代化。依托图们江入海口，拓宽海洋经济发展路径，形成特色鲜明的海洋产业体系。

（二）大力发展临海资源传统优势产业

加快建设海产品冷链运输、仓储设施，积极发展海产品精深加工；开发多元化产品，满足高附加值海洋深加工食品的市场需求，推动"互联网＋海产品"的线上线下销售；打响图们江区域海洋食材产业品牌，将图们江打造成面向国内外市场的海产品加工集散基地。借助俄朝港口，利用日本海的水产资源，引进大型海产品加工企业，支持冷链物流企业、生鲜海产品销售企业发展，鼓励海产品加工废弃物循环利用。引导相关企业向海产品加工园区集聚，通过"互联网＋"搭建海产品信息服务平台、网上交易平台、食品安全监测平台，实现集聚效应最大化。启动图们江三角洲国际旅游区建设项目，谋划建设中俄朝跨境湿地公园，重点发展珲春—俄罗斯海参崴—韩国东海—日本靖港环海邮轮，打造环日本海全球旅游热线。争取赋予俄罗斯、朝鲜、韩国、日本、蒙古国五国公民进入珲春15天免签待遇，合力发展陆海旅游。

（三）探索发展海洋新兴战略性产业

要把海洋装备制造、海洋油气、海洋生物医药、海洋新能源等涉海新兴战略性产业作为推动海洋经济主导产业，大力促进海洋高科技产业发展，加快海洋综合服务和环保相关产业发展，提高海洋产业现代化水平。借助自贸区政策，为各类涉海投资、保险、租赁等服务机构提供项目孵化、投资融资、风险化解等定制服务。以海洋工程装备制造、海洋工程装备高端配套和海洋工程装备服务为主导方向进行产业集聚，形成以成套装备为核心、以基础部件为支撑、以全链服务为特色的完整海工产业体系。充分利用大数据、人工智能等现代技术手段，启动海洋工程装备智能信息服务平台建设，及时向区域内海工企业提供全球海工市场预测、技术咨询、交易中介等相关信息服务。

四 思路与建议

（一）陆海统筹大力推进海洋运输

吉林省实施陆海联运使东北货物比走大连港到日本新潟，运时节省1/2，运费节省1/3。吉珲高铁专线、高速公路、珲春借港出海航线及龙嘉和朝阳川空港构成了我国和吉林省进入日本海的新出海通道。目前，经过吉林省珲春市形成的我国北方出海航线基本框架已略具雏形，具体包括珲春—波谢特—秋田和珲春—扎鲁比诺—束草客货联运航线，珲春—扎鲁比诺—新潟散货航线，珲春—扎鲁比诺—釜山航线，珲春—扎鲁比诺—束草—新潟航线，同时，"珲春—扎鲁比诺—宁波"航线正在加快建设。要利用好这些出海航线，吸引大型国有企业积极参与朝鲜雄尚港、清津港和俄罗斯扎鲁比诺港等港口的开发建设，开辟和培育海上航线，给予航线资金补贴。在公路、铁路、桥梁建设上，推动国家将珲春至俄罗斯海参崴高速铁路和公路、珲春至朝鲜雄尚港高速公路或铁路，纳入两国近期铁路、公路建设计划。在口岸建设上，尽快批复新圈河口岸业务用房及附属设施项目，实现木材、集装箱、重油的货物运输。

（二）组建专业机构统筹海洋开发与管理

建议成立吉林省海洋经济发展领导小组，组建跨部门的协调组织机构，统筹海洋经济发展规划和海洋管理。将延边州纳入海洋组织序列，在吉林省、延边州和珲春市分别加挂海洋局、渔业局牌子，与国家海洋、渔业主管部门形成业务对接，突出强化海洋职能，办理海洋业务。组建海洋经济发展研究院和海洋产业技术研究院，搭建海洋经济发展与技术开发的合作平台，有针对性地组织实施吉林省海洋经济发展重大战略问题研究、产业选择与布局、人才引进与培养、重大关键共性技术的攻关等。制定珲春海洋经济发展示范区的海洋空间生态保护专题规划。系统研究珲春海洋经济发展示范区与东北亚各国、长吉图开发开放先导区、哈长城市群等国家战略的深度融合，形成内外联通的互动发展，助力推进我国加快形成"双循环"新发展格局。积极承办"东北亚及日本海海洋合作与开发"相关领域论坛。

（三）加强海洋经济的金融支持

海洋经济的投资具有高风险性和长周期性，应定向进行信贷支持，帮助企业扩大生产和兼并重组，提高海洋农业的机械化、规模化水平。降低海洋项目工程的直接融资门槛，吸引更多民间资本进入，发挥民营经济的管理优势和资金优势，共同服务吉林省海洋经济发展。大力发展金融担保业和融资租赁业，帮助企业购买海洋经济中的大型机器装备。发展海洋保险业，分担企业在海洋经济活动中的重大风险。

（四）培养涉海专业人才

发展海洋经济离不开高素质人才。针对目前专业性海洋人才普遍匮乏的困境，吉林省应积极探索专业人才的培养和引进。一方面要充分利用本地教育资源，加强与中国海洋大学等涉海类高校的合作，联合开展海洋专业人才教育培训；另一方面比照吉林省人才新政18条给予专业人才相关待遇，建立人才激励机制，吸引国内外优秀海洋专业人才到吉林临海城市从事海洋经济开发建设。

B.20
加快推进吉林省与浙江省对口合作的对策建议

赵冠一 任 晶[*]

摘 要： 吉浙对口合作以来，两省在经济发展、社会进步、城乡融合等领域取得重大进展和实质效果。"十四五"时期，面对国际环境"百年未有之大变局"、国内全面开启社会主义现代化建设新征程等形势，继续深化吉浙对口合作，对于吉浙两省推进高质量发展，具有十分重要的意义。

关键词： 吉林省 浙江省 对口合作 平台建设

吉林省与浙江省对口合作战略，是党中央、国务院实施新一轮东北振兴战略、加快东北地区经济企稳向好的重要战略部署，有利于发挥两省比较优势，推进供给侧结构性改革，拓展产业发展空间，优化区域生产力布局。自2017年对口合作战略实施以来，吉浙两省对口合作务实推进，达成了"建机制、搭平台、抓项目、出政策"的合作原则，在体制机制、产业创新、基础设施、平台建设、社会治理、创新创业、人文交流等重要领域和关键环节改革取得积极进展，在推动吉林省振兴发展中取得实效。

---

[*] 赵冠一，吉林省政府发展研究中心服务业处，研究方向：宏观经济；任晶，吉林省政府发展研究中心综合处，研究方向：区域经济。

一 吉浙对口合作的进展和成效

（一）合作机制逐步完善

两省党政主要负责同志建立了高层互访磋商机制，签订对口合作框架协议。30多个省级政府部门之间建立联系机制，吉林省12个地方政府与浙江省11个设区市建立了对口合作工作联系机制。签订市、县、开发区及政府部门对口合作协议117个，政府、商协会、学校、科研院所、企业间全方位联系对接局面已经形成。建立了双向干部交流挂职长效机制，互派挂职干部60多名，在促进理念创新、经验互鉴、项目合作等方面发挥了重要作用。创新建立了吉浙对口合作高端智库，针对吉林新一轮振兴发展，浙江省院士、专家及企业家团队对吉林提供智力咨询服务430人次，提出发展意见建议500余条。

（二）项目合作成果丰硕

截至目前，浙商共有176个项目在吉林省投资落地，引资额774.2亿元，到位资金317.8亿元。两省在新能源与智能制造领域加深合作，中车长客公司中标金华—义乌—东阳市域轨道交通车辆；"吉林一号"卫星遥感数据在浙江智慧城市、智慧港口、船舶自动识别等领域加快应用；吉林化纤浙江精功大丝束碳纤维项目一期已建成投产。与此同时，借鉴浙江特色小镇发展模式，吉林省启动了红旗绿色智能、矿泉水、人参等特色小镇建设。借鉴丽水生态产品价值实现机制试点经验，梅河口市探索合作开展相关试点工作。珲春—扎鲁比诺港—宁波舟山港内贸货物跨境运输航线成功运行5个航次，货值4.7亿元，通化内陆港至台州港海上货物运输航线实现首航。启动了"千万游客互换计划"，拉动两省旅游市场。

（三）产业合作成果凸显

吉浙两省发挥各自比较优势，在汽车、石化、农产品加工、医药健康、绿色农业、现代服务业等领域开展合作,取得较好成效。农业领域,2019年入浙粮食数量接近150万吨,浙江各类涉粮企业在吉林省建立粮食生产基地21.53万亩,粮食收储加工基地15个;浙江省在吉存储异地储备稻谷10.3万吨,吉林大米、杂粮销售网络已遍布浙江11个地市。14家吉林大米产业联盟企业在浙江新建了吉林大米品牌直营店和商超专区45个。天天田园集团与天圣控股集团投资10亿元建设双天(辽源)现代农业产业园30万头生猪养殖基地,建立"东辽黑猪"标准化、规模化、生态化全产业链基地。电子商务领域,浙江联合阿里巴巴集团在农安县、九台区、乾安县、大安市、通榆县等14个县(市、区)实施"兴农扶贫"项目,共建成55个天猫优品店、267个农村淘宝服务站、13个天猫优品电器合作店。吉林省第一家天猫优品数字化门店投入运营。四平市政府、阿里巴巴集团、天成集团开展"中国优质玉米之都"玉米全产业链合作,销售玉米油20余万件。松原市与阿里巴巴共建淘乡甜数字化农业基地,助推松原打造"黑玉米之都",销售黑玉米7.6万余件。延边和龙大米、吉林大米在线销售分别实现4.2万件、12.5万件。旅游领域,浙江长龙航空公司加大在吉林省航空市场的投入,支持吉林省优化长春、长白山等机场直飞全国主要客源地城市航线航班,陆续加密杭州至长春、白城、松原等航线航班,开通并增加长春至香港、澳门,延吉至首尔等国际航线班次。通化—台州航班正式通航。针对来吉浙江职工康养,推出25条疗休养精品线路,开展了"驾红旗车·游精彩吉林"活动。金融领域,全面推开"数字化普惠金融"项目,提高金融服务"三农"与小微企业水平。

(四)平台建设成效明显

1. 投融资平台初步搭建

由吉浙两省相关企业联合金融机构共同出资设立吉林新旧动能转换基金,目标总规模100亿元,首支基金规模20亿元。主要围绕吉林省国企混改、产业升级并购以及战略性新兴产业进行投资,基金管理公司已完成注册,并筛选出符合新旧动能产业基金支持的国企混改和产业升级项目27个。

2. 一市一园区有序推进

目前，吉林省9个市（州）全部规划了"吉浙产业园"。长春净月吉浙服务业合作发展示范区、吉林磐石无抗生物产业园等10个平台已建设运营，吉浙对口合作小白山医养健康产业园、丽水—梅河口电子商务产业园、吉浙服务业合作发展示范区、吉浙（公主岭）产业园等5个平台正在加快谋划推进。

3. 线上线下合作平台陆续运营

"吉浙一码通"正式开通，通过线上平台，及时发布两地政府面向企业的政策服务、惠企的特色服务、便民的公共服务等信息，促进吉浙双方产业、产品、项目、科技、人才、政策和合作交流活动等资源共享。同时，湖州长白山特产旗舰店、台州"印象通化"，以及杭州、宁波、金华、舟山等地吉林名特优产品展销中心建成运营。

二 存在的问题与困难

（一）重大项目不足

吉浙对口合作虽已开展近三年，双方各级政府间活动频繁，合作氛围日益浓厚，但从目前看，实质性、标志性的重大合作项目仍然不多；政府搭建各类活动平台、签订各类框架协议较多，真正落地的重大项目较少。一方面是受经济下行压力和唱衰东北营商环境影响，企业投资力度不足；另一方面，也与双方产业结构的不同特点有关，浙江省产业结构以服务业、数字经济和民营经济见长，产业链和产业集群比较完备，吉林省产业结构则偏重重工业和传统产业，且缺乏完善的配套产业链和产业集群，对浙江省企业来吉林发展形成一定程度的阻碍。

（二）合作活力不够、影响力不大

尽管吉浙两省及地市、县之间基本都签订了合作协议，人员交流互动也

较为频繁,但是合作交流的主体目前主要集中在政府和国有经济层面的行政合作,由市场主导的内生性交流合作还不多。与此同时,从现有合作形式看,两省的合作主要集中在调研考察、干部培训、商贸往来等,形式过于单一,在有持久作用的推动理念机制变革、基地型平台建设等方面,合作交流不够深入,影响了对口合作综合效应的发挥。

(三)合作方式创新不足

浙江是全国体制机制最活、开放程度最高、经济发展最快、人均收入最多的省份之一,在民营经济、乡村振兴、社会治理、民生改善等诸多领域改革探索层出不穷,但是从现有合作方式上看,由于吉林受历史上长期形成的体制遗存和发展路径影响,对口合作还仅限于现有机制和政策层面,在资源要素交易共享、"飞地经济"等方面的创新探索和务实管用的政策招法还不多,对浙江经验和理念观念的学习借鉴还不够彻底深入。

三 深化吉浙对口合作的对策建议

吉浙两省资源禀赋优势明显,合作空间巨大,前景广阔。要充分发挥两省比较优势,注重市场化运作,找准合作切入点,在突出特色、突出实效上做文章,加快实施一批重大项目、重大平台、重大工程,争取"十四五"时期形成全国对口合作的示范样板。

(一)加强重点领域合作

"十四五"时期,吉浙两省顺应国内外发展大势,在产业协同、基础设施、科技创新、文化旅游等领域加深合作,拓展吉浙对口合作的广度和深度。

1. 加强产业协同合作

聚焦装备制造业和农业,推动装备优势产业的对接合作,推进吉林省具有比较优势的城铁车辆、商用遥感卫星、"专精特新"装备等"吉林装备"

开发拓展浙江市场；依托吉林农业大省、中国重要的商品粮基地的优势，支持"农超对接"，建立双方长期粮食产销合作关系。发挥浙江互联网、大数据优势，深化两省"互联网＋"经济合作。加强两省在国家级新区、经济技术开发区、高新技术产业开发区等重点开发开放平台间的交流对接。按照国务院要求，创新"飞地"合作模式，创建吉—浙对口合作示范园区。

2. 加强基础设施共建

推进俄罗斯扎鲁比诺港、通化国际内陆港务区与宁波舟山港开展合作，共同管理运营。研究设立对口合作 PPP 基金，建设物流公共信息平台，吸引浙江省社会资本投资吉林省基础设施领域和公共服务领域项目。

3. 加强科技创新合作

推动双方高校、科研院所与企业加强产学研用合作，实施一批科技成果转化项目。加快推进双创示范基地建设，重点推进阿里巴巴创新中心等平台与吉林省双创平台开展技术合作或建立分支机构。鼓励两地高校开展学科共建和学生联合培养合作。

4. 加强文旅合作

鼓励浙商在吉林冰雪旅游、避暑旅游、民俗旅游、运动休闲、温泉养生等领域开展投资合作，鼓励共同开发景区、度假区、旅游综合体，合作研发旅游商品。鼓励长影集团与横店集团等知名影视企业开展影视产业和作品合作。

（二）构建高效对口合作机制

积极发挥政府、商会在对口合作中的引领作用，建立定期会商、联络协调、社会参与、企业互动的高效跨区域对口合作新机制。

1. 健全合作机制

继续巩固两省高层领导定期会商制度。开展商会、协会和产业间互动对接活动，发挥驻吉浙商商会、驻浙吉商商会、专业化商会及省工商联等作用，扩大经贸往来。加大对合作优秀案例、重大活动和重大项目的宣传力度，形成全社会支持两省对口合作的良好氛围。

2. 搭建交流平台

搭建人才交流平台，建立定点合作干部双向挂职交流机制，促进观念互通、思路互动、作风互鉴、办法互学，打造一支素质过硬的干部队伍。搭建经贸合作交流平台，更好发挥"浙商吉林行""吉企进浙江""长吉图战略实施投资推介会"等平台作用，组织浙江企业定期参加东北亚博览会、雪博会、农博会等吉林主要展会。加强对民营企业家的培训，持续推进"吉林民营企业家浙江行"活动，全面提升吉林企业家、创业者的综合素质。

3. 深化智力资源合作

以吉林省政府与浙江大学省校合作框架协议为基础，重点在科技创新、产业合作、人才培养、战略咨询4个方面开展合作。加强吉林大学、东北师范大学与浙江大学的人才、课题、项目合作，定期交换和发布人才政策、用人岗位和求职信息，实现人才资源融合共享。发挥吉林省政府发展战略研究院作用，加强吉林浙江智库间合作，两省规划团队互动参与吉林数字经济、寒地冰雪经济等规划。

（三）加强顶层设计指导

国家制定出台东北地区与东部地区对口合作战略并实施以来已有4个年头。在"十四五"的关键节点和对口合作的深度融入期，国家应加大支持力度，进一步推动东北振兴。

1. 进一步加大对口合作支持指导力度

继续支持指导相关省份深入研究各自资源优势和产业需求，找准契合点，制定合理可行的规划方案。将国家重大生产力布局适度向吉林倾斜，带动相关产业链落地，为"投资必过山海关"发挥示范引领作用。

2. 加大对口合作干部人才支持力度

采取"团队式派驻"模式，探索派驻一大批东部地区干部到东北地区省直部门、地方政府任"一把手"和相关下属部门负责人，以集团式工作模式，把发达地区的先进理念、决策力、执行力真正带到东北，切实发挥挂职交流的带动提升作用。建议国家层面组织人事部门进一步完善干部激励和容错机制的设计和指导实施,加大对基层想干事、能干事的干部支持和保护力度,帮助东北从干部思想上先振兴,并带动东北经济的全面振兴。加大和提高对口合作业务培训范围和频度,促进各省市工作人员业务交流和提升,为对口合作工作不断走向深入奠定人才基础。

3.针对性出台实质性支持政策

对吉浙两省开展的"飞地经济"、重大产业项目、重要规划研究、科技协同创新、干部人才交流等给予适当资金补贴和奖励,省、市各级予以相应配套支持。

"十四五"专题篇

Special Topics of the 14th Five Year Plan

B.21 "十四五"时期吉林省工业高质量发展的对策研究

王 西[*]

摘 要: 我国经济已由高速增长阶段转向高质量发展的新阶段,工业作为地区经济发展的命脉,推动工业经济高质量发展既是建设现代化经济体系的核心,也是推动区域经济高质量发展的重要抓手和新阶段的战略选择。本报告深入分析了吉林省工业经济"十三五"时期发展情况和存在的问题,在此基础上,围绕"十四五"时期吉林省工业发展重点领域,阐述分析各重点行业发展路径,尤其是针对增强吉林省工业高质量发展的核心驱动力,从政策支持体系建设方面给出了具体对策建议。

---

[*] 王西,吉林省社会科学院经济研究所副研究员,管理学博士,主要研究方向:区域经济。

"十四五"时期吉林省工业高质量发展的对策研究

关键词： 工业 高质量发展 吉林省

党的十九大报告提出，我国经济已由高速发展阶段转向高质量发展阶段，这是党中央对新时代我国经济发展特征的重大判断。推动高质量发展，是保持经济持续健康发展的必然要求，是适应我国社会主要矛盾变化和全面建成小康社会、全面建设社会主义现代化国家的必然要求，是遵循经济规律发展的必然要求，也是当前和今后一个时期确定发展思路、制定经济政策、实施宏观调控的根本要求。作为经济发展进入新时代的标志，高质量发展正在掀起我国经济领域一场广泛而深刻的变革，带来从理念到实践的全面革命。

一 工业高质量发展的概念内涵及重要意义

工业是国民经济的主导，是实体经济的主体部分，是技术创新的第一源泉和核心领域，是财政收入的重要来源，是国民经济效率提升的物质基础和可持续发展的根本保证。可以说，工业是中国经济发展的重要支撑和根基所在，没有工业的高质量发展，就没有当代中国经济的高质量发展。

2017年中国共产党第十九次全国代表大会首次提出高质量发展，表明中国经济由高速增长阶段转向高质量发展阶段。近几年来，国内学者关于工业高质量发展的研究逐步增多，其中针对东北老工业基地加快转型升级、实现工业高质量发展的学术研究成果也比较多。从现有的研究成果看，对于工业高质量发展，还没有准确一致的定义，但综合当前的理论研究和实践探索，工业高质量发展主要应包括以下5个方面要求：一是科技创新。科技创新是支撑经济增长的重要引擎，是推动工业高质量发展的核心动力。二是结构优化。优化结构是适应生产要素条件变化、推动工业高质量发展的关键所在。习近平总书记强调，把经济发展抓好，关键还是转

方式、调结构，推动产业结构加快由中低端向中高端迈进。三是业态融合。融合发展是现代产业发展的显著特征和重要趋势。随着新一轮科技革命和产业变革的加快推进，特别是新一代信息通信技术的深度应用，工业经济正加速向以融合为特征的数字经济、智能经济转型。四是绿色低碳。绿色发展既是当今世界潮流，也是中国经济可持续发展的内在要求和生态文明建设的重要内容。全面推行绿色制造，不仅对缓解当前资源环境瓶颈约束、加快培育新的经济增长点具有重要现实作用，而且对加快转变经济发展方式、推动工业转型升级、提升制造业国际竞争力具有深远历史意义。五是质量优先。加强工业质量品牌建设是提高供给质量、满足人民美好生活需要的重要途径，是实现我国工业高质量发展、增强我国经济质量优势的坚实基础。

二 "十三五"时期吉林省工业发展情况

作为东北地区重要的老工业基地之一，自改革开放以来，吉林省工业发展经历了相对曲折的发展过程。其间通过由计划经济向市场经济的转型、优化所有制结构以及"一带一路""东北振兴"等重大政策战略实施和调整，深刻影响了吉林省工业的发展模式和路径选择。总体来看，吉林省与全国工业所经历的起伏大体一致，吉林省工业发展呈现较为明显的阶段性变化特征。按照改革开放工业发展趋势和政策着力点的不同，40多年来，吉林省工业发展历程可以划分为市场化转型期、改革加速期、工业振兴发展期、深度转型调整期4个阶段。

"十三五"期间，随着我国经济整体进入以增速换挡、结构调整、前期政策消化期为突出特征的新常态时期，我国经济发展出现了许多新变化。对东北地区来说，尤其是自2015年以来，经济增长经历了"断崖式"下跌，表明东北地区进入了深度转型调整期。在此背景下，中央又实施了新一轮振兴东北战略。在这一时期，吉林省出台若干稳定工业投资、推动工业转型升级、推动装备制造业发展等政策措施。尽管如此，受工业投资连年下降、支撑减弱的影响,吉林省工业增速进入下降通道。应该说,吉林省工业经济在持续了多年的高投入、高耗能、高污染增长模式之后,工业发展的内外部条件已然发生深刻变化。这一阶段是吉林省工业转型调整的关键时期,工业结构与外部环境之间的矛盾不断积累,工业潜在增长趋势下降。主要表现在以下几个方面。

(一)工业经济承压下行

2018年,吉林省全部工业实现增加值5437.11亿元,总量较2015年减少674.99亿元,工业增加值占全省地区生产总值比重为36.07%,较2015年下降6.75个百分点(见图1)。2019年,全省全部工业增加值为3347.82亿元,比上年(调整后数据)同比增长3.1%,总量比2015年下降45.23%,工业增加值占全省2019年地区生产总值11726.82亿元的28.55%。

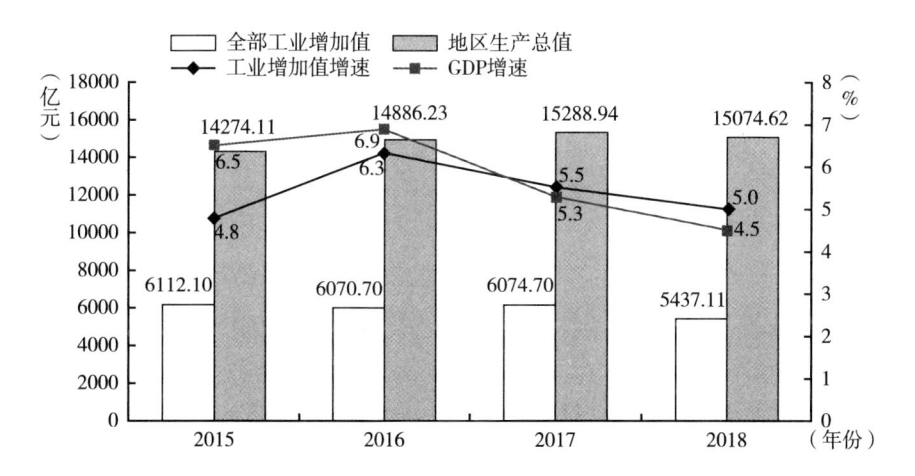

图1 2015~2018年吉林省工业增加值、地区生产总值及增速

资料来源:吉林省统计局。

表1　2015～2019年吉林省各地市规模以上工业增加值及增速

地区	规模以上工业增加值(亿元) 2015年	2016年	增速(%) 2015年	2016年	2017年	2018年	2019年
长春	2131.82	2332.16	3.3	9.4	9.0	8.5	1.5
吉林	812.97	755.24	6.2	-7.1	1.0	4.4	2.2
四平	621.79	501.09	6.7	-19.4	6.0	7.4	2.3
辽源	445.54	470.64	9.1	5.6	1.5	-1.7	-2.4
通化	587.39	628.03	9.4	6.9	-20.7	5.2	7.5
白山	409.57	411.11	8.8	0.4	0.1	3.4	6.4
松原	656.91	647.35	6.0	-1.5	0.8	5.7	1.8
白城	213.03	232.57	8.9	9.2	4.1	5.7	4.4
延边	454.14	474.88	8.8	4.6	1.6	3.3	3.6

资料来源：吉林省统计局。

（二）工业投资大幅下降

2017年吉林省工业投资总额实现6118.49亿元，比2015年下降了697.33亿元，占全省全社会固定资产投资总额比重为46.06%，比2015年下降7.59个百分点。2018年工业投资增速为-3.8%，比2015年低15.7个百分点（见图2）。2019年，吉林省工业投资额同比下降37.7%，形势不容乐观。

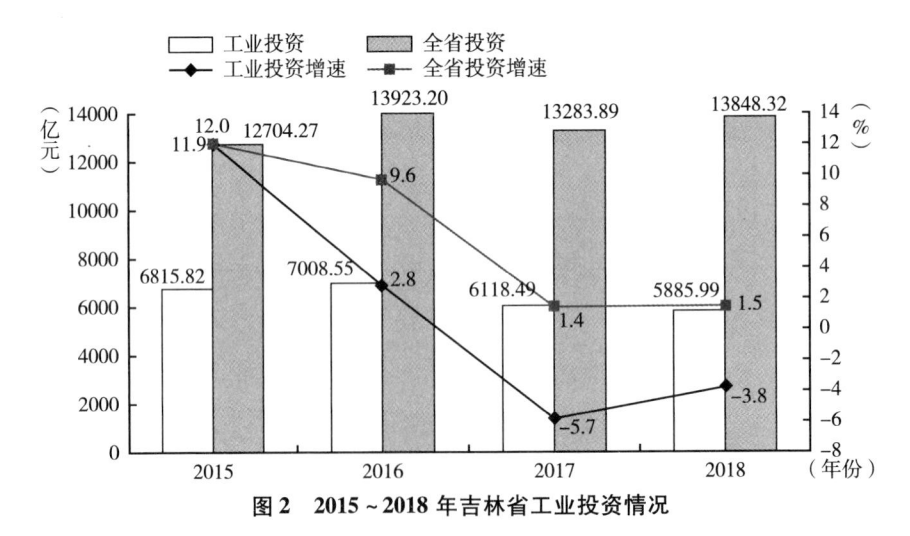

图2　2015～2018年吉林省工业投资情况

资料来源：吉林省统计局。

（三）重点产业仍发挥较强支撑作用

2018年汽车制造、石油化工、食品、信息、医药、冶金建材、能源及纺织等八大重点产业占全省全部工业增加值的比重达86.8%，比2015年提高6.8个百分点。能源、汽车制造、医药、纺织等4个产业增速实现两位数增长，分别增长20.7%、14.5%、13.2%、12.2%（见表2）。从所占比重看，汽车制造、石油化工、食品三大支柱产业规模以上工业增加值占全省比重达53.8%，汽车制造业占八个重点产业合计比重达33.0%。2019年，吉林省规模以上工业增加值比上年增长3.1%，其中重点产业增加值比上年增长3.7%。

表2 八大重点产业工业增加值及增速

	产业	规模以上工业增加值（亿元）		增速（%）			
		2015年	2016年	2015年	2016年	2017年	2018年
	合计	4891.23	4978.82	—	1.8	6.8	6.1
1	汽车制造	1456.38	1644.45	-14.0	12.9	13.9	14.5
2	石油化工	720.12	635.76	13.9	-11.7	5.6	-0.7
3	食品	1068.37	1021.49	4.0	-4.4	7.4	-0.8
4	信息	133.38	138.97	13.6	4.2	-10.6	-2.5
5	医药	533.78	572.15	12.2	7.2	1.9	13.2
6	冶金建材	742.19	696.56	4.7	-6.1	-5.3	-0.2
7	能源	107.76	122.08	-4.2	13.3	3.7	20.7
8	纺织	129.25	147.36	3.4	14.0	9.4	12.2

资料来源：吉林省统计局。

（四）高新技术产业实现较快增长

2018年，全省899家高新技术企业工业总产值2198.23亿元，营业收入2479.01亿元，高新技术产品收入1962.74亿元，净利润245.80亿元，实际上缴税费总额183.54亿元。全省规模以上工业战略性新兴产业产值比上年增长8.2%，增速比规模以上工业快1.4个百分点；高技术产业增加值增长14.5%，

增速比规模以上工业快9.5个百分点，贡献份额逐年提高。截至2019年底，吉林省有效期内高新技术企业数量达到1699户，同比增长89%。

（五）"两化"融合日益深化

"数字吉林"建设成效显著，吉林省数字化研发设计工具普及率和关键工序数控化率分别达到55%、35.2%，制造业智能化发展取得新进展，生产设备智能化改造加速，大数据、云计算、物联网等新一代信息技术正向制造业深度渗透，智能网联汽车等工业互联网平台建设稳步推进，纺织、医药等行业云平台加快向工业互联网平台演进，国家智能网联汽车应用（北方）示范区正式启动运营。

（六）产业创新态势逐步显现

"十三五"以来，吉林省深入实施创新驱动战略，积极抓好关键技术领域科技项目布局，突破了一批核心关键技术，成功推进一批科技成果实现转化，全省工业创新发展的活力逐步提升，科技创新驱动能力不断增强。截至目前，全省共有国家重点实验室11个，国家级工程技术研究中心5个，省重点实验室98个，省级工程研究中心和工程实验室300个，省级科技创新中心151个，企业技术中心425个，中试中心29个，院士工作站71个。涌现出"复兴号"动车组列车、红旗HS7、"珞珈一号"卫星、万米大陆科学钻探装备、世界最大口径单体碳化硅反射镜、51Ah（安时）锂-空气电池等一批具有重大影响的研究成果，打造了一批"吉林工业名片"。

（七）绿色发展水平持续提升

"十三五"以来，吉林省积极推进工业节能、清洁生产和综合利用，不断推广新工艺、新技术、新设备，全面提升工业企业绿色制造建设能力。2017年，吉林省工业能源消费量（等价值）为4820.94万吨标准煤，比2015年下降582.25万吨。目前，全省已有13家绿色工厂、17个绿色产品和2个绿色园区被纳入国家绿色制造体系示范名单。

三 "十三五"时期吉林省工业发展存在的问题

"十三五"以来,东北经济下行压力明显,吉林省工业在经历多年高速增长之后开始放缓并步入下行通道,发展的内外部条件发生了深刻变化,也开始显露出一些问题。

(一)企业自主创新能力仍然较弱

吉林省大多数企业还停留在"制造—加工—组装"低技术含量和低附加值环节,创新能力不强,可持续发展能力严重不足。2018年,吉林省规模以上工业企业R&D经费投入57.5亿元,R&D经费投入强度为0.4%(见表3),只有全国平均水平的32.5%;规模以上工业企业专利申请总数量3333件,平均每户企业0.56件,仅为全国平均水平的22.1%;开展创新活动企业数占比仅为26.6%,低于全国平均水平14.2个百分点。

表3 2015~2018年东北三省企业自主创新能力对比

年度	研发经费(亿元) 吉	黑	辽	发明专利申请量(件) 吉	黑	辽	吉林省工业研发经费占全国比重(%)	吉林省工业发明专利占全国比重(%)	吉林省工业研发经费占GDP比重(%)	吉林省GDP占全国比重(%)
2015	86.15	88.04	241.88	787	1752	4131	0.86	0.14	0.61	2.04
2016	90.86	88.49	242.06	1176	1934	4382	0.83	0.41	0.61	1.99
2017	75.00	82.59	274.95	1231	1648	4994	0.62	0.38	0.50	1.81
2018	57.50	60.57	300.60	1314	1232	5425	0.44	0.35	0.49	1.30

资料来源:吉林省统计局。

(二)高端工业产品发展不足

工业产品中多数产品附加值低,盈利能力普遍偏弱,高附加值特别是掌握核心技术、有定价权的产品较少。很多企业长期处于品牌代工的低端层

次，品牌培育意识较弱，满足和引领消费结构升级的能力仍然不强，难以适应未来质量品牌竞争发展的趋势。吉林省汽车、轨道交通装备中的关键装备、核心技术和高端产品仍然依赖进口，玉米、人参、林蛙、矿泉水等特产资源都存在产品加工深度低、低端产品多的问题。

（三）战略性新兴产业和高技术产业发展较慢

"十三五"以来，生物制药、新能源、新材料等新兴产业发展速度较快，但规模较小，仍处于培育和发展阶段。2018年高技术制造业增加值增长14.5%，占规模以上工业增加值的比重仅为7.1%；2019年全省规模以上工业中，高技术制造业增加值同比下降1.9%。工业与新兴信息技术融合程度较低，大部分行业仍处于局部应用为主的初级阶段，对网络协同制造、大规模个性化定制等新型生产模式变革的认识仍不充分。

（四）发展方式依然比较粗放

产业发展尚未摆脱依靠资源要素投入和投资拉动的传统经济增长模式，工业经济发展质量和效益不高，内涵式可持续发展的动力不足。高耗能产业受去产能及环保等因素影响，发展速度明显放缓，但占比仍然较大。2018年，六大高耗能行业增加值比上年增长2.1%，占规模以上工业增加值的比重为22.1%。

（五）区域结构和产业结构发展不平衡

从区域结构看，2017年，长春市规模以上工业企业主营业务收入10341亿元，占全省比重高达51%。2018年，长春市规模以上工业企业主营业务收入9161亿元，占全省比重进一步提升到67.18%。从产业结构看，2016年，汽车制造业增加值占八大重点产业比重高达33%，由于"十三五"以来汽车销售市场低迷，产业整体下滑，受此影响，吉林省经济增速明显放缓。

（六）营商环境建设滞后

与发达地区相比，吉林省人工、物流、原材料及电价等综合要素成本仍然偏高，财政资金支持力度不大，配套资金落实较慢，各类天使投资、风险投资、股权投资等发展不足，产业基金、助保贷等融资工具支持力度有限，供应链金融发展滞后，中小企业融资难融资贵问题仍未得到有效缓解。

四 推动吉林省"十四五"时期工业高质量发展的对策建议

（一）建设高质量发展的工业体系

"十四五"时期，吉林省应立足现有基础、资源条件和发展优势，紧紧抓住新一轮科技革命和产业变革趋势，牢牢把握创新、智能、绿色、服务、品牌发展要求，按照"强基础、争高端（支柱产业），增动能、扩规模（新兴产业），调结构、促转型（传统产业）"的总体目标，充分发挥信息、数据等新型生产要素的支撑作用，积极探索新技术、新产业、新业态、新模式，着力激发吉林工业发展的内生动力和自主创新能力，促进吉林工业加快实现新旧动能接续转换，推动汽车、食品、石化、装备、医药等主导产业迈向全球价值链中高端，在新一代信息技术、新材料、新能源、节能环保等领域加快掌握一批核心关键技术，促进冶金、建材、纺织等传统产业实现创新驱动发展，加快培育壮大一批创新型产业集群，持续打造一批行业领军企业，不断增强吉林工业创新力、竞争力和引导力，再造吉林老工业基地竞争新优势。在此主要提出吉林省汽车、食品、石化、装备、医药等主导产业未来5年迈向高质量发展的思路。

1.汽车产业

深刻认识国内汽车市场趋于饱和的现状，把握汽车产业未来发展趋势，紧跟产业新动能发展方向，推动汽车产业加快转型升级。坚持以市场为导向，以调整产品结构、提高产品品质、提升品牌价值为手段，推进传统汽车

产业的提质增效，巩固国内市场优势，提高整体效益水平。以电动化、智能网、服务化和共享化为发展方向，以全产业协同创新为手段，实现核心技术突破，着力培育汽车产业新动能，加快产业化和市场化进程。以智能制造、绿色制造、精细制造和服务化制造为路径要求，推动全产业链的转型升级，夯实高质量发展的产业基础，发挥全省第一大支柱产业的作用，带动全省工业走上高质量发展的道路。

2. 食品产业

充分发挥吉林省食品工业的产业基础和科研优势，以提质增效为中心，以供给侧结构性改革为主线，以创新开放为动力，巩固壮大玉米深加工、畜禽乳加工和矿泉水等优势行业，改造提升粮豆深加工、烟草制造和酒类制造等传统产业，加快培育马铃薯深加工，人参、食用菌等营养保健食品等新兴行业，扩大产业规模，优化产业布局，延伸产业链条，着力推进技术创新、企业培育、招商引资、"两化"融合、品牌培育、市场开拓、食品安全保障等重点工作，推动吉林省食品工业加快转型升级步伐，进一步突出其在全省经济社会发展的支柱地位，将吉林建设成为东北乃至全国具有重要影响力的农产品加工强省。

3. 石油化工产业

以转型升级和提质增效为主线，以传统产业优化提升和新兴产业培育发展为方向，以石油和天然气加工、现代煤化工、化工新材料、生物质化工、化肥农药、页岩油气开发利用等为发展重点，深入实施创新驱动发展战略和绿色可持续发展战略，进一步优化产业布局，推动"两化"深度融合，大力发展循环经济，不断提升产业综合竞争力和影响力，加快推动石化产业成长为综合效益明显、可持续发展能力强、带动吉林经济高质量发展的重要支柱产业。石油化工产业不可忽视的是严格控制安全风险和提升应急救援能力。

4. 装备制造业

按照"创新驱动、智能转型、高端引领、基础支撑"的思路，积极谋划装备制造价值链、打造产业链、部署创新链和配置资源链，着力发展先进轨道交通装备、通用航空、精密仪器与装备等优势新兴产业，加快推进电气设备、换热设备、农机装备、矿山机械及冶金设备等传统装备产业改造升级，深入推进重大装备赶超研制，积极发展智能制造，大力培育领军企业和品牌产品，不断优化产业布局，增强产业竞争新优势，努力将装备制造业发展成为推动全省新旧动能转换的强大动力和制造强省的重要支撑。

5. 医药工业

围绕"增品种、提品质、创品牌"，大力发展生物药、优质中药、高附加值特色原料药、高端药物制剂、高性能医疗器械、高质量药用辅料、新型包装材料和高端绿色制药设备，加快各领域新技术的研发创新，推动吉林省医药工业向安全、创新、绿色、智能、服务转型发展，加快增强医药工业整体实力，把医药健康产业打造成吉林省新的支柱产业，把吉林省打造成国内外知名的北药基地。

（二）不断提高工业技术创新能力

要推动工业高质量发展，吉林省必须把科技创新摆在工业发展全局的核心位置，要围绕产业链积极部署和拓展创新链，通过强化产学研协同，加快布局建设一批制造业创新中心和共性技术研发平台，打造一批工业高水平新型创新载体，重点突破一批关键核心共性技术，不断提升科技创新对产业发展的支撑能力，有效增强制造业技术创新能力，推动形成自主创新机制，持续推动科技成果转化为现实生产力。具体要在资金、人才、设备、政策等方面向优势行业和企业倾斜，加强前沿关键技术突破，巩固和提升汽车、轨道客车、卫星等优势产业在全国乃至全球的产能优势、产品优势和技术优势。要依托产业技术现有基础，培育符合未来发展趋势的高新前沿技术，加快产品研发和产业化进程。要发挥省内基础科研优势，依托长春光机所、应化所和吉林大学等科研机构，储备一批超前的基础技术，把握产业的中长期发展趋势。

1. 加强基础领域研发创新

优化整合创新资源，引导企业与科研院所、高等院校、下游用户联合建

立研发机构、产业技术联盟等技术创新组织，共同开展基础领域产业共性技术、高端技术、前瞻性技术的研究攻关，加快推进创新成果产业化。

2. 加强关键共性技术攻关突破

遴选一批标志性核心基础零部件（元器件）、关键基础材料和先进基础工艺，组织开展工程化产业化突破。聚焦新能源汽车与智能网联汽车、高性能医疗器械、智能制造装备、新一代信息技术、新材料、航空航天等领域，统筹建立一批产业技术支撑平台，组织实施一批重大科技攻关、成果转化和示范应用项目，形成与重点产业和技术发展相适应的产业技术基础服务体系。

3. 加快推进军民融合发展

围绕国防科技重大战略需求，以航空航天飞行器、卫星通信设备、网络安全设备、军用电子信息终端等领域为重点，引导具备条件的企业组建关键技术创新联盟，开展产学研用合作，实施一批军民融合重大工程和重大项目。

（三）完善产业发展政策支持体系

1. 全力推动降本减负

制定合理降本减负政策，聚焦实体经济企业需求，降低企业税费负担，建立完善的降本减负落实机制，加强统筹协调和跟踪服务，确保执行到位，让市场主体尽早受益。

2. 加大金融支持力度

加强金融支撑实体经济，进一步推进项目融资综合服务平台建设，支持省内重大项目建设，积极推动供应链金融发展，发挥信贷支持小微企业主要渠道作用，降低小微企业融资成本。

3. 打造一流营商环境

构建宽松有序、诚实守信的市场环境，保证市场中各类主体活力。建立完善的权责清单和办事指南，构建"亲""清"新型政商关系。加大简政放权改革力度，深入推进落实"只跑一次"改革，统筹建设全省一体化在线政务服务平台和移动终端，实现"一网通办"。

4. 完善服务体系建设

加快建设一批省级产业公共技术研发中心、中试中心、协同创新中心、科技创新中心，积极搭建公共创新平台，争创国家产业技术基础公共服务平台。完善检验检测体系建设，加强工业产品检验检测体系和监管体系，加强国家、省级质验中心建设，提高工业质量标准。

5. 加强创新人才支撑

围绕支柱产业、特色优势产业和战略性新兴产业发展，引进一批"塔尖"人才，加快集聚工业领域的高层次科技创新人才和工程技术人才，完善创新人才激励机制，培养专业创新型人才团队，深入推动产学研合作，以高端、专业型人才引领企业发展，促进吉林省工业自主创新能力的提升。

6. 打造一批示范试点

聚焦汽车、石化、装备、医药等发展重点领域和优势产业，打造吉林省工业智能制造、绿色制造、工业强基、服务制造、安全生产技术改造等示范工程。以布局建设长春—通化医药健康、长春—吉林电子制造、长春—通化高性能纤维及复合材料、长春轨道客车制造、长春卫星及航天信息等产业集群为契机，打造一批工业高质量示范企业。依托长春汽车产业开发区特色园区、吉林化学工业循环经济示范园区、四平市换热器特色工业园等国家级示范园区带动辐射省级特色园区向高质量发展示范园区迈进。

7. 确保安全稳定生产

严格落实属地监管责任，建立工业企业质量信用标准，实行多部门联合奖惩机制。坚决落实企业主体责任，引导企业建立健全以责任制为核心的安全生产标准，加大政府对企业的监管力度，提高违规失责的成本。

8. 强化监督考核落实

建立责任明确、协调有序、监管有力的工业高质量发展工作体系，完善评估考核制度体系，将工业高质量发展的重点工作纳入省委省政府对各部门、各地市考核之中，通过年度考核的方式压实目标责任，有效推进工业高质量发展。

9. 开展相关政策研究

强化工业运行分析，借鉴陕西省工作经验，建立健全工业运行统计制度，每月出台吉林省工业经济运行监测报告。开展相关专题研究，制定工业重点行业、重点领域发展规划。凝聚吉林省工业发展研究力量，开展工业运行的持续跟踪研究，为吉林省工业发展提供持续智力支撑。

参考文献

［1］吕承超、崔悦：《中国高质量发展地区差距及时空收敛性研究》，《数量经济技术经济研究》2020年第9期，第62~79页。

［2］任保平、宋雪纯：《"十四五"时期我国新经济高质量发展新动能的培育》，《学术界》2020年第9期，第58~65页。

［3］刘鸿渊、蒲萧亦、刘菁儿：《长江上游城市群高质量发展：现实困境与策略选择》，《重庆社会科学》2020年第9期，第56~67+2页。

［4］张新、胡鞍钢、陈怀锦、温雅婷：《"十四五"创新发展基本思路：加快建设世界创新强国》，《清华大学学报》（哲学社会科学版）2020年第1期，第155~165+205页。

［5］钞小静、薛志欣：《以新经济推动中国经济高质量发展的机制与路径》，《西北大学学报》（哲学社会科学版）2020年第1期，第49~56页。

［6］陈锡稳：《我国制造业质量变革战略研究》，《宏观质量研究》2020年第1期，第124~128页。

［7］盛朝迅：《"十四五"时期推进新旧动能转换的思路与策略》，《改革》2020年第2期，第5~19页。

［8］蓝乐琴、黄让：《创新驱动经济高质量发展的机理与实现路径》，《科学管理研究》2019年第6期，第10~17页。

［9］刘梦、胡汉辉：《如何让绿水青山成为金山银山——基于碳排放对高质量发展作用的经验证据》，《云南财经大学学报》2020年第4期，第19~35页。

［10］张志元：《我国制造业高质量发展的基本逻辑与现实路径》，《理论探索》2020年第2期，第87~92页。

［11］陈旭升、李云峰：《制造业技术创新动态能力与高质量发展——基于创新引领视角》，《科技进步与对策》2020年第6期，第92~101页。

［12］李世春：《新时代国有企业高质量发展的实现路径分析——基于建筑业的调研》，《学术研究》2020年第3期，第88~94页。

[13] 傅为忠、储刘平：《长三角一体化视角下制造业高质量发展评价研究——基于改进的 CRITIC – 熵权法组合权重的 TOPSIS 评价模型》，《工业技术经济》2020 年第 9 期，第 145～152 页。
[14] 尚会永、白怡珺：《中国制造业高质量发展战略研究》，《中州学刊》2019 年第 1 期，第 23～27 页。
[15] 郭朝先：《当前中国工业发展问题与未来高质量发展对策》，《北京工业大学学报》（社会科学版）2019 年第 2 期，第 50～59 页。

B.22
"十四五"时期吉林省战略性新兴产业发展态势及对策研究

赵光远[*]

摘　要： 战略性新兴产业是以重大技术突破和重大发展需求为基础，对经济社会全局和长远发展具有重大引领带动作用，知识技术密集、物质资源消耗少、成长潜力大、综合效益好的产业。本报告依据吉林省社会科学院城乡发展实验室大数据平台的战略性新兴产业舆情监测数据和2020年8月对部分科技型企业调研数据，对吉林省战略性新兴产业40个子行业发展态势进行分析，总结了存在的制约因素，并提出相关对策建议。

关键词： 战略性新兴产业　服务平台　产业发展政策　吉林省

战略性新兴产业发展是区域新动能的重要体现，是区域可持续发展的重要反映。2020年以来，吉林省战略性新兴产业受国内外发展环境、新冠肺炎疫情等多方面影响，发展态势、产业结构发生了显著变化，细分行业、细分领域的发展态势亟待社会各界关注。

一　吉林省战略性新兴产业发展基本态势

《战略性新兴产业分类（2018）》（国家统计局令第23号）规定，战略

---

[*] 赵光远，吉林省社会科学院城市发展研究所研究员，研究方向：科技政策、产业发展。

性新兴产业是以重大技术突破和重大发展需求为基础，对经济社会全局和长远发展具有重大引领带动作用，知识技术密集、物质资源消耗少、成长潜力大、综合效益好的产业，包括新一代信息技术产业、高端装备制造产业、新材料产业、生物产业、新能源汽车产业、新能源产业、节能环保产业、数字创意产业、相关服务业9大领域。2020年以来，吉林省战略性新兴产业受国内外发展环境、新冠肺炎疫情等多方面影响，发展态势、产业结构发生了显著变化。从9个领域看，新材料、生物、新能源、高端装备制造发展形势较好；从40个行业看，卫星及应用、其他相关服务、前沿新材料、生物农业及相关、生物质能及其他新能源5个行业值得重视；从189个细分行业看，生命基高分子材料及功能化合物制造、先进制造基础零部件用钢制造、信息安全设备制造、智能测控装备制造、航空运营及支持服务、风能发电机装备及零部件制造、植介入生物医用材料及设备制造7个细分行业和基于生命技术和生物技术"生"字号行业正在加速发展壮大。

（一）吉林省战略性新兴产业9个领域发展态势

基于吉林省社会科学院城乡发展实验室大数据平台的战略性新兴产业舆情监测数据，在战略性新兴产业9个领域中，吉林省最具优势的是新能源产业，排在第2位、第3位的依次是高端装备制造产业和新材料产业（见表1）。在9个领域中，这3个领域的成熟水平依次居于第3位、第4位和第6位，亦即这3个产业均有较好的发展空间。从受新冠肺炎疫情影响看，9个领域中，新能源产业、高端装备制造产业、新一代信息技术产业居于前3位，影响程度分别为-8.1%、-6.2%、-5.8%。疫情对生物产业、节能环保产业、数字创意产业、相关服务业4个行业影响相对较小。

从时序变化看，疫情对吉林省战略性新兴产业的格局产生了重大影响。2019年10月，9个领域的前5位排序是新能源、高端装备制造、新材料、新一代信息技术、生物产业；2020年4月的排序是新能源、高端装备制造、新材料、新一代信息技术、节能环保；2020年7月的排序是新材料、生物、新能源、高端装备制造、相关服务业。

表1　吉林省战略性新兴产业9个领域发展态势

	2019年10月	2020年4月	2020年7月	三次平均	成熟度评价
新一代信息技术产业	18.2	15.4	12.4	15.3	1.00
高端装备制造产业	21.0	16.7	14.8	17.5	0.42
新材料产业	20.9	15.4	16.1	17.5	0.27
生物产业	17.2	5.9	15.5	12.9	0.39
新能源汽车产业	11.2	6.8	8.1	8.7	0.60
新能源产业	23.4	19.0	15.3	19.2	0.57
节能环保产业	13.8	8.2	12.3	11.4	0.19
数字创意产业	12.4	2.8	12.1	9.1	0.02
相关服务业	13.1	6.8	14.7	11.5	0.06

资料来源：吉林省社会科学院城乡发展实验室大数据平台战略性新兴产业舆情监测数据。

（二）吉林省战略性新兴产业子行业发展态势

基于同样方法对战略性新兴产业40个子行业发展态势进行分析。在40个子行业中，发展水平居于前6位的依次是卫星及应用、其他相关服务、前沿新材料、核电、生物农业及相关、生物质能及其他新能源等产业，其他比较具有优势的行业还包括新兴软件和新型信息技术服务，互联网与云计算、大数据服务，轨道交通装备，海洋工程装备，先进钢铁材料，先进石化化工新材料，生物质能及其他新能源，风能，太阳能，智能电网等产业。除核电、海洋工程装备两个子行业尚处于谋划推进阶段未得到实质性发展外，上述其他子行业均符合吉林省发展实际。这些行业除新兴软件和新型信息技术服务，互联网与云计算、大数据服务，先进钢铁材料，风能，太阳能5个行业成熟度较高外，其他行业均有较好的发展前景。

从40个细分行业看，新冠肺炎疫情也对其格局产生了较大影响。2019年10月的结果显示前10位的行业依次是太阳能，卫星及应用，前沿新材料，其他相关服务，新能源汽车装置、配件制造，生物农业及相关，轨道交通装备，新材料相关服务，风能，核电；到2020年7月的结果则变为其他相关服务、生物质能、生物农业及相关、卫星及应用、前沿新材料、核电、生物医药、生物质能及其他新能源、先进石化化工新材料、轨道交通装备。可见，太阳能，新能源汽车装置、配件制造两个行业受疫情影响十分显著（见表2）。

表2　吉林省战略性新兴产业40个行业发展态势

序号	领域	行业	2019年10月	2020年4月	2020年7月	三次平均	成熟度评价
1	新一代信息技术产业	下一代信息网络产业	18.4	16.0	12.7	15.7	1.00
2		电子核心产业	16.1	8.2	8.8	11.0	0.37
3		新兴软件和新型信息技术服务	17.4	18.7	15.5	17.2	0.66
4		互联网与云计算、大数据服务	20.8	17.3	13.5	17.2	0.81
5		人工智能	12.0	9.2	5.7	9.0	0.29
6	高端装备制造产业	智能制造装备产业	18.2	10.6	10.5	13.1	0.50
7		航空装备产业	19.4	16.2	14.7	16.8	0.15
8		卫星及应用产业	29.6	29.0	22.6	27.1	0.22
9		轨道交通装备产业	22.1	17.6	17.3	19.0	0.25
10		海洋工程装备产业	19.6	23.7	12.9	18.8	0.16
11	新材料产业	先进钢铁材料	20.8	16.6	17.3	18.3	0.36
12		先进有色金属材料	18.3	0.2	5.8	8.1	0.08
13		先进石化化工新材料	20.8	20.2	18.1	19.7	0.19
14		先进无机非金属材料	15.6	10.9	13.8	13.5	0.03
15		高性能纤维及制品和复合材料	18.4	12.8	14.9	15.4	0.02
16		前沿新材料	26.0	21.4	21.5	23.0	0.05
17		新材料相关服务	21.7	13.8	14.9	16.8	0.09
18	生物产业	生物医药产业	17.3	10.6	20.1	16.0	0.02
19		生物医学工程产业	20.2	5.3	7.6	11.0	0.05
20		生物农业及相关产业	23.3	18.3	24.2	21.9	0.03
21		生物质能产业	17.3	17.9	24.4	19.8	0.17
22		其他生物业	13.5	5.6	6.8	8.6	0.44
23	新能源汽车产业	新能源汽车整车制造	3.5	3.1	5.3	4.0	0.28
24		新能源汽车装置、配件制造	23.5	13.5	13.6	16.9	0.58
25		新能源汽车相关设施制造	17.7	8.2	8.7	11.5	0.19
26		新能源汽车相关服务	6.0	3.6	3.9	4.5	0.81
27	新能源产业	核电产业	21.1	27.1	20.4	22.9	0.28
28		风能产业	21.5	20.5	14.5	18.8	0.32
29		太阳能产业	33.3	12.6	11.6	19.2	0.57
30		生物质能及其他新能源产业	19.2	24.0	18.9	20.7	0.33
31		智能电网产业	20.7	22.0	14.4	19.0	0.06

续表

序号	领域	行业	2019年10月	2020年4月	2020年7月	三次平均	成熟度评价
32	节能环保产业	高效节能产业	18.0	6.3	9.7	11.4	0.16
33		先进环保产业	7.0	7.9	11.8	8.9	0.29
34		资源循环利用产业	18.6	14.1	16.1	16.3	0.13
35	数字创意产业	数字创意技术设备制造	4.5	0.3	5.3	3.4	0.00
36		数字文化创意活动	16.2	2.9	14.0	11.0	0.04
37		设计服务	20.5	5.6	11.4	12.5	0.01
38		数字创意与融合服务	3.1	0.0	7.8	3.6	0.01
39	相关服务业	新技术与创新创业服务	12.0	6.2	13.1	10.4	0.18
40		其他相关服务	24.1	10.3	41.0	25.1	0.02

资料来源：吉林省社会科学院城乡发展实验室大数据平台战略性新兴产业舆情监测数据。

（三）吉林省战略性新兴产业细分行业发展态势

新冠肺炎疫情对189个细分行业的影响更为巨大。受制于报告篇幅，本处仅对比2019年10月和2020年7月两个时点上排名在前30的细分行业变化情况（见表3）。在监测的时间内，仅有7个细分行业仍在前30范围内，其中除生命基高分子材料及功能化合物制造这一细分行业从第2位降到第5位外，先进制造基础零部件用钢制造、信息安全设备制造、智能测控装备制造、航空运营及支持服务、风能发电机装备及零部件制造、植介入生物医用材料及设备制造6个行业排名均实现了提升。同时也可看出，吉林省战略性新兴产业前30位行业中，与生物技术相关的"生"字号行业显著增加，从5个细分行业增加到12个；与太阳能相关的"太"字号行业从4个降低到0个，这一态势也应加以关注。

表3 吉林省战略性新兴产业189个细分行业前30位变化

序号	2019年10月	2020年7月
1	太阳能工程技术服务	生物质能工程技术服务
2	生命基高分子材料及功能化合物制造	航空运营及支持服务

续表

序号	2019年10月	2020年7月
3	3D打印用材料制造	信息安全设备制造
4	卫星应用服务	先进制造基础零部件用钢制造
5	先进制造基础零部件用钢制造	生命基高分子材料及功能化合物制造
6	稀有金属材料制造	铁路高端装备制造
7	太阳能设备和生产装备制造	生物农业相关服务
8	太阳能材料制造	生物化工制品制造
9	信息安全设备制造	生物质能工程施工
10	卫星应用技术设备制造	智能测控装备制造
11	太阳能工程施工	生物质燃料加工
12	创新创业服务	化学药品与原料药制造
13	其他新能源运营服务	核电工程施工
14	智能测控装备制造	矿物功能材料制造
15	生物饲料制造	生物肥料制造
16	科技推广和应用服务	新一代功能复合化建筑用钢加工
17	航空运营及支持服务	风能发电机装备及零部件制造
18	数字文化创意软件开发	生物质燃气生产和供应
19	生物基材料制造	网络与信息安全软件开发
20	贵金属材料制造	植介入生物医用材料及设备制造
21	供能装置制造	高性能塑料及树脂制造
22	超导材料制造	生物医用材料制造
23	特种玻璃制造	环保研发与技术服务
24	纳米材料制造	农林废弃物资源化利用
25	生物肥料制造	水资源循环利用与节水活动
26	重大成套设备制造	生物农药制造
27	风能发电机装备及零部件制造	生物兽药、兽用生物制品及疫苗制造
28	植介入生物医用材料及设备制造	智能电力控制设备及电缆制造
29	电机、发动机制造	生物质能相关服务
30	生物医药关键装备与原辅料制造	卫星装备制造

资料来源：吉林省社会科学院城乡发展实验室大数据平台战略性新兴产业舆情监测数据。

二 吉林省战略性新兴产业发展制约因素

结合对100份企业调研问卷情况和20余户企业实地调研情况的分析，吉林省战略性新兴产业发展存在五个方面的制约因素。

一是战略性新兴产业发展动力有限。政府部门能够意识到战略性新兴产业发展的重要性，但是又习惯于"短、平、快"思维，缺乏对战略性新兴产业发展规律的深层次认识，缺乏培育战略性新兴产业的时间和耐心，产业外生驱动力量不足。战略性新兴产业企业主体规模普遍较小，且受制于区域内的产业组织结构、自身知识结构和资源禀赋依赖，在强化科技支撑、人才支撑等方面能力欠缺，产业内生发展动力不足。

二是战略性新兴产业发展定位模糊。政府部门、企业主体从上到下大多不清楚战略性新兴产业的定位所在，把战略性新兴产业局限在高精尖产业上和制造业领域，没有把战略性新兴产业当做融合型产业来对待。同时，地方政府部门存在另起炉灶，不按国家标准规范，单独设立战略性新兴产业行业的问题，这导致无法进行区域间比较，无法对接最前沿领域发展。另外，围绕招商引资企业加强服务，还是围绕在孵企业进行服务，也一直是基层政府部门推动战略性新兴产业的困惑所在。

三是战略性新兴产业推进手段不强。战略性新兴产业面临多部门扶持、多部门管理的同时，也面临着扶持力度不强、推进力度不够的问题。政府引导资金投入不足，社会资金害怕产业链风险，战略性新兴产业主体缺少资金储备，人才要素流动受到制约，原有的推进手段也很难发挥作用。

四是战略性新兴产业信息支撑不足。战略性新兴产业大多是新兴业态、新兴技术，其发展急需信息数据支撑，包括技术信息、市场信息、资本信息、信用信息等。但是专门的战略性新兴产业统计体系以及数据保密的约束，对于前述相关信息的大数据支撑以及数据分析能力的缺失，正在导致政府政策调整和企业战略调整的滞后，并进而导致部分战略性新兴产业政策失灵。这一问题是当前和未来一段时间必须着力解决的问题。

五是战略性新兴产业平台服务低效。在公共服务平台建设方面，目前存在平台多而服务对象少、平台多而服务人员少、平台多而精准服务少、平台多而精品项目少等问题，全省面向战略性新兴产业的服务平台的效率和效益存在很大的上升空间。同时，平台服务低效也正在导致产创融合不够的问题，主要表现为围绕产业链部署创新链得到了强化，但围绕创新链布局产业链被相应弱化，亦即基于自主创新的战略性新兴产业发展能力仍然不足。

三 吉林省战略性新兴产业发展对策建议

基于吉林省战略性新兴产业发展的态势和存在的问题，按照习近平总书记在吉林视察时强调的"要把实体经济特别是制造业做实做优做强，把提升全产业链水平作为主攻方向，加强新型基础设施建设，加快建设产学研一体化创新平台"重要指示精神，提出如下六个方面的对策建议。

（一）以主题化发展壮大产业链条

吉林省需要强化光电、新材料、高端装备制造三大优势核心技术领域，深化光电与装备、光电与生物、材料与装备三个产业融合进程，突出创新引领，壮大产业链条。一是突显光电主题，发挥中科院长春光机所、长春理工大学、长春华为研究院、东北国际通信研究院等的科研优势，突出发展激光及雷达技术、显示技术、遥感技术、传感技术等前沿领域，加速光电技术与智能网联汽车、高端医疗器械、轨道交通装备等产业融合发展进程。二是突显装备主题。突出发展装备用轻量化材料、新型动力技术、新型能源技术、无人驾驶技术、智能制造技术等关键领域，加强零部件体系、后服务体系等建设，推出一批安全可靠的交通运输装备、航空航天装备、能源储运装备，发展高寒高速轨道客车以及专用遥感卫星、通用航空设备等产品。三是突显生物主题。着力加快生物技术与医药、食品、化工等产业的深度结合，突出发展新型生物合成技术、中药新型萃取技术、基因药以及生物药技术、生物育种技术、绿色制造技术、检验检测技术等,确保生物产业原料"绿"、加工"绿"、储运"绿"。四是突显材料主题。突出发展高强度、轻量化、环保化材料,重点开发光电材料技术、高强度碳纤维生产技术、材料智能加工技术、节能环保技术、3D打印材料相关技术、石墨烯适用产品开发及制造技术、有机材料制备关键技术等,加强有关化工项目对新材料产业的支撑能力。五是突出创意主题。全力加强数字经济与创意产业、旅游产业等其他产业的融合,推动一批新一代信息技术产业试点示范项目,利用信息产业最新技术提升文化创意、旅游等产业的竞争力。探索"夜经济"试点,打造数字创意产业特色街区。

(二)以精准性招商壮大实体经济规模

吉林省需要强化面向五类对象进行精准招商,以外生力量壮大产业规模,激活本地动能。一是面向产业巨头招商。总结面向华为、阿里巴巴、恒大、万达等产业巨头的招商引资经验,进一步加强重大产业项目谋划工作,设立重大产业项目的招商服务部门,面向国内光电、材料、装备、生物、创意五大产业排行前50强企业加大招商引资力度。二是面向在孵企业或创新团队招商。推动省市商务部门与国内外知名孵化器建立紧密联系,与国内外知名大学、科研机构建立密切联系,及时了解在孵企业(创新团队)情况并制定相应政策,推动吉林省建设相关孵化器的分支机构或延伸服务机构,引进一批实验室成果到吉林省进行小试、中试以及产业化。三是面向风险投资招商。要针对风险投资机构进行招商,通过引进风险投资机构进而引进其数据库、信息库、专家库等资源,全面提升战略性新兴产业的资金保障能力和产业培育能力。四是面向高端展会招商。省市商务部门要加强对国内外专业性展会进行研究,与展会承办部门建立紧密合作关系,在展会前做好对参展商的信息收集和综合研判,在展会中考察参展商实际情况并进行招商预约,在展会后继续跟踪进行招商相关服务。五是面向产业链条招商。省市商务部门要与战略性新兴产业龙头企业联合招商,重点关注"小微精特"型企业以及体量虽小但在细分市场占有率较高的企业,完善吉林省战略性新兴产业网络。

（三）以新型特色平台群加速产业发展

吉林省需要加强对现有服务平台的资源整合和功能提升，更加重视六类新型平台的培育和发展，力争形成平台群支撑战略性新兴产业发展的新模式。一是建设新型研发平台。突破性落实国家以及省市各级部门制定的新型研发机构激励政策，切实建立一批市场化导向、与政府部门脱钩的新型研发机构。支持具有一定实力的企业技术中心按企业子公司模式独立运营，打造为产业服务的新型研发平台。二是建设新型展销平台。以行业龙头企业为承办主体，政府部门按参会人数、会议效益等指标，采取事后补助的方式购买企业的展会、展销活动服务。支持龙头企业或由企业牵头的行业组织搭建行业产品展销云平台，投资建设行业产品展示中心，加强展销平台与文旅活动的对接。三是建设新型融资平台。加强供应链金融、科技金融、产业金融、信用金融、风险投资等新型融资平台建设，支持战略性新兴产业主体（企业以及创业团队）面向全国、全球进行融资。在条件成熟的时候，支持具有较大规模的融资平台策划举办吉林省战略性新兴产业全球融资年会。四是建设新型智库平台。依托战略性新兴产业龙头企业，建设新型智库平台，集聚省内外院士、专家资源，对产业发展进行诊断并出谋划策。省政府及行业主管部门要依托龙头企业组织的智库团队，搭建吉林省战略性新兴产业发展决策咨询委员会。五是建设新型智造平台。进一步推动吉林省在工业机器人、智能化生产线方面加快发展，把战略性新兴产业相关技术成果（光电设备、新材料、软件技术等）应用到智能制造产业中。支持有关企业剥离外围业务，建立独立运营的智造平台服务企业。六是建设新型双创平台，加强省内首席科学家对双创的指导，推动双创领域的过程性评价向结果性评价转变，严格双创孵化园区的毕业制度，加强双创平台与产业园区衔接，推动双创毕业企业反哺，探索以高效率双创培育产业新增长点。

（四）以协同性举措促进要素流动

吉林省需要强化省市县区联动，多政府部门协同等四大协同举措，实现

对战略性新兴产业的协同化扶持。一是深度促进产学研协同。试行高校科研机构职称评定委员会引入产业（企业）专家和金融（投资）专家制度。把大型科研仪器设备共享、科研数据信息共享等落到实处，奖罚并用推动科研条件为产业所用。由产学研核心企业和中小企业同等权重参与对高校和科研机构的产学研合作绩效的评价。二是全面加强平台园区协同。推动同一产业方向、同一级别平台园区的土地、房租、税费政策相同，打造公平政策环境，推动各类平台园区拼服务招商引资。加强平台园区与创新创业的统一，密切平台园区与域内外科研机构的联系，与相关机构建立起信息即时共享机制。强化平台园区对企业与政府的协同功能，保障政府需要和企业诉求之间的通畅，助力建立新时代政企关系。三是创新产业链协同机制。强化投融资机构和信用评价机构的参与，及时解决产业链协作的资金成本问题，及时评价产业主体和相关融资机构的信用问题。加强对进入产业链服务体系的金融机构的信用评价，并及时公布相关结果。加强战略性新兴产业与传统产业之间的协同，利用新兴产业成果改造传统产业，推动传统产业企业逐步向新兴产业产品转型。四是推进配套服务协同。重视基础设施特别是信息基础设施与产业发展的协同，在部分新兴产业要优先使用工业互联网等技术手段。提升行业组织作用，按新兴产业二级行业类别打造专门的商会、协会，加强与发达省区相关行业组织的联动。加强知识产权、技术转移、法律服务、会计服务、咨询服务等专业性中介服务机构建设，引进一批全球知名的咨询机构和商业服务机构。

（五）以系统性改革激活发展潜能

吉林省需要坚持人才、科技、环境、资金等多要素联动，从深化四方面改革入手，系统性推动各类要素向战略性新兴产业集聚。一是深化人才制度改革。探索由战略性新兴产业龙头企业牵头组织全省相关技术领域研究人才的职称评定工作。将战略性新兴产业龙头企业全职引进的技术人才和企业家人才，纳入享受"18条"人才政策待遇对象范围，可按《吉林省享受"18条"人才政策待遇对象的评定办法（试行）》有关规定和程序认定为相应等级人才，并兑现相关政策待遇。在省级科技人才团队认定中要全面向战略性新兴产业相关企业的人才团队倾斜。二是深化科技制度改革。探索由战略性新兴产业龙头企业牵头组织各级政府资助科技项目评审和资金分配。在省级科技发展计划体系和省级科技奖励中强化为战略性新兴产业服务。三是深化园区制度改革。加快建设主题性、市场化的科技园区和战略性新兴产业园区，赋予一部分特色园区省级开发区甚至国家级开发区的管理权限。把战略性新兴产业的企业比重、产值比重等指标列入科技园区、产业园区的考核中。探索特色园区托管开发区（或者特色园区运营企业运营相关开发区）的新型模式。四是深化金融制度改革。改进地方金融机构绩效考核制度，支持地方金融机构为战略性新兴产业进行融资，允许地方金融机构以短期免息或最低利息方式提供贷款类融资。支持省内外战略性新兴产业龙头企业、省外具有一定实力的投资企业入股地方金融机构（或者牵头成立专业性的民营金融机构）。引导吉林银行、吉投集团、省担保及有关基金等省属企业投资方向向战略性新兴产业细分行业和产业节点集中，制定省属投资机构投资失败（或损失）的免责制度，支持省属投资机构联合投入、分散风险。

（六）以务实性政策体系营造良好环境

吉林省需要制定更加务实、更加公平、更加精准的产业发展政策，从六个方面着手营造公平公正公开的发展环境。一是用好现有财政资金。省级产业资金方面，将省级产业资金新增份额全部用于战略性新兴产业发展。省级产业资金（用于战略性新兴产业发展部分）要单独建立管理制度，把产业发展潜力作为主要指标，设置科学合理的投资失败比率。国有创投资金方面，支持国有创投资金（基金）联合国家创投资金、社会创投资金发起设立专门用于孵化和支持战略性新兴产业新创企业的专门资金。支持具有较强实力的战略性新兴产业龙头企业与国有创投资金（基金）联合设立风险投资基金。为国有创投资金（基金）设置更高的投资可失败比率。研究设置国有创投资金（基金）在省内战略性新兴产业投入的比例标准，根据达标情况确定奖惩措施。二是继续推进企业减费减负。对战略性新兴产业有关企

业实施全省统一的减费减负政策。对战略性新兴产业企业需要交纳的文化事业建设费、行政事业性收费等，按利润率自低到高分组，分别予以免除费用、减收费用等相关政策。将企业减费减负政策的执行情况列为巡视、审计工作必查内容。三是统一地方税收奖补政策。根据园区级别（如国家级、省级、省级以下）制定全省统一的税收、奖补政策，省级以下园区以及园外地区不允许制定战略性新兴产业税收奖补政策。加快制定战略性新兴产业企业向国家级园区以及基础设施较好的省级园区集聚的政策。国家级园区、省级园区的税收、奖补政策差距要控制在适度范围内。四是制定专门的土地资源要素政策。针对战略性新兴产业制定专门的土地资源要素政策。加大力度推进和落实工业电价下降的普惠政策。探索推动战略性新兴产业用地价格低于传统工业企业地价，电、水等能源资源价格低于传统工业企业的新政策。其他相应资源、要素价格也应按传统工业企业的一定比例执行。五是营造宽容失败的发展环境。信用制度方面，针对创新失败人才进行特殊记录，对创新失败但试验记录、创业记录详细的科技型人才，真正把全部财产投入战略性新兴产业发展和技术创新中的企业家人才，要根据实际情况客观对其进行信用记录。财政资助方面。财政科技资金、产业资金、风险资金等要客观考察，重点扶持一批有创新创业失败经历的人才。干部培训方面，各级党校干部管理培训要增加宽容失败的课程，提高各级干部科学识别创业失败类型、引导创业人才走出失败阴影、带动全社会形成宽容氛围的能力。加强对巡视、审计、监察等领域干部在宽容失败方面的培训。六是强化安全保密相关工作。加强安全生产监管，完善相关责任制度，特别是在新能源汽车、生物产业等直面市场的战略性新兴产业中要加强产品的安全测试、安全认证、安全监管等相关工作。进一步增强技术秘密、商业秘密方面的安全工作，协助新兴产业主体做好相应保密工作，防止技术秘密泄露、商业秘密泄露对产业发展造成冲击。

B.23 "十四五"时期吉林省医药制造业高质量发展的对策研究

赵昊*

摘　要： 党的十九大提出我国经济已由高速增长阶段转向高质量发展阶段。经济高质量发展要靠产业高质量发展来支撑，要通过突破重点领域和产业的发展瓶颈，促进全省经济可持续健康发展。医药产业是吉林省"十三五"时期重点培育的新支柱产业，要从医药制造业各大板块分别着手，积极反思产业内部暴露出的中药现代化程度低、生物药产业优势发挥不足、化学药发展动力缺乏、医疗器械产业成果转化迟缓等问题。结合吉林省医药制造业主要发展方向，着力补足产业发展短板、创新科技金融模式、打造区域共享品牌，在提高产业竞争力的同时，推进吉林省医药制造业高质量发展。

关键词： 医药制造业　成果转化　区域共享　产业短板

一　吉林省医药制造业发展现状

吉林省医药制造业主要包括现代中药、化学药、生物药、医疗器械四大板块。"医药健康产业走廊"位于吉林省中部，地处东北经济区地理几何中心、长

---

* 赵昊，吉林省社会科学院软科学研究所副研究员，管理学博士，研究方向：数量经济、宏观经济。

吉图开发开放先导区的核心地带,是中蒙俄经济走廊的重要支撑区和对外开放窗口,具有至关重要的战略地位。伴随新一轮东北振兴和长吉图开发开放先导区战略全面实施,吉林省对于加速推进"一主、六双"产业空间布局,深入融入"一带一路"建设,规划建设一廊(长辽梅通白敦医药健康产业走廊)、二核(长春国家生物产业基地和通化国家医药城),具有得天独厚的区位优势。

(一)产业规模小幅下降

2020年以来,面对复杂严峻的国际国内形势和较大的经济下行压力,1~6月,吉林省医药制造业工业增加值约为280.8亿元,同比下降5.5%(见图1),产业规模在全国各省区市排名第21位,相当于排名第一的江苏省的36.3%。① 吉林省医药产业也进入优化产业结构、促进动能转换,推进高质量发展的关键时期,面临的风险挑战不容忽视,但支撑高质量发展的优势也逐步展现。自2013年11月吉林省委十届三次全会做出将医药健康产业培育成为新支柱产业的重大战略部署以来,吉林省规模以上医药制造业工业增加值从2013年的476亿元增加到2019年的646亿元。

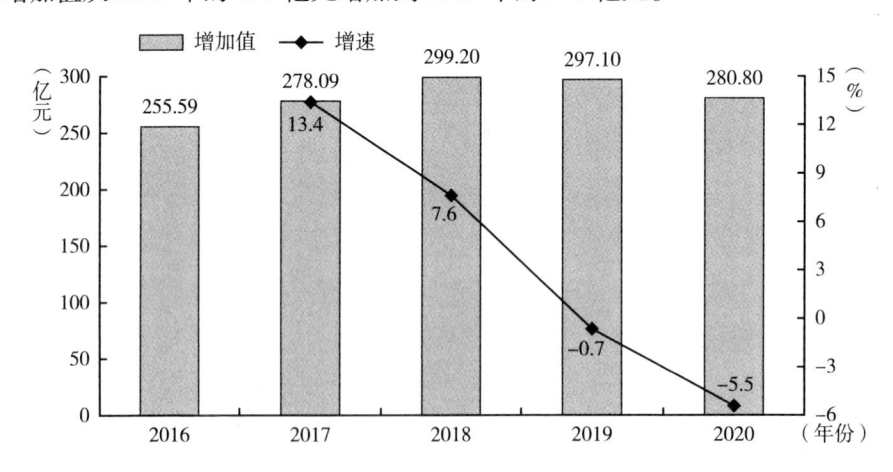

图1 2016~2020年1~6月吉林省医药制造业工业增加值及增速

资料来源:2016~2020年《吉林统计年鉴》;吉林省统计局。

---

① 排名数据根据天眼查搜索各省区市医药科技企业数据计算得出。

（二）主要上市企业排名更新

由于部分企业受疫情影响，2020年1~6月，吉林省内10家上市公司医药类业务营收85.05亿元，同比下降10.1亿元，降幅为10.6%。2019年1~6月，吉林省的10家与医药产业密切相关的上市公司业务总营收95.15亿元；非上市公司施慧达药业营收31.43亿元。2019年上半年吉林省上市公司医药业务营收排名前5位的是长春高新、吉林敖东、通化东宝、亚泰集团、通化金马，2020年上半年前5位变为长春高新、通化东宝、亚泰集团、吉林敖东、迪瑞医疗。其中，长春高新同比增长19.4%，稳居第一；通化东宝同比增长5.3%，跻身第二；吉林敖东、通化金马、迪瑞医疗均有所下降，分别同比下降34%、51%和6.7%（见表1）。

表1 吉林省主要医药产业上市公司营收情况

医药营收（亿元）	2019年1~6月	2020年1~6月	医药营收（亿元）	2019年1~6月	2020年1~6月
紫鑫药业	5.14	1.18	益盛药业	3.59	3.08
迪瑞医疗	4.92	4.59	吉药控股	4.65	2.35
长春高新	28.38	33.89	万方发展	0.42	0.41
通化东宝	13.55	14.27	亚泰集团	9.79	10.53
通化金马	9.17	4.49	合 计	95.15	85.05
吉林敖东	15.54	10.26			

资料来源：新浪财经。

（三）政策环境显著优化

吉林省委、省政府高度重视医药健康产业发展，自2016年先后印发了3个推进医药健康产业发展的实施意见，编制了4个医药健康产业五年发展规划，推进了"科技人参工程""保健食品产业发展行动计划"等10余个工程和行动计划。自2009年开始设立省医药健康产业发展专项资金，年经费1.05亿元，从政策和经费保障上提高了产业发展活力。"医药健康走廊"区域内各

城市加倍重视医药健康产业发展，近五年累计出台政策50项，财政累计投入经费23.6亿元，累计招商引资634次，引进国内外医药健康企业229户。

（四）生物药产业链条逐渐清晰

吉林省生物医药种类从最初单一疫苗领域发展到涵盖基因工程药物、疫苗、干细胞等诸多领域。在基因工程领域，金赛药业2005年上市亚洲第一支生长激素水剂，2014年上市全球第一支聚乙二醇长效生长激素，2015上市国产第一支重组人促卵泡激素，2016年上市全球第一支生长激素隐针电子注射液，拥有国际唯一的长效、水剂、粉剂三大系列重组人生长激素生产基地；通化东宝是中国第一家、世界第三家自主研发并生产人重组胰岛素的企业。在疫苗领域，生物制品所、长春祈健、长春百克等生产的水痘疫苗产量占全国总量的90%。在干细胞领域，吉林省拥有的干细胞、免疫细胞研发与应用技术已达到世界先进水平，吉林中科生物是国家批准的国内唯一一家可以开展成熟干细胞移植的临床应用企业。

（五）产业集聚优势日趋显现

吉林省医药产业各地区产业特色日益鲜明。长春市已形成集研发、生产、人才培养和信息服务于一体的生物产业基地。通化市依托产业集聚优势，以专业园区和特色产业基地为支撑，成为国际知名医药城。辽源市重点推进吉林省美罗国际生物科技药业总部及生产基地、吉林省博大制药和百康药业产业园、吉林东丰药业梅花鹿产业园等产业园区建设。梅河口市重点加快生物医药工业园区建设，同步推进化学药与中药发展，加快建设化学原料及合成药生产基地、中成药生产基地和医疗器械产业园。白山市加快推进以人参等道地中药材资源开发为主的中药及健康产品产业，打造医药健康产业原料生产基地和健康产品生产基地。敦化市打造以中药为主，以化学药、生物药为辅，以健康服务业、医药器械、功能食品、化妆品、药用包材等为补充的产业体系，把敦化国家医药城建成北方道地药材规范化生产基地，成为东北亚经济圈迅速崛起的大健康大医药产业中心。

二 制约吉林省医药制造业高质量发展的主要问题

(一)中药产业现代化程度较低,道地药材资源转化性不强

1. 中药现代化程度较低

吉林省在中药现代化方面起步晚、基础弱,落后于国内医药产业发达地区。中药理论体系和中药炮制方法独特,使得中药与现代信息技术结合难度大,这是中药发展面临的难题,亟须借助现代科技开创中药材产业规范化、标准化和现代化发展。

2. 道地药材资源转化性不强

吉林省中药材资源丰富,最主要的中药材产地长白山药材品种繁多,如人参、五味子、天麻、鹿茸等动植物和矿物类型中药材。但吉林省得天独厚的中药材资源没有转化为经济优势,缺乏标志性中药产品的打造。中药产品结构与规范化、标准化有很大距离。信息化的发展要求中药专业化和精准化生产,只有专业化、精准化才能促进品牌化。

(二)生物药产业结构不均衡,市场准入困难

1. 产业内部结构不均衡

截至2018年,吉林省有医药制造企业272户,只有23户是生物制药企业,疫苗生产企业占多数。从2019年主营业务收入来看,20亿元以上规模企业只有长春高新、通化东宝和吉林敖东。企业主体创新作用不突出,难以形成具有较大规模与实力的创新体系和产业链条。数量少、规模小、同质化倾向严重是产业结构突出的制约因素。

2. 市场准入困难

生物新药从递交临床申请到获取上市批件,平均需要8~10年,对企业来说负担沉重而且"慢速",审批流程让很多创新药从领跑变跟跑。同时,受国家"一品两规"政策影响,吉林省新研发的仿制药品

种无法纳入医疗机构采购范围，抑制了产业规模和企业研发生产的积极性。

（三）化学药产业研发创新不足，外部压力加剧

1. 产业内部研发创新不足

吉林省化学药企业规模偏小，大量模仿品降低了医药产品的更新能力，研发创新始终在低水平上徘徊，生产能力在低层次上过剩。自主研发能力不足导致吉林省化学药剂开发落后，产品技术含量低，逐渐失去竞争优势。随着人民币汇率波动和出口价格低迷，化学制剂行业的毛利率走低，化学仿制药品陷入了以降价换取出口量的恶性循环，吉林省化学药产业亟须提升研发创新水平以获取市场自由竞争能力。

2. 产业外部压力加剧

吉林省化学药产业基础比较薄弱，随着环境资源以及药品质量安全要求的提高，化学药制造企业约束不断加大。化学药相对来说靶向性、安全性、稳定性较低，随着生物药的快速发展，化学药市场进一步缩小。行业多方面外部压力对化学药产业的影响显著，对产业绿色生产要求显著提高。

（四）医疗器械产业科技成果转化迟缓，监管难度增大

1. 科技成果转化迟缓

吉林省医疗器械产业获取新科技成果转化速度明显慢于发达地区，科技成果转化难度大，收益上缴额度高，影响科研人员创新积极性。医疗器械企业的大量模仿品降低了更新能力，逐渐失去竞争优势。加之科研投入比例结构失调，短期利益被看中，忽视了长期发展的重要性。长期倾向于应用研究，过于重视二次创新，使源头知识创新严重滞后，导致企业陷入"引进、落后、再引进"的困境，难以开发创新动力。

2. 产业监管难度增大

近年来吉林省医疗器械产业快速发展，生产经营企业增多但平均规模较小，企业整体素质不高，也导致医疗器械行业诚信体系薄弱。同时随着多种

学科技术快速融入医疗器械，生物技术、计算机技术、新材料以及药械组合产品不断涌现，医疗器械技术越来越复杂，植入性医疗器械越来越多，可能发生的风险越来越大，给监管带来新的挑战。产业内监管力量不足矛盾突出。由于产业的特殊性，监管人员轮岗幅度大，监管人员数量、技术素质难以适应要求。

（五）产业升级速度较慢，品牌打造阻力较大

1. 产业升级速度较慢

吉林省医药制造业仍属于资源依赖型，以传统加工和区域型发展为主，缺少大企业集团主导，产业转型比较急迫。全球医药产业正加速由资源主导型向资本主导型、由传统加工型向科技创新主导型、由区域性向全球性、由地方标准和国家标准约束向全球标准约束、由普通规模企业主导向特大企业集团主导五个方向转变。

2. 品牌打造阻力较大

目前吉林省医药企业多而散、大而不合、各自为政，过度竞争、重复生产；药品文号数量位居全国前列，但仿制药多、创新药少，普通药多、名牌药少；医药创新公共服务平台建设落后，关键技术系统攻关和技术集成不够，技术间缺少关联，"技术孤岛"制约较大；各地财政资金分散，生产设备重复投资，难以集中资源打造具有国际竞争力的医药品牌。

（六）融资渠道单一，金融资本结合困难

1. 资本有效供给不足

吉林省医药企业主要依靠银行贷款和企业自有资金，资本有效供给不足。医药制造业对产业技术要求高，自主知识产权产品从研发到上市销售需要巨量资金投入。投入高、风险大、回报时间长是导致医药产业融资难的主要因素。

2. 金融资本结合困难

受防范金融风险政策等影响，银行特别是中小银行资产缩表力度进一

步加大，医药企业信贷融资难问题进一步加剧。吉林省以民营企业、家族企业为主要类型的医药企业，难以进入资本市场估值体系获得国际资本支撑。

三 "十四五"时期吉林省医药制造业的主要发展方向

（一）中药产业发展方向

加强一产与二产深度融合，保持中药产业在全国的竞争优势和地位。强化中成药研发与生产能力，提升重要智能化制造水平，推动中成药产业技术进步与升级，保持中药产业大省优势地位。以中药材种植加工、饮片标准化生产、精深加工产品开发为突破口，加快中药产业结构调整。

1. 中药材生产技术集成、质量标准提升

重点围绕人参等中药材大品种，以及紧缺、濒危道地中药材，加强生产关键技术提升与集成，强化产地加工技术研究，从源头提升中药材质量水平和安全性。

2. 中药材精深加工与转化增值

加强道地中药材传统功效科学诠释研究，加强饮片炮制工艺研究与产业开发，推进中药材炮制规范制（修）订。加强配方颗粒、食品添加剂、化妆品等深加工产品的开发与产业化，积极探索配方颗粒试点建设。

3. 创新中药开发与产业化

以吉林省道地中药材为基源，针对心脑血管疾病、妇儿科疾病等中医优势病种，挖掘传统方剂、经典名方、院内制剂和名老中医经方，开发复方、有效部位及有效成分中药新药，加快推动疗效确切、临床价值高的创新中药研发与产业化，加快满药、朝药等民族药开发。

4. 中成药制造与二次开发的智能化水平提升

提升中成药制造的智能化水平，强化产品技术升级与产能扩大。围绕药效物质基础、质量标准提升、药效机制、临床再评价和药物经济学等内容，支持中成药大品种和名优中成药持续开展二次开发，提升产品市场核心竞争力。

（二）生物药产业发展方向

强化疫苗、基因重组药物等产品的技术升级、产品换代，巩固现有优势地位。坚持创制与仿制相结合，以抗体药物、血液制品、干细胞及基因治疗等产品开发生产为突破口，不断提升生物药产业的竞争优势。

1. 疫苗新产品研发与大品种二次开发

加快治疗性疫苗、联合疫苗、基因工程疫苗、多表位重组疫苗等新产品的研发与产业化，加强国外上市大品种的仿制开发。推进流感、水痘等已上市疫苗技术升级与产能扩大，保持疫苗产业国内领先地位。

2. 抗体药物、基因重组药物研发与升级换代

重点开展基因重组药物的开发与产业化。围绕市场优势突出的已上市基因重组药物，开展产品升级换代研究与产业化，不断提高产品市场占有率。

3. 干细胞及基因治疗等生物关键技术研发与产业化

加强干细胞及基因治疗技术、治疗产品的研发，加快技术与产品产业化进程，开拓生物药产业新领域。加强疫苗规模化生产和无血清蛋白培养、单克隆抗体、核酸和蛋白质大规模细胞培养与纯化等关键技术研究，加快产业化进程。

（三）化学药产业发展方向

不断增强现有的化学原料药和制剂产业发展优势。以化学药一致性评价为契机，以市场需求为导向，以老年病、重大疾病创新药仿制为突破口，加快高端原料药、化学药品制剂、重大创新药物开发，加快化学药产业发展，打造医药健康产业新的经济增长极。

1. 高端原材料药及中间体开发与产业化

立足吉林省资源优势，通过高端原料药高效合成技术、药物中试放大技术、质量控制体系建设等关键技术突破，开发高端原料药，发展低污染、低能耗和高附加值的绿色原料药。

2. 重大创新药物开发与已上市产品技术提升

加快具有自主知识产权化学创新药物的开发。强化天然产物化学药的研究与开发。以仿制药质量和疗效一致性评价为契机，加快推进仿制药一致性评价工作，提升产品质量和疗效。支持化学药大品种持续开展技术升级，提升产品核心竞争力。支持生化药物开展以生物学方法为主要手段的技术升级与产能扩大，形成新的经济增长点。

3. 新型制剂与制备技术开发

加快缓释、靶向、长效、预充注射器等新型制剂、新兴给药方式的研发与产业化。加快开发手性合成、酶催化等化学药制备技术，提升化学药工艺技术和质量控制水平。

（四）医疗器械与医疗健康材料产业发展方向

立足吉林省光学、精密仪器等领域的研发优势，坚持差异化发展，重点推进体外诊断、智能监测设备、医用康复器材、医用健康材料等产品开发与产业化，不断延伸产业链条，加快培育医药健康产业新板块。

1. 体外诊断产品与医用健康材料开发与产业化

以国家加快医疗器械国产化为契机，加快数字诊疗装备、体外诊断产品的开发。加强体外诊断设备、检测试剂、信息化管理软件和数据分析系统的整合创新，加快检测试剂标准化建立和新试剂开发。

2. 智能检测设备与药用包材和辅料的开发与产业化

重点开展远程医疗系统、可穿戴监测设备、健康管理系统等智能监测设备的开发与产业化。依托资源优势，开展输液袋等医药和食用包材、天然辅料开发与产业化，完善产业链条。

四 推进吉林省医药制造业高质量发展的对策建议

(一)加强中药信息化建设,创新道地药材标志性产品

1. 加强中药信息化建设

紧密结合互联网与中药,建设中药信息化平台。创新建立集中药研发、生产、推广于一体的中药信息化平台。标准化中药生产流程,淘汰不合格的中成药小企业;规范化中药产品生产基地建设,提升中药产业集中度;信息化中药材采摘、研发、生产流程,加快中药现代化发展进程。

2. 创新道地药材标志性产品

创新发展吉林省道地药材标志性产品,发挥人参、五味子、天麻、鹿茸等动植物和矿物优势资源的引领作用,主动将资源优势转化为经济优势。打造特色中药材产业带,抓好道地中药材作为新资源,突出道地中药材资源优势,推进特色中药产业发展,打造具有吉林省特色的道地中药材标志性产品。

(二)加快生物药企业培育,强化政策引导产业升级

1. 加快生物药企业培育

以生物医药领域高新技术企业、创新型企业和小巨人企业为重点,发展壮大一批骨干企业,加快培育一批新兴企业和小微企业。扬长补短,打造一批具有竞争力的大型企业集团,提高生物产业集中度。

2. 强化政策引导

加强生物医药研发及成果转化,提高专项资金使用效益;通过专项资金对企业发展进行引导,鼓励通过联合、兼并、改制、重组等方式,创建大型生物医药集团;制定针对创新企业的税收优惠政策,促进科技成果转化。

（三）推进化学药绿色生产，以仿带创激发产业活力

1. 推进化学药绿色生产

随着化学药产业外部压力加剧，化学制药企业要优化绿色制药工艺，利用高效、合理、无污染的绿色化学原理，创造先进生产工艺以适应不断提高的产业标准，实现化学制药工业的生态循环和绿色生产，加速产业内部升级。

2. 仿创并举，以仿带创

吉林省应以政策引导化学药由仿制向创新发展，加大创新药的研发资金投入力度，以化学药制造企业为创新主体，发挥吉林省众多化学药科研机构的科研优势和化工企业的生产优势，仿创结合，以仿带创，实现产—学—研—资结合，将科研成果转向企业。

（四）完善医疗器械产业监管，加快科技成果转化

1. 加快科技成果转化

借助医药产业技术转移服务平台、专利信息技术展示交易中心等专业服务平台，加快推进技术、成果、人才等创新要素向医疗器械健康企业流动。建立激励机制，加快新技术的研发与成果转化。鼓励企业外包研发成果、引进关键技术或购买新专利在本地转化。

2. 完善产业监管体系

完善医疗器械监管法规体系（含医疗器械标准体系）。强调和落实医疗器械生产企业第一责任人的责任，加大监管部门对医疗器械生产企业的日产监督检查、飞行检查、产品抽验的力度。进一步健全医疗器械监管机制，加强监管队伍建设。注重上市后的监管工作，如不良事件的监测、报告、召回、抽验等。

（五）分类整合产业链，强化区域品牌共建

1. 分类整合产业链

吉林省医药制造业应按照生物药、化学药、中药、医疗器械分类整合产业链，从原料来源、制造设备、药剂器械生产、药剂器械销售、药剂器械市

场反馈等环节梳理企业资源，整理信息资源，以市场机制促进制造业产业链内部的资源整合和企业联动。

2. 强化区域共享品牌价值

解决包括"北药"品牌但不限于中药这一领域的问题，鼓励医药企业使用"北药"标志，使"北药"公共品牌统领三大子行业发展，授权与医药产业发展相关的康养、旅游等企业使用"北药"标志。强化"北药"品牌作用，通过品牌共享促进产业壮大，提升品牌价值。

（六）创新科技金融模式，发挥产业资本主导性

1. 创新科技金融模式

综合运用买方信贷、卖方信贷、融资租赁等金融工具，引导银行等金融机构加大对医药企业的信贷支持。深入开展知识产权质押融资贷款业务，有效解决医药领域小微企业和专利发明人融资难等问题，加速专利成果转化。

2. 发挥产业资本主导性

打破产业资本的行政界线，积极鼓励全省医药产业走廊内产业资本自由流动，及时解决医药走廊内个别企业流动资本不足的问题。支持和鼓励医药走廊内医药企业并购重组，引进国内外战略性资本，整合吉林省医药产业资源。

参考文献

［1］《吉林省人民政府办公厅关于印发"一主、六双"产业空间布局规划配套政策的通知》，《吉林省人民政府公报》2019年第4期。
［2］吉林省人民政府：《吉林省人民政府关于加快推进医药健康支柱产业发展的实施意见》，2014年12月29日。
［3］赵奚：《吉林省生物产业发展困境探析与突破》，《科技和产业》2020年第4期。
［4］朱欣欣：《近十年吉林省中医药发展经验研究》，长春中医药大学硕士学位论文，2019。

B.24 "十四五"时期吉林省绿色食品产业发展思路研究

李冬艳*

摘　要： 发展绿色食品产业，满足人民日益增长的对食品安全的需要，是现代农业发展的必然选择。吉林省作为农业大省，"十三五"时期绿色食品产业发展取得了丰硕成果，"二品一标"认证走在全国前列，绿色食品产业已经成为吉林省现代农业重要组成部分。"十四五"时期，面对新冠肺炎疫情的影响及经济下行压力的增大，吉林省绿色食品产业要迎接"逐步形成以国内大循环为主体、国内国际双循环相互促进的新发展格局"，发挥优势，补齐短板，明确发展目标，确定发展任务，实施顶层设计，强化组织领导，保障全省绿色食品产业健康快速高标准发展。

关键词： 绿色食品　农产品品牌　生态农业

发展绿色食品产业，满足人民日益增长的对食品安全的需要，是吉林省作为粮食大省、农业大省的重要任务。绿色食品产业是吉林省委十一届七中全会提出的十大工程中涉及"优势特色产业""数字农业和科技创新""农产品品牌建设"三大工程的重要农业产业。"十三五"时期，吉林省绿色食品产业不断发展壮大，取得了优异的成绩，"十四五"期间面对机遇，

---

* 李冬艳，吉林省社会科学院农村发展研究所副研究员，研究方向：区域经济与农村发展。

迎接挑战，发挥优势、补齐短板，吉林省绿色食品产业将会取得长足发展。

一　吉林省发展绿色食品产业基础良好

吉林省生态环境良好，生态和农业资源丰富，农业生产的基础设施完备，农业科技贡献率高，具备发展绿色农业，做大做强绿色食品产业的全部要素。

（一）生态条件优越

吉林省有长白山、向海、莫莫格等28个自然保护区，面积占总面积的9.9%。一是东部山区是丰富的生态资源库。水资源丰富，天然次生林和人工林面积大，森林覆盖率高，水资源和矿产资源丰富。二是中部平原环境承载能力较强。地势平坦，土质肥沃，农田防护林体系健全，具有较强的环境承载能力。三是西部河湖连通工程解决了干旱少水问题。草原辽阔，湿地面积较大，地下水和过境水资源比较丰富，2013年开始实施的河湖连通工程，基本上解决了西部地区缺水问题。

（二）农业资源丰富

吉林省是农业大省，也是国家重要商品粮基地和老工业基地之一。在全省土地资源中，农用地面积1639.73万公顷，占全省土地总面积的85.80%。一是黑土层较厚，土壤条件较好。吉林省中部地区有大片的黑土地，肥力好、土层厚，全省黑土区耕地面积达460万公顷，占全省耕地面积的65.5%，占东北黑土区耕地总面积的24.82%。二是地处"黄金玉米带"，耕地资源丰富。全省黄金玉米带总面积6万多平方公里，占吉林省总面积的30%以上，黄金玉米带玉米播种面积占全省玉米播种面积的75%以上，玉米产量占全省玉米总产量的80%以上。三是人均林地面积和森林覆盖率都高于全国平均水平。四是吉林省畜牧业发展基础雄厚。吉林省是全国羊草草场分布中心和中国北方牛、羊生产基地，是科尔沁草原的一部分。

（三）绿色食品产业已经成为吉林省现代农业重要组成部分

1. 绿色食品产业比较齐全

吉林省绿色食品产业覆盖种植业、养殖业、园艺特产业以及农产品加工业（见表1），产业种类比较齐全。其中：种植业包括水稻、玉米及杂粮杂豆产业，认证数量256个、产量340万吨，分别占全省总量的75.3%、88.9%；养殖业主要是畜禽产业，畜禽产品认证数量3个、产量0.8万吨，分别占全省总量的0.9%、0.2%；园艺特产业包括林特产品、蔬菜、食用菌、水果、蜂产品等，认证数量76个、产量41.3万吨，分别占全省总量的22.4%、10.8%；农产品加工业认证数量5个、产量0.4万吨，分别占全省总量的1.5%、0.1%。

表1　2019年绿色食品产业发展情况

	面积（万亩）	产量（万吨）	产品数量（个）		面积（万亩）	产量（万吨）	产品数量（个）
水稻	52	230.8	215	食用菌	0.1	5.1	4
玉米	3	27.6	14	水果	1.4	16.6	30
杂粮杂豆	16	81.6	27	蜂产品	4万（群）	0.4	3
蔬菜	0.4	18.5	38	加工类产品	2.1	0.4	5
畜禽产品	38万（头、只）	0.8	3	合计		382.5	340
林特产品	0.3	0.7	1				

资料来源：吉林省绿化办。

2. 规模基本形成

2019年比较有规模的绿色食品产业有10个（见表1），包括水稻、玉米、杂粮杂豆、蔬菜、畜禽产品、林特产品、食用菌、水果、蜂产品、加工类产品等10大类340个品种。涉及种植面积75.3万亩、养殖规模38万（头、只）、蜂群4万群，总产量382.5万吨。

3. 产业特点突出

2019年吉林省绿色食品原料标准化生产基地面积与产量分别为371.4万

亩和232.1万吨，分别占粮食总面积和总产量的4.4%和6.0%。2019年新型农业经营主体绿色食品获证单位中，农民专业合作社最多，省级龙头企业表现较好。具体情况如下：国家级龙头企业认证数量和认证产品数量分别为9家和40个，分别占全省总量的3.7%和5.9%；省级龙头企业认证数量和认证产品数量分别为65家和211个，分别占全省总量的26.7%和31.2%；地市县级龙头企业认证数量和认证产品数量分别为52家和147个，分别占全省总量的21.4%和21.7%；农民专业合作社认证数量和认证产品数量分别为117家和279个，分别占全省总量的48.1%和41.2%（见表2）。

表2 2019年吉林省新型农业经营主体绿色食品获证单位与产品数量

国家级龙头企业		省级龙头企业		地市县级龙头企业		农民专业合作社	
单位数（家）	产品数（个）	单位数（家）	产品数（个）	单位数（家）	产品数（个）	单位数（家）	产品数（个）
9	40	65	211	52	147	117	279

资料来源：中国绿色食品发展中心《2019年绿色食品统计年报》。

二 "十三五"时期吉林省绿色食品产业取得优异成就

（一）"二品一标"建设成效显著

2019年全省有效用标绿色食品1056个，有机产品148个，农产品地理标志登记产品23个。一是绿色食品认证健康发展。全年新获认证企业98家，产品225个。全省有71家绿色食品企业225个产品到期续展，其中45家续展企业121个产品完成了续展，企业续展率为63%，产品续展率为53%。二是绿色有机认证标准不断健全。全年共完成了29家企业的33个项目133个产品的再认证（换证），1家企业25个产品的新认证。三是地理标识食品认证不断发展。全年有4个农产品地理标志登记产品获证。

（二）全国绿色食品原料标准化生产基地建设全面布局

2019年基地创建和园区建设稳步开展。在14家应按期续报的基地中，

有3家按期续报，2家获批，1家延期续报。完成了德惠市创建全国绿色食品原料标准化生产基地的省级审批。目前，吉林省创建基地总数列全国第四。按照基地建设管理有关规定，完成对农安县、梨树县和榆树市创建全国绿色食品原料标准化生产基地验收。按照国家绿色食品发展中心的要求，2019年配合资质检测部门完成规定的30%基地原料的抽样检测工作，受检的17个原料产品全部合格。

表3 吉林省全国绿色食品原料标准化生产基地建设情况

类别	2018年 面积(万亩)	2018年 产量(万吨)	2018年 基地数量(个)	2019年 面积(万亩)	2019年 产量(万吨)	2019年 基地数量(个)
水稻	323.45	195.73	19	201.05	116.23	14
玉米	188.29	156.6	6	148.29	127.2	4
杂粮杂豆	20	3.65	5	—	—	1
蔬菜	9	18	1	9	18	4
水果	14.2	2.82	2	0	0	0
合计	554.94	376.8	33	358.34	261.43	23

资料来源：吉林省绿化办。

（三）可追溯绿色食品起步良好

2019年吉林省可追溯绿色食品产业有7个，包括水稻、玉米、杂粮杂豆、蔬菜、林特产品、食用菌、水果。可追溯绿色食品管理信息平台从2016年起步，到目前运行良好，2019年可追溯绿色食品数量405个，比2016年的59个增加了5.9倍，比2018年增长22.7%（见表4）。

表4 吉林省可追溯绿色食品情况

类别	2018年 面积(亩)	2018年 产量(吨)	2018年 产品数量(个)	2019年 面积(亩)	2019年 产量(吨)	2019年 产品数量(个)
水稻	828010.70	10381477	148	908035.2	10681470	169
玉米	94603.06	109747.7	26	102793.8	104859.5	32

续表

类别	2018年 面积（亩）	2018年 产量（吨）	2018年 产品数量（个）	2019年 面积（亩）	2019年 产量（吨）	2019年 产品数量（个）
杂粮杂豆	49827.1	21427.03	32	98654.6	3773.6	65
蔬菜	39068.4	51202.2	57	39040.08	757358.5	66
林特产品	150	500	1	210	5	1
食用菌	2347	859.75	20	2613.05	866.21	25
水果	36535.68	15565.33	46	31362.58	166022.3	47
合计	1050541.94	10580779.01	330	1182709.31	11714355.11	405

资料来源：吉林省绿化办。

三 面临的机遇与挑战

（一）发展机遇

1. 绿色生态发展已经成为经济发展主基调

"十四五"时期是生态资源价值和绿色农业潜能的释放期。绿色生态是吉林省的优势品牌和未来最大的财富。"十四五"时期是践行习近平总书记"两山"理念的关键期，生态文明建设必将不断地得到广泛深入的实践和推广，生态资源优势将成为驱动全省经济社会发展的新动力，探索生态保护与绿色食品产业快速健康发展相融合的可持续发展之路，是吉林省今后一个时期绿色发展主基调，绿色食品产业高质量发展将成为吉林省绿色发展的重要组成部分。

2. 人们对绿色食品的需求超过以往任何时期

新时代，我国社会主要矛盾已经转化，尤其是2020年实现精准脱贫和全面建成小康社会，城乡居民收入将大幅度提高，从食品消费方面，我国城乡居民的营养水平已经接近世界平均水平，其中热量摄入量部分已经超过国际制定的平均热量摄入水平。各地公众对食物的要求由数量型转向质

量型，并且开始关注食品的安全保障问题。由于绿色食品是无污染的安全优质营养食品，这个特征决定了绿色食品产业的生产开发具有巨大的市场潜力。

3. 宏观政策的设计为绿色食品产业发展指明了方向

吉林省委十一届七次全会通过了《关于集中力量补齐全面小康"三农"领域短板，提高粮食安全保障能力，加快率先实现农业现代化的决定》。全会指出：始终着眼厚植吉林农业特色优势，以实施"十大工程"为载体，着力补齐短板，提高粮食综合生产能力，推进农业高质量发展。全会为全省绿色食品产业发展提供了良好发展机遇，要求我们通过实施黑土地保护利用、高标准农田建设等工程高水平发展绿色食品产业，达到"率先实现农业现代化，争当现代农业建设排头兵"对绿色食品产业的要求。

（二）面临的挑战

1. 新冠肺炎疫情影响将长期存在，对绿色食品产业造成一定冲击

当前我国正处于经济下行压力大、转型任务重的关键时期，新冠肺炎疫情导致一定程度的消费承压、投资不振，使财政收入雪上加霜。特别是对餐饮、旅游等第三产业，农产品加工业等相关行业造成的冲击较大。疫情对各类产品的"优质供给"带来一定的冲击，一旦疫情过去，容易造成新的"供给侧"问题，不利于经济循环；从长期看，疫情对绿色食品产业链上游、中游、下游的延伸与拓展造成一定影响，对于产业链上整体技术含量不高的经营主体，若应急处理与规范管理不当，可能导致投资价值降低，被并购或重组，甚至淘汰，这些经营主体未来在深度、广度方面的升级势在必行。

2. 吉林省对农业现代化建设亦是对绿色食品产业发展提出新要求

吉林省委十一届七次全会要求促进农业全面升级，到"十四五"末期，保护性耕作技术实施面积达到4000万亩，建成高标准农田5000万亩，努力在全国率先实现农业现代化；要求全省绿色食品产业全面转型升级，实现高质量全面发展，总体看，"十四五"时期的绿色食品产业发展任务更加艰巨。

3.吉林省经济增长速度的持续下滑使绿色食品产业发展的外部环境并不宽松

目前，吉林省宏观经济环境趋紧，经济下行压力加大，导致地方环保投入减小，经济发展与环境保护的矛盾比较突出。全省绿色食品产业发展缺乏投资资金，尤其是政府对绿色食品产业的主导性投入不足，投资环境的建设跟不上绿色食品产业发展步伐，经济发展的外部环境不宽松。若经济下行压力大导致投入不足，使得全省绿色食品产业没有得到足够力度的深层次开发，区域项目建设不完善造成了相关产业的低级粗放型开发，在一定程度上制约了绿色食品产业的长远发展。

4."十三五"时期吉林省绿色食品发展存在很多问题

一是绿色食品存量规模较小。目前涉及面积不足粮食播种面积的5%，产量也只有粮食产量的6.0%，发展空间巨大。二是发展绿色食品缺乏政策资金支持。目前省财政没有发展绿色食品产业固定预算，每年只能申请专项资金。2019年省级农业绿色发展专项资金安排300万元，计划对2018年度超计划完成指标符合补贴条件未获补贴企业进行补贴，再补贴新认证绿色、有机和地理标志农产品240个，新加入省级监测信息平台开展追溯生产主体300家。三是绿色食品认证主体不强。国家级、省级农业产业化龙头企业近几年陆续加入绿色食品认证的行列，但是数量少、规模小。2019年，参与绿色食品认证的国家级龙头企业仅占16.7%，省级龙头企业占11.3%，地市县级龙头企业占0.9%，农民专业合作社占0.14%。没有大规模的龙头企业参与，绿色食品产业发展壮大很困难。四是绿色食品基地建设很不平衡。基地建设前紧后松，重前期的创建申报、轻后期的管理服务，引导推动绿色食品企业开展产品认证不积极主动，基地产品的品牌效益发挥得不明显。五是绿色食品产业没有形成强大的生命力。绿色食品经过近30年的发展，累计认证产品数量不少，但由于绿色食品产业发展的经济效益没有很好地发挥，掉标率较高。

四 "十四五"时期吉林省绿色食品产业发展思路

(一)确定基本发展思路

以习近平新时代中国特色社会主义思想为指导,深入贯彻习近平总书记对吉林省"率先实现农业现代化,争当现代农业建设排头兵"重要指示精神,以实施乡村振兴战略为总抓手,以推进农业供给侧结构性改革为主线,以推进农业高质量发展为主攻方向,充分发挥生态、农业资源优势,强化政策支持力度,调动农业产业化龙头企业参与绿色食品产业发展的积极性,大力发展"二品一标"绿色食品,不断提高可追溯规模,逐步普及生产全程监控,打造吉林省绿色农产品优质品牌,全面提升吉林省绿色食品产业整体形象和质量安全水平,努力扩大吉林省绿色食品产业数量和规模,补齐规模小、企业弱、扶持少的短板;增强吉林省绿色食品产业在国内外农业食品领域的核心竞争力,助力吉林省率先实现农业现代化,争当现代农业建设排头兵,主动融入全省"十四五"时期经济社会发展尤其是现代农业发展大盘子,探索一条绿色发展水平高、产品质量高、产业效益高和认证企业强的绿色食品产业"三高一强"的高质量发展道路,打造吉林省现代农业高质量发展新的增长极。

(二)明确发展定位及发展方向

1. 发展定位

以满足人们对美好生活需求为统领,以加强"二品一标"绿色食品认证、扩大绿色食品产业规模、增加绿色食品有效供给为目标,因地制宜进行产业分区,通过政策扶持,强化绿色食品产业化经营,把"农业三大体系"建设融入绿色食品产业发展过程中,引导工商与金融资本加快进入绿色食品产业,实施品牌战略,做大绿色食品龙头企业,转型升级加工业,集约发展绿色粮食产业、集聚发展绿色畜禽产业、园区发展绿色特产业;通过创新发展绿色新型农产品加工业带动绿色食品产业加快发展;通过深化农村一二三产业融合发展，促进绿色食品产业逐步做大做强；通过发展农产品加工业和休闲农业，延伸其产业链条、拓展其产业功能，逐步把吉林省打造成绿色食品产业高质量发展试验区、东北地区绿色食品产业发展示范区、全国绿色食品产业融合发展先行区；借助"一带一路"倡议及吉林省发展北向窗口的机遇，大力实施绿色食品产能对俄、蒙输出，全面推进绿色食品产业健康快速发展。

2. 发展方向

按照基本发展思路、发展目标、发展定位，确定吉林省绿色食品产业发展方向。一是东部绿色食品产业区发展方向是创新驱动。以生态保护和绿色食品产业多功能开发为重点，通过创新驱动，加快推进食用菌、林下种植、水果、蜜蜂等绿色食品产业转型升级，积极探索农旅融合、森旅融合等新业态新模式，辐射带动全产业链绿色食品产业增效、农民增收。二是中部绿色食品产业区发展方向是加工带动。以绿色有机粮食精深加工为核心，形成以二产加工为主导带动一、三产的融合发展模式，构建企业集群化、产业园区化、产品高端化、市场一体化的绿色食品产业高质量发展新格局。三是西部绿色食品产业区发展方向是种养结合循环带动。引进大型农牧企业，推进绿色种养加销一体化全产业链发展模式；构建以绿色养殖业促进绿色种植业发展、种养结合的产业结构，提高区域内绿色生态资源环境与绿色食品产业匹配度，示范引领绿色种养业高质量发展。四是城市郊区绿色食品产业精品带发展方向是网络平台带动。发挥市场调节作用，对接大型市场和商超，以"互联网＋"、网红、抖音等带动绿色果蔬、食用菌等产品、产业高质量发展，着力打造绿色精品产业示范带，塑造吉林省绿色食品产业高质量发展标杆与展示窗口。

（三）确定发展任务与产业布局

1. 坚持供给侧结构性改革，确定重点任务

一是加强"两品一标"认证，扩大绿色食品产业规模。坚持扩大绿色食品认证规模，提高认证速度，采取优惠政策，支持引导龙头企业、农民合作社等新型农业经营主体成为绿色食品认证主体，增强认证主体群体规模。

二是加强国家绿色食品原料标准化生产基地建设，提高绿色食品质量。坚持维护绿色食品品牌的公信力，以保护生态环境为前提、以落实标准化生产为基础、以品牌经营为引领、以市场需求为导向，促进农业发展方式转变和农业提质增效，解决好全省绿色食品基地建设工作不平衡问题。三是加强区域特色品牌培育，提升国内外市场竞争力。坚持市场配置资源的决定性作用，深入推进绿色食品品牌市场化取向改革，创新品牌营销，加强品牌维护，提升品牌价值，全面增强品牌核心竞争力，着力打造和培育一批定位准确、风格突出、质量上乘、效益良好的重点品牌。四是加强精深系列产品加工，增加绿色食品产业经济效益。依托丰富的农业资源优势，强化种养、产加、产销结合，围绕"农头工尾""粮头食尾"，加快绿色农产品精深加工业集群化建设，通过大力发展农产品加工，促进一二三产业融合发展，延伸产业链，提升价值链，拓宽增收链，培育绿色食品产业发展新动能。通过延伸绿色食品产业链，加大现代农业产业园建设力度，集聚龙头企业、生产要素，统筹布局绿色食品产业生产、加工、物流、研发、服务等功能，使技术集成、产业融合、核心辐射作用发挥最大化。五是打造绿色水稻、绿色玉米、绿色杂粮杂豆、绿色蔬菜食品、绿色畜禽产品、绿色林特食品、绿色食用菌食品、绿色水果食品、绿色蜂食品、绿色食品加工等十大优势产业，实现粮、畜禽、果蔬、林特、食用菌、蜜蜂及加工业全覆盖。

2. 充分利用全省资源禀赋优势，合理进行区域产业布局

按照吉林省东、中、西三个发展规划划定的三个区域及城郊四个经济板块划分，从生态和农业资源优势分布出发，统筹规划绿色食品产业发展布局。一是东部创新驱动绿色食品产业区。规划范围包括通化市、白山市、延边州、吉林市的桦甸市和磐石市全境共23个县（市、区）（包含长白山保护开发区）。东部以创新驱动为发展方向，这里是绿色转型发展区，肩负着长白山生态保护和经济转型、推进图们江区域国际合作和打造东北东部经济带等重任。东部地区生态优良、资源丰富、区位特殊、市场潜力巨大，坚持扩大绿色食品产业发展范围，将长白山资源宝库中的参茸、果仁、菌、蛙、药等林特产品纳入绿色食品认证范畴。推动长白山资源的特产品加工业带动

全省林特、食用菌、蜂产业发展。二是中部加工带动绿色食品产业区。规划范围包括长春市、吉林市、四平市、松原市、公主岭市和梅河口市，共35个县（市、区）。中部以加工带动为发展方向，这是吉林省创新转型核心区，也是粮食和农区畜禽主产区，粮食产量占全省的85%左右，粮食加工业原料优势明显，通过发展绿色食品加工业带动绿色食品产业快速发展。制定优惠政策，支持引导龙头企业、农民合作社等新型农业经营主体成为绿色食品认证主体，增强认证主体群体规模。三是西部种养结合循环带动绿色食品产业区。规划范围包括白城市全境，松原市全境，长春市的农安县，四平市的双辽市，共12个县（市、区）。西部以种养结合循环带动为发展方向，西部是吉林省生态经济区，地处科尔沁草原和松辽平原交汇地带，毗邻大兴安岭林区，是草原和湿地生态系统、平原黑土地生态系统和森林生态系统的过渡带，通过发展草原牧业、杂粮杂豆、乳品、油料以及粮食等生产，实现种养结合良性循环，带动绿色杂粮杂豆、草原畜牧业、粮食产业发展，促进绿色农产品加工业发展。引导龙头企业等新型农业经营主体主动参与"二品一标"认证，通过统一品牌、标准化生产，建立农产品质量的可追溯机制，保证签约超市稳定的货源供应。四是城市郊区网络平台带动绿色食品产业精品带。规划范围包括全省所有城市、城镇、小城镇周边以蔬菜、水果、食用菌等种植为主的农村。城市郊区是一个特色区域，接近城市，农业生产主要围绕城市居民生活开展。城郊绿色食品产业精品带发展方向是网络平台带动，绿色食品产业以满足城乡居民（主要是城市居民）日常生活需求为目标，以为休闲农业提供可餐、可带走的绿色食品为补充，以发展绿色蔬菜、水果、食用菌为主要产品。通过网络平台，解决好城郊精品带绿色食品销售问题。

（四）发挥政策支撑作用，强化保障措施

1. 实施顶层设计，落实规划目标

一是制定实施方案，强化规划落地。坚持国家政策导向长久不变，保障绿色食品产业发展方向的准确性；控制绿色食品产业发展规模，一步一个脚印有序实施；科学合理布局，因地制宜确定发展重点。二是制定评价指标体

系，建立省、市、县三级示范体系。委托第三方科学制定评价指标体系，保障绿色食品产业发展目标明确、方向清晰，发展过程有章可循；以项目引领产业发展，充分发挥绿色食品新业态发展活力和潜力，在项目建设和实施过程中，推动绿色食品产业发展。三是成立专家指导委员会，全程咨询指导绿色食品产业发展。四是设立产业发展基金，发展绿色食品加工业，推动全省三次产业融合发展。

2. 发挥国家现代农业示范区优势，率先实现绿色食品产业集群集聚发展

吉林省现有11个国家级现代农业示范区，示范区是吉林省农业产业化经营最活跃的区域，是农产品加工业最发达的区域。应充分发挥国家级现代农业示范区的优势，以率先实现农业现代化为目标，以改革创新为动力，主动适应经济发展新时代，立足当前强基础，着眼长远促改革，加快转变农业发展方式，绿色食品产业将在全省率先实现集群集聚发展，绿色食品产业与农业产业化经营都将跃上新台阶。将示范区建设成为我国绿色食品产业发展"排头兵"和绿色食品产业改革"试验田"，示范引领中国特色绿色食品产业建设。

3. 打造吉林省绿色食品品牌，建立精准品牌营销体系

吉林省有庞大的绿色食品市场，绿色食品消费群遍布全国各地，但是缺少高端绿色食品的机制消费群体。"十四五"时期，通过打造高端品牌，建立营销渠道体系和营销传播体系，以保证绿色食品品牌营销价值能够顺利传递传播。一是创建合适的STP定位体系，以保证目标人群的稳定性和营销的有效性。按照市场细分、市场目标化进行市场定位。二是选择精准的营销渠道。三是创建绿色食品生产主体的自建渠道。四是打造互联网营销渠道。五是建立绿色食品直接消费终端，满足不同消费者对体验绿色食品的需求。

参考文献

[1] 吉林省绿色食品办公室：《吉林省"十三五"绿色食品专题研究报告》。

［2］吉林省绿色食品办公室：《2019年地理标志农产品生产设施及品牌建设项目实施细则（试行）》。
［3］陈兆云：《绿色食品理论与实践》，中国农业科学技术出版社，2016。
［4］张国荣：《绿色食品工作指南》，中国农业出版社，2019。

B.25
"十四五"时期吉林省科技创新路径研究[*]

王天新[**]

摘　要： "十三五"期间，吉林省科技创新整体能力实现提升，但仍在科技投入、源头创新、成果转化等重要方面存在短板和不足。"十四五"时期，伴随新一轮科技革命形成高潮以及国内外发展不确定性因素增多，吉林省科技创新将迎来重要发展机遇，同时也面临着经济增速放缓、引智引技难度加大等重要挑战，需要在核心技术攻关、创新平台建设、科技成果转化等方面加强政策部署，为创新动能打开新的增长通道，为经济社会高质量发展提供更大助力。

关键词： 科技创新　成果转化　开放合作　创新人才

"十三五"以来，吉林省科技创新发展步伐加快，科技事业成就突出，对全省经济社会建设的支撑作用不断增强，但快速发展中也呈现出一些弱项和短板。"十四五"时期，吉林省加快推动新旧动能转换与高质量发展，亟须进一步扬科技优势、补创新短板，为此，本研究对全省"十三五"期间科技创新现状及问题进行分析，结合未来五年科技创新可能面临的新形势、新挑战，提出吉林省科技创新发展的主要着力点及相关建议，期望对全省集中力量驱动科技创新、促进科技与经济深度融合发展具有参考和借鉴价值。

---

[*] 本文是吉林省科技发展计划项目"《吉林省"十四五"科技发展规划》研究"（编号：20200101002FG）、吉林省社会科学院规划项目和城市发展研究所专项调研项目的阶段性成果。

[**] 王天新，吉林省社会科学院城市发展研究所助理研究员，管理学博士，研究方向：城市发展。

一 吉林省"十三五"期间科技创新进展

（一）科技创新成果量质齐升

"十三五"以来，吉林省深入推进创新驱动发展，组织实施重大科技专项，创新产出全面提升。从重大技术成果来看，在先进制造领域，长光公司自主研制的"吉林一号"发射成功，作为我国第一颗商用高分辨率遥感卫星，目前在轨运行卫星已增加至16颗；长客公司生产的"复兴号"新一代高铁投入运营，服务北京冬奥会的两列京张智能高铁上线运行。在光电领域，吉林奥来德公司开发的新型高效率有机发光材料，解决了国内OLED显示产业关键技术卡脖子问题；长春长光辰芯公司研制出世界上分辨率最高的大靶面CMOS图像传感器，目前已大批量进入国际市场。在新材料领域，吉林精功碳纤维有限公司产品总体技术达到国际水平；长春长光宇航复合材料公司研制出的多种树脂体系已成功用于型号任务，等等。从专利申请和授权情况来看，吉林省研发成果数量和质量同步提升，2016~2019年，国内专利申请量累计97458件，授权量累计50549件，分别实现年均增长16.0%和14.0%；登记省级科技成果累计2543项，高新技术领域成果占比达到64.0%，获得国家科技奖励科研成果33项；累计签订技术合同21804份，实现合同成交额1151.21亿元，实现年均增长77.7%。

（二）新兴产业发展势头良好

"十三五"期间，吉林省科技创新领域取得了多项突破，助推新兴产业发展步伐加快。具体而言，一是新兴产业规模不断壮大。2019年，吉林省高新技术企业中盈利企业占比居全国第2位，高技术产业增加值从"十二五"末期的577.30亿元升至2019年的692.99亿元；新能源汽车研发和产业化发展迅猛，产销量分别达到2018年的4倍和3.4倍；航天信息产业园建设加快，目前已实现30颗卫星和200架无人机的年产能力。二是新兴产业集聚效应持续放大。"十三五"以来，吉林省加快建设智能网联及新能源汽车供应链产业园、长春轨道交通装备产业园、嘉吉生物化工高科技产业园等重点园区，积极引进阿里、京东、华为、浪潮、科大讯飞等行业领军企业投资布局，推动新能源汽车、装备制造、生物医药、信息技术等新兴产业领域释放集聚效应，引领吉林省创新经济发展保持良好势头。

（三）重大平台支撑作用增强

2016年以来，吉林省高新区、高端创新平台、行业创新平台、科技服务平台逐渐壮大，对全省科技创新的支撑和服务作用不断增强。具体来看，高新区平台发展势头迅猛。长春高新区、净月高新区、吉林高新区、延吉高新区、通化医药高新区的新兴产业发展提速，创新生态优化提升，"十三五"以来累计实现营业收入超过2.7万亿元，实现净利润超过2000亿元。高端创新平台发展日益成熟。当前全省拥有院士工作站13个、国家级重点实验室11个、省级重点实验室114个、省级科技创新中心（工程技术研究中心）153个，在科技攻关、新成果应用、新产品开发、引技引智等诸多方面发挥了重要引领作用；省院合作向纵深发展，科研平台建设、重点产业培育、战略咨询、人才培养方面的合作不断深入，为吉林省创新驱动发展提供了重要智力支撑。行业创新平台建设加快。"十三五"期间，全省围绕高新技术、精密制造、现代农业、医药健康等产业领域，共建成省级以上创新基地和产业化基地400余个，认定省级科技创新基地2个、省级科技创新中心50个，对促进全省高新技术产业发展、提升区域创新能力起到了重要承接作用。科技服务平台建设取得新进展。科技大市场平台资源库累计吸纳专家4861名，入库各类科技成果23389项，入驻技术转移相关机构119家；科技基础设施和大型科研仪器开放共享平台累计纳入仪器共享管理单位72家、专家服务团队133人、科研仪器2140台/套；建成省激光技术、精细化品、有机电致发光材料等12个中试中心，在服务科技企业、推进成果转化等方面发挥了重要作用。

（四）创新创业支持力度加大

"十三五"期间，全省着力打造"双创"升级版，不断强化对创新创业的多方面支持。具体而言，一是加快建设"双创"服务载体。截至2019年末，全省已建成10大类558个"双创"平台，省级以上孵化器和众创空间130家，累计毕业企业2561家。二是强化科技型企业培育。2016~2019年，全省培育高新技术企业1699家，认定科技小巨人企业747户，入库科技型中小企业657户，借助研发投入补贴、贷款担保、上市奖励等方式，支持科技型企业发展壮大。三是推进科技金融发展。截至2020年4月，作为省级科技金融示范基地，吉林省科技投资公司通过基金投入带动了3倍以上的社会资本投入，吉林省科技金融服务中心通过科技信用担保、专利质押贷款等方式实现了近2亿元的融资。四是提升创新创业氛围。2016年以来，吉林省组织系列论坛、项目路演、"双创"大赛等各类"双创"活动近500场，直接参与人数超过50万人次，激发了社会各界的创新创业热情。

（五）科技对外合作不断深化

"十三五"以来，吉林省深度融入"一带一路"建设，不断深化科技对外合作，开创了科技创新领域的合作新局面。一是各类合作平台并进发展。吉林省拥有国家级国际科技合作基地19个，其中长春国家光电创新园作为东北地区唯一的国家级国际创新园，获得了多项国家973、985专项支持，与国际多家知名科研机构和企业建立了合作关系；长春中俄科技园建设加快，在光电子、激光技术、新型功能材料等多个领域引进了专家和先进技术；国际合作重点实验室启动建设，立足特色农业、超快光子学、先进材料、高端制造等前沿主题，加快打造国际联合研发平台。二是各级国际合作项目成果丰硕。吉林省积极争取各级国际科技合作专项支持，2016~2019年共获得国家国际科技合作专项27项、经费7605.52万元，获得省科技发展计划国际合作项目362项、经费6356万元。三是各领域国际科技交流活动广泛开展。近年来吉林省成功举办了东北亚产业技术论坛、中国（吉林）—以色列科技创新合作座谈会、未来科学论坛等多个高水平国际科技交流活动，促进了多学科的国际交流，提升了吉林省科技创新的国际影响力。

二 吉林省"十三五"期间科技创新存在的问题

（一）科技研发投入不足

"十三五"前三年，吉林省科技研发经费投入逐年下降，由2016年的139.7亿元降至2018年的115亿元，全国排名由第21位降至第25位，研发经费投入强度由0.94%降至0.76%，落后于辽宁省和黑龙江省，2019年研发经费投入回升至148.4亿元，研发经费投入强度上升为1.27%，但仍低于全国平均水平2.19%。分活动类型看，吉林省的基础研究、应用研究、试验发展经费占比由2016年的9.3∶15.3∶75.4转变为2018年的14.1∶22.7∶63.2，基础研究经费年均增长8.3%，但比重仍相对较低。分活动主体看，2016~2018年，吉林省企业经费支出由90.9亿元降至57.5亿元，企业、研发机构、高等学校经费支出占比由2016年的65.0∶20.8∶11.7转变为2018年的50.0∶27.7∶19.5，企业作为科技创新主体，研发投入呈现逐年减少态势。从财政科学技术支出看，2016~2019年，吉林省该项支出由41.01亿元降至39.18亿元，虽然中间经历了2017年的短暂回升，但总体仍保持下降趋势，并且占当年全省财政支出的比重始终维持在1%左右，可能面临进一步减少的困难局面。

（二）关键领域自主创新不强

"十三五"期间，吉林省科技领域自主创新能力不强、关键技术受制于人的问题仍然存在。一方面，全省科技领域集成式创新较多，在消化外来技术基础上进行再创新的能力不强，颠覆性创新发展尤为不足，研发课题、技术路线仍主要跟踪国际热点，缺少"从0到1"的原创性成果，在创新源头上尚未掌握先机；另一方面，创新主体对产业发展瓶颈和需求聚焦不够，新兴技术与传统优势产业结合也不够，对全省产业转型升级的支撑作用较为有限。"十四五"时期，吉林省亟须在基础和关键核心领域加强前瞻性部署，推动科技创新由跟踪模仿向实现更多突破转变。

（三）创新主体内驱动力不足

从企业层面看，研发创新活动成本高、周期长，并且存在明显的不确定性，企业内部资金接续支撑可能不足，外部资金又比较有限，叠加机会成本、制度性成本也较高，削弱了企业的创新动力。从公布的数据看，2018年，吉林省规模以上工业企业中开展创新活动的企业有2370家，占比为26.6%，规模以上工业企业研发项目1715个、办研发机构181个，均落后于全国大部分省份。另外，企业利用和整合外部资源的动力也不强，与高校、研究机构、政府部门、风险投资等创新主体合作不够深入，高质量的创新网络扩展较为有限。从其他创新主体看，吉林省的高等院校、研发机构相对较多，科教优势比较明显，但呈现出创新主体资源分散、重复研究较多的问题，跨区域、跨单位的实质性联合创新也比较少，发表科技论文、专利所有权转让及许可数等指标均落后于全国大部分省份，在基础前沿领域未能充分发挥出科学创新、知识创新的引领作用。

（四）科技成果转化水平不高

"十三五"以来，吉林省加快完善科技成果转化机制，取得了较为明显的发展成效，但目前在成果转化效率和水平方面仍有进一步提升空间。具体而言，一是技术应用类成果交易相对较少。在吉林省的技术合同交易额构成中，从公布的数据看，技术服务类合同占比近一半，技术开发类合同占比为29.7%，技术转让类合同占比仅为4.7%。二是科技成果与产业结合不紧密。企业和高校院所在创新目标、组织方式、评价标准等方面较难对接，目前尚未形成兼顾供需两方面的激励模式，导致成果转移转化不够活跃，具有转化价值的创新成果比重相对较低。三是科技金融支持不充分。在成果转移

转化过程中,仍存在资金总量不足、配置不合理等问题,影响成果转化效率。四是专业人才较为匮乏。目前,全省仍缺少兼具成果转移转化、投融资、市场对接、法务等专业能力的复合型人才,对科技成果供需对接及转移转化产生了一定影响。

(五)高端创新人才支撑较弱

人才是驱动科技创新的核心因素,近年来全国各地展开了激烈的"抢人大战",特别是经济发达省份推出了条件丰厚的人才新政,吸引了大批高端创新人才涌入。从综合竞争条件来看,东北省份处于十分不利的位置,近年来经济下行压力不减、人口净流出加大,在吸引生产要素方面表现出竞争劣势,"高精尖"科技人才存在很大的缺口。吉林省针对创新人才出台了多项扶持和奖励性政策,但由于东北地区对高层次人才的吸引力整体呈现弱化趋势,以及吉林省人才政策追赶有余、创新不足,人才外流趋势并没有得到明显逆转,全省科技人才队伍大而不优,尤其是缺少具有国际科技创新视野、能够引领高技术产业发展的高端创新人才。另外,如何增加省域和城市魅力,在政策外吸引和留住青年创新人才,也是吉林省做好人才引育工作需要着重考虑的问题。

(六)"双创"平台发展不完善

"十三五"期间,吉林省"双创"领域进入数量和规模提升的快速发展期,各地众创空间、孵化器等数量增多,但发展水平参差不齐,存在分散重复、低效运转的问题。一些发展较快的"双创"平台孵化服务水平进步不明显,特色化、高层次的创新创业服务提升不足,特别是针对高成长性企业资本运作、国际合作、上市并购等方面的服务能力尤为有限,直接影响对高质量"双创"主体的孵化效率,也导致一些发展势头较好的创业企业向发达省份流失。还有一些"双创"平台比较注重短期利益,过度投入硬件建设、轻服务保障,在企业融资、资源对接、品牌推广等基本能力建设方面存在明显不足,个别还存在争抢成熟优质项目的不良现象,需着力加以整治和改进。

三 吉林省"十四五"时期科技创新面临的发展形势

(一)科技革命推动新一轮产业变革

当前新一轮科技革命和产业变革正在形成高潮,我国在5G移动应用、量子通信科技、高铁、风力发电等技术和产业领域不断取得新突破,与发达国家的科技竞争态势正在由追随者向领路者转型。"十四五"时期,全球经济增长和社会发展对于科技创新应用的依赖将日益加深,人工智能、区块链、大数据等作为技术创新和产业化应用的活跃领域,将形成新的商业模式、产业形态和生活方式,进一步引领各国创新和驱动经济转型。在上述新兴技术和产业领域,吉林省的创新要素支撑也在日益增强,伴随在新技术革命可能产生重大突破的方向继续发力,将有望增强重点产业领域的源头技术供给,为全省经济高质量发展积聚新动能。

(二)"逆全球化"趋势将加速创新封锁

近年来我国科技创新水平和综合国力迅速提升,引起一些发达国家的高度关注和恶性应对,导致我国科技合作外部环境面临严峻挑战,特别是美国单方面挑起的贸易摩擦,目前已经演化为对我国的全面战略遏制。"十四五"时期,科技强国间对关键核心技术与产业控制权的争夺可能愈加频繁,国际社会逆全球化倾向也可能进一步加剧,将导致我国利用国际资源和市场的空间弱化。对于吉林省科技创新发展而言,"科技战"带来的技术、人才、投资、供应链挑战也将日益严峻,但同时也应看到,倘若充分借助新型举国体制集中突破的优势,利用好我国超大规模市场、要素供给、改革创新等方面的有利条件,也将有助于在一些关键核心领域实现"进口替代",并迎来重要的产业发展机遇。

(三)国家重大创新战略和规划将深入实施

"十三五"以来,我国将科技创新摆在核心发展位置,加快形成国家创

新体系，有力地推动了各地科技创新蓬勃发展。"十四五"时期，随着国内国外双循环重大战略部署深入实施，以及新一轮国家中长期科技发展规划和"十四五"国家科技创新规划落地，新型举国体制优势将得以充分发挥，国家科技创新体系化能力也将进一步强化，与此同时，国家系列重点战略和规划也将对各省区市科技创新发展提出新目标、新任务。在此发展形势下，吉林省必须在新的起点上持续发力，加快在自主可控方面实现新的突破，深度融入国家创新体系，从而为经济社会高质量发展提供更大动力和更多可能。

（四）全省经济增长需更多依靠创新驱动

近年来东北经济运行中，旧动力减弱和新动力不足相互交织，叠加要素资源外流、体制机制问题积累，导致经济下行压力不减，在第四次全国经济普查后，东北三省GDP均大幅缩水。从吉林省的情况看，2018年GDP下调25.3%，2019年GDP增长3%，2020年1~3季度，面对疫情带来的冲击，全省GDP同比增长1.5%，高于全国平均水平。"十四五"时期，吉林省需要更多依靠创新驱动经济发展，加快在重点领域吸引创新资源回流，高度重视智能制造、数字经济、生物科技、中医药传承创新等领域重大发展可能带来的产业跃升，加快形成新的增长点和增长极，弥补传统动力减弱形成的缺口，实现依靠创新驱动的内涵型增长。

四 吉林省"十四五"时期科技创新发展路径

（一）加大科技投入力度，推进核心技术攻关

"十四五"时期，吉林省应加大科技投入力度，深耕基础前沿研究，推动关键技术领域实现重大突破。首先，系统梳理重点产业领域核心技术和产品的对外依存情况，聚焦产业技术关键问题，加快部署创新链。其次，大幅增加基础研究投入，加快建设世界一流学科、优势特色学科和新兴交叉学科，支持从智能制造、医药健康、绿色农业、新一代信息技术等重点领域凝

练科学技术问题，促进不同学科背景的技术力量深度协同，支持新兴技术在重大工程、重点行业的示范应用，实现集科学发现、技术跃升和产业化落地于一体的新突破。最后，强化企业创新主体地位，支持提高自主研发水平，鼓励建立项目实验室、创意团队、颠覆性创新中心等，支持与研发机构、高校院所等组建产学研用联合体，形成高效协同、互补合作的发展新格局。

（二）加快创新平台建设，强化创新支撑能力

"十四五"时期，吉林省应大力推进创新平台建设，加快形成运行高效、支撑有力的创新平台发展体系。首先，充分发挥高新区集聚高端要素资源的突出作用，鼓励面向产业链构建多元化的应用场景，打造区域性创新高地，高质量带动全省产业升级和创新发展。其次，加强国家和省级重点实验室建设，促进工程技术研究中心、科技创新中心等创新载体协调发展，经由重大项目合作、科技成果转化、引进领军人才等方式，集聚一批海内外优质科技创新资源。再次，布局建设新型研发机构，探索推行市场牵引研发方向、多元化筹资、产学研有机联动的发展模式，促进提升科技创新效能及产业化发展。最后，探索建设科技创新云平台，整合各级科技创新数据及相关要素资源，实现各级系统互联互通、数据资源共建共享。

（三）完善科技供需对接，促进成果转移转化

"十四五"时期，吉林省应着力加强科技成果转移转化，促进科技进步与实体经济发展更好融合。首先，加强科技成果供需对接。打造科技成果供需集成平台，将技术需求和科技成果同步推送至企业、科技园区、高校院所、中介机构等，促进创新成果与现实生产力对接；支持企业、高校、科研院所等建立技术创新联盟，共同为联盟成员提供订单式研发服务，形成联合攻关、利益共享的发展模式。其次，完善成果转化平台体系。加快推进全省各级成果转化平台联动发展；探索在汽车、医药、光电、新材料等领域成立专业性服务平台，提升专项成果转化服务水平；支持高校院所建立中试熟化和承接基地，就技术平台搭建、专业条件配备等给予支持。再次，提升科技

金融服务水平。针对各类创新主体对资金需求的不同特点，合理运用政府引导基金，优化资金配置结构，吸引更多社会资金有序进入成果转移转化的不同阶段。最后，重视科技服务人才培养。大力培育兼具市场对接、科技金融、政策咨询等多方面能力的综合性服务人才，完善支持科技中介服务的相关政策，确保从业者获得应有收益。

（四）构建多层次人才储用体系，激发人才创新活力

"十四五"时期，吉林省应进一步加大人才引育力度，充分发挥各层次人才效用，为全省推动创新发展强化智力支撑。首先，着力引进高端创新人才。围绕重点技术和产业领域，引进有影响力的科技领军人才和团队，探索人才奖励政策突破，优化人才考评标准及配套服务，确保高端创新人才全力投入新动能领域建设。其次，多渠道吸引海外人才回流。加强与海外吉林籍科学家、企业家、留学生的联系交流，打造归国人才创新创业基地，着力吸引智能制造、新能源、新材料、生物医药等领域的海外创新人才；搭建外国专家科研平台，加快形成吸引、集聚、使用高层次外国人才的配套工作机制。最后，加强对青年创新人才的培养。支持有潜力的青年科研人员参与基础前沿领域创新；鼓励高校与领军企业开展联合培养，建立健全校企对接机制，将更多高校毕业生留在吉林发展；加快宜居城市、文化城市建设，为青年人才提供舒适的城市空间和多元化的休闲选择，增强青年群体对留在吉林、服务吉林的认同和向往。

（五）扩大科技领域开放合作，促进多元主体协同创新

"十四五"时期，吉林省应继续拓宽科技对外合作领域，创新科技合作形式，促进国内外多元主体协同创新。首先，加快国际科技合作创新平台建设。健全联合研发和技术转移体系，支持与共建"一带一路"国家和地区建立创新基地，将吉林省发展为"一带一路"创新网络的重要节点；支持省内技术转移机构与国际知名机构合作，引进先进适用技术成果。其次，支持企业对外拓展创新网络。鼓励企业开放联接全球创新要素，在海外设立研

发机构,深入拓展国际科技合作领域,更好利用国际资源提升创新能力。最后,鼓励开展高水平的科技交流活动。支持围绕智能制造、工程仿生、光学、未来科学等领域,组织开展国际科技交流活动,支持借助新一代信息技术进行远程科技交流,确保疫情期间的国际技术交流和跨境协作。

(六)优化创新生态环境,提升市场主体创新动能

"十四五"时期,吉林省应加快完善创新创业服务,优化科技制度环境,提升市场主体创新动能。首先,进一步提升"双创"平台发展质量。强化提升创业指导、投融资对接、政策咨询等专业化服务水平,探索异地孵化、伙伴园区等多种合作机制,完善各类平台相互接续的"双创"服务体系,为培育高质量创新创业主体提供良好环境。其次,持续优化科技制度环境。推进科技领域"放管服"改革扩围提效,完善技术交易市场和信息平台建设,提升"互联网+科技服务"水平;深化科技成果权属、转化收益分配等领域改革创新,提升创新主体研发积极性,促进更多创新成果在省内完成转化。最后,加强政策兑现和落地跟踪。围绕各类市场主体诉求,强化科技政策精准供给,定期开展政策落实情况第三方评估,加强与国内先进省份相关政策进行比较,及时调整优化政策方向,加强政策落地执行。

参考文献

[1] 国家统计局社会科技和文化产业统计司、科学技术部创新发展司:《中国科技统计年鉴》,中国统计出版社,2017~2019。
[2]《国务院办公厅关于提升大众创业万众创新示范基地带动作用进一步促改革稳就业强动能的实施意见》(国办发〔2020〕26号)。
[3] 2016~2019年《吉林省国民经济和社会发展统计公报》。
[4] 吉林省科技厅各部门"十三五"总结材料。
[5] 马涛、常晓莹、黄印:《"十四五"时期东北实现创新驱动型发展研判及政策设计思路》,《经济纵横》2019年第9期。
[6] 潘教峰:《新时代我国科技创新发展战略思考和建议》,《政策瞭望》2019年第

7期。
［7］钱智、史晓琛：《上海科技创新中心建设成效与对策》，《科学发展》2020年第1期。
［8］余江、管开轩、李哲、陈凤：《聚焦关键核心技术攻关 强化国家科技创新体系化能力》，《中国科学院院刊》2020年第8期。
［9］张新、胡鞍钢、陈怀锦、温雅婷：《"十四五"创新发展基本思路：加快建设世界创新强国》，《清华大学学报》（哲学社会科学版）2020年第1期。
［10］赵俊杰：《科技创新合作助力"一带一路"建设》，《全球科技经济瞭望》2018年第2期。

权威报告·一手数据·特色资源

皮书数据库
ANNUAL REPORT(YEARBOOK) DATABASE

分析解读当下中国发展变迁的高端智库平台

所获荣誉

- 2019年，入围国家新闻出版署数字出版精品遴选推荐计划项目
- 2016年，入选"'十三五'国家重点电子出版物出版规划骨干工程"
- 2015年，荣获"搜索中国正能量 点赞2015""创新中国科技创新奖"
- 2013年，荣获"中国出版政府奖·网络出版物奖"提名奖
- 连续多年荣获中国数字出版博览会"数字出版·优秀品牌"奖

成为会员

通过网址www.pishu.com.cn访问皮书数据库网站或下载皮书数据库APP，进行手机号码验证或邮箱验证即可成为皮书数据库会员。

会员福利

- 已注册用户购书后可免费获赠100元皮书数据库充值卡。刮开充值卡涂层获取充值密码，登录并进入"会员中心"—"在线充值"—"充值卡充值"，充值成功即可购买和查看数据库内容。
- 会员福利最终解释权归社会科学文献出版社所有。

数据库服务热线：400-008-6695
数据库服务QQ：2475522410
数据库服务邮箱：database@ssap.cn
图书销售热线：010-59367070/7028
图书服务QQ：1265056568
图书服务邮箱：duzhe@ssap.cn

卡号：659748521768
密码：

S 基本子库
SUB DATABASE

中国社会发展数据库（下设12个子库）

整合国内外中国社会发展研究成果，汇聚独家统计数据、深度分析报告，涉及社会、人口、政治、教育、法律等12个领域，为了解中国社会发展动态、跟踪社会核心热点、分析社会发展趋势提供一站式资源搜索和数据服务。

中国经济发展数据库（下设12个子库）

围绕国内外中国经济发展主题研究报告、学术资讯、基础数据等资料构建，内容涵盖宏观经济、农业经济、工业经济、产业经济等12个重点经济领域，为实时掌控经济运行态势、把握经济发展规律、洞察经济形势、进行经济决策提供参考和依据。

中国行业发展数据库（下设17个子库）

以中国国民经济行业分类为依据，覆盖金融业、旅游、医疗卫生、交通运输、能源矿产等100多个行业，跟踪分析国民经济相关行业市场运行状况和政策导向，汇集行业发展前沿资讯，为投资、从业及各种经济决策提供理论基础和实践指导。

中国区域发展数据库（下设6个子库）

对中国特定区域内的经济、社会、文化等领域现状与发展情况进行深度分析和预测，研究层级至县及县以下行政区，涉及地区、区域经济体、城市、农村等不同维度，为地方经济社会宏观态势研究、发展经验研究、案例分析提供数据服务。

中国文化传媒数据库（下设18个子库）

汇聚文化传媒领域专家观点、热点资讯，梳理国内外中国文化发展相关学术研究成果、一手统计数据，涵盖文化产业、新闻传播、电影娱乐、文学艺术、群众文化等18个重点研究领域。为文化传媒研究提供相关数据、研究报告和综合分析服务。

世界经济与国际关系数据库（下设6个子库）

立足"皮书系列"世界经济、国际关系相关学术资源，整合世界经济、国际政治、世界文化与科技、全球性问题、国际组织与国际法、区域研究6大领域研究成果，为世界经济与国际关系研究提供全方位数据分析，为决策和形势研判提供参考。

法律声明

"皮书系列"（含蓝皮书、绿皮书、黄皮书）之品牌由社会科学文献出版社最早使用并持续至今，现已被中国图书市场所熟知。"皮书系列"的相关商标已在中华人民共和国国家工商行政管理总局商标局注册，如LOGO（ ）、皮书、Pishu、经济蓝皮书、社会蓝皮书等。"皮书系列"图书的注册商标专用权及封面设计、版式设计的著作权均为社会科学文献出版社所有。未经社会科学文献出版社书面授权许可，任何使用与"皮书系列"图书注册商标、封面设计、版式设计相同或者近似的文字、图形或其组合的行为均系侵权行为。

经作者授权，本书的专有出版权及信息网络传播权等为社会科学文献出版社享有。未经社会科学文献出版社书面授权许可，任何就本书内容的复制、发行或以数字形式进行网络传播的行为均系侵权行为。

社会科学文献出版社将通过法律途径追究上述侵权行为的法律责任，维护自身合法权益。

欢迎社会各界人士对侵犯社会科学文献出版社上述权利的侵权行为进行举报。电话：010-59367121，电子邮箱：fawubu@ssap.cn。

社会科学文献出版社